马克思主义理论研究

（第14辑）

马俊峰　史小宁　主编

中国社会科学出版社

图书在版编目 (CIP) 数据

马克思主义理论研究. 第 14 辑/马俊峰, 史小宁主编. —北京:
中国社会科学出版社, 2023. 12

ISBN 978 - 7 - 5227 - 2858 - 2

Ⅰ. ①马… Ⅱ. ①马…②史… Ⅲ. ①马克思主义理论—理论研究
Ⅳ. ①A81

中国国家版本馆 CIP 数据核字 (2023) 第 244381 号

出 版 人	赵剑英
责任编辑	喻 苗
责任校对	胡新芳
责任印制	王 超

出 版	中国社会科学出版社
社 址	北京鼓楼西大街甲 158 号
邮 编	100720
网 址	http：//www. csspw. cn
发 行 部	010 - 84083685
门 市 部	010 - 84029450
经 销	新华书店及其他书店

印 刷	北京明恒达印务有限公司
装 订	廊坊市广阳区广增装订厂
版 次	2023 年 12 月第 1 版
印 次	2023 年 12 月第 1 次印刷

开 本	710 × 1000 1/16
印 张	20
字 数	260 千字
定 价	99. 00 元

凡购买中国社会科学出版社图书, 如有质量问题请与本社营销中心联系调换
电话: 010 - 84083683

目　　录

理论探讨

马克思主义中国化研究

制度建设

观察与思考

实践与探索

理论探讨

从人类社会发展规律到
社会主义发展阶段认识演进

刘颖晴[*]

摘要： 主体对客体的认识并非一蹴而就、一帆风顺，人们对社会主义发展阶段的认识过程亦是曲折的，其认识起源于马克思恩格斯对资产阶级社会的辩证批判，提出社会形态演变及共产主义两阶段等观点，在关注东方社会之后，提出跨越卡夫丁峡谷的观点。苏联共产党人领导建立了世界上第一个社会主义国家，在实践中丰富和创新了马克思恩格斯的社会发展理论，但是没有处理好理论设想与现实之间的差异，在对社会主义发展阶段的认识方面出现了一定的错误。中国共产党人领导的社会主义革命和建设是一个全新课题，关于社会主义及发展阶段的认识过程也具有曲折性，走过弯路，及时总结国内外经验教训，坚持马克思主义原则和立场，逐渐形成了科学的认识体系。分析认识曲折的原因，把握社会主义发展阶段的理论与实践之间的差异，有利于人们正确把握社会主义本质、阶段性任务等，指导社会主义建设取得更大的胜利。

---

* 刘颖晴，东北大学博士研究生，主要从事马克思主义基本原理与现代化研究。

关键词：社会主义发展阶段；认识演变；认识规律

未来人类社会是怎样的？要经过哪些阶段的发展？马克思立足于当时资本主义国家的生产力发展程度、社会成熟度、内在不可调和矛盾等现实，提出了相关设想，即未来社会将取消私有制、实行生产资料公有制、从按劳分配逐渐过渡到按需分配，以及"两个必然""两个决不会"等社会形态演变的观点，根据落后国家的现实，提出跨越卡夫丁峡谷的设想。后来的社会主义国家根据现实要求，对社会发展经过哪些阶段等认识更加具体，但是最初的理论设想与不断发展的认识之间并非完全一致，整体的认识过程是波浪式前进的。

一　马克思恩格斯关于社会发展阶段思想的孕育及发展

马克思主义经典作家对社会发展的认识有其时代之基，并随着研究的深入和视角的转移，思想观点不断丰富。马克思恩格斯首先对西方资产阶级社会进行剖析，一方面肯定了资本主义的积极成就，另一方面批判了资本主义的困境和内在不可调和的矛盾，提出了社会形态演变、共产主义的基本特征、东方落后国家发展社会主义的可能性，超越了以往形形色色的社会主义思潮。马克思何以提出资本主义必然灭亡、必然被共产主义代替的观点，何以将未来社会描述为每个人都能全面发展的自由王国，从资本主义内部矛盾和社会问题以及马克思恩格斯的批判中可以找到根源。

（一）以西欧为视角的社会形态演变的思想

资本主义在 18、19 世纪进入发展的快车道，英法等西欧国家率先进入工业社会，经济发展、思想启蒙，人类社会更加文明和进步，同时在资本逻辑之下，自然生态被破坏、东西方意识形态冲突、资本主义经济危机等问题层出不穷，马克思肯定资本主义取得的积极成就，同时批判资本逻辑的内在矛盾。

第一，资本逻辑实质上制约了生产力的发展。资本主义的确创造了比以往所有时代还要多还要大的生产力，但是究其根本，资本逻辑会阻碍生产力的进步。在资本逻辑下，各个要素服务于资本增殖，资本家可以根据资本增殖的程度来决定生产要素的投入。在经济萧条的时代，资本家通常辞退工人、缩减生产规模、减少机器的使用甚至限制科技进步，以保证资本增殖。除此之外，周期性的经济危机会引发社会动荡及经济萧条，会成为阻碍生产力发展的枷锁。

第二，形式上的平等而实质上的不平等。17、18世纪，资产阶级要求冲破君主或者封建势力的统治和压制，要求在市场关系中可以自由平等地交换商品。因此，资产阶级通过革命，建立君主立宪、民主共和等现代民主制度，获得权利和自由，而这仅仅是少数人获得民主，大多数无产者陷入了新型的被剥削和压迫的关系之下，失去土地的劳动者被资本家雇佣，所获得的劳动力价格与其创造的价值并非等价，甚至工资远远低于劳动力价值。无产者在工作和生活中，只能依附资本家、机器，劳动时长和劳动强度超常，受到极端的剥削和压迫。那么，资本家获得真正的自由了吗？实际上，资本所有者把别人当作工具，自己亦是资本增殖的工具，并非真正的自由。

第三，人的生存和发展面临困境。在资本逻辑下，人是非人的存在，现代化大生产颠倒了人与机器的关系，机器是生产的主体，人是机器的零部件。机器的生产能力越强、应用范围越广，人的价值越低，物的世界增值同人的世界贬值成正比。① 劳动于人们而言，只是生存的工具，是造成阶级分化的要素，"劳动为富人生产了奇迹般的东西，但是为工人生产了赤贫……劳动生产了智慧，但是给工人生产了愚钝和痴呆"②。在劳动过程中，无产阶级劳动者还处于被资本家的剥削和压迫下，其工作、生存都陷入困境。

第四，自然生态危机爆发。在资本逻辑之下，人与自然的关系发生转变。前现代社会中，"自然界就它自身不是人的身体而言，是人的无机的身体"③，人敬畏自然，个人能够自主地从自然界中获得生存和生产资料，而现代资本主义社会，自然沦为服务于资本增殖的生产资料，资本家占有、征服、统治自然，拥有对自然的绝对掌控权，无产者与土地等自然资料脱离，通过依附于资本家而作用于自然界。资本家满脑子都是生意经，在利润的驱使下向自然界过度索求，肆意地向自然排放生产废弃物，全然不顾生态平衡和对人类自身的危害。④ 更为严重的是，生态问题是系统性、全球性问题，一个或几个国家的生态环境破坏必然会危害整个生态系统以及人类自身。马克思恩格斯对此进行强烈批判，恩格斯曾说："我们不要过分陶醉于我们人类对自然界的胜利；对于每一次这样的胜利，自然界都对我们进行报复；我们决不能像征服者统治异族人那样支配自然界。"⑤

第五，西方中心主义引发不同意识形态的对立冲突。以英法为代表的西欧国家通过地理大发现、启蒙运动、工业革命，率先进入现代工业社会，成为世界中心，大肆宣扬资本主义式的自由民主，

---

① 《马克思恩格斯选集》第1卷，人民出版社2012年版，第51页。
② 《马克思恩格斯选集》第1卷，人民出版社2012年版，第53页。
③ 《马克思恩格斯选集》第1卷，人民出版社2012年版，第55页。
④ 刘凤义、赵豪杰、陈胜辉：《论资本逻辑下的资本主义生态危机》，《当代经济研究》2019年第7期。
⑤ 《马克思恩格斯文集》第9卷，人民出版社2009年版，第4页。

自认为西方现代化模式具有普适价值，自诩西方资本主义模式和标准是人类历史上最完美的产物。简言之，帝国主义国家强迫其他国家走相同的发展道路，建成同一的社会，并对不同意识形态、采取不同发展模式的国家持敌对、分化、西化等态度。这种霸权行径，一定程度上导致民族国家间冲突，增加了世界范围内的不稳定性。

马克思恩格斯在辩证批判资本主义的基础上，提出了"两个必然""两个决不会"的观点，对未来社会及社会形态演变进行理论设想。"代替那存在着阶级和阶级对立的资产阶级旧社会的，将是这样一个联合体，在那里，每个人的自由发展是一切人的自由发展的条件"①，一方面，资本主义的内在矛盾无法调和，必然走向灭亡；另一方面，资本主义将必然被共产主义代替。当然，马克思理性地认识到社会形态的转变并非一蹴而就，而是需要具备一定的社会条件和动力，即"两个决不会"。"无论哪一个社会形态，在它所能容纳的全部生产力发挥出来以前，是决不会灭亡的；而新的更高的生产关系，在它的物质存在条件在旧社会的胎胞里成熟以前，是决不会出现的。"② 一方面，资本主义社会的生产力发展处于上升期，尚未达到生产关系与生产力难以调和的程度，这样的社会仍有存在的合理性；另一方面，共产主义取代资本主义的条件还不成熟，社会主义革命的理论尚不完善、领导革命的政党和组织尚未形成，因此社会形态转变具有长期性、艰巨性和必然性。

马克思恩格斯在《哥达纲领批判》中具体阐明了实现共产主义的条件及未来社会的基本特征。在社会矛盾不可调和、无产阶级革命的指导思想和组织成熟的条件下，全世界无产阶级联合起来，彻底推翻资本主义制度。而在资本主义之后的新社会，不可避免地保

---

① 《马克思恩格斯选集》第 1 卷，人民出版社 2012 年版，第 422 页。
② 《马克思恩格斯文集》第 2 卷，人民出版社 2009 年版，第 592 页。

留着它脱胎出来的那个旧社会的痕迹。^① 需要通过无产阶级专政，改造直至消除资本主义性质的各种要素，从而真正实现共产主义。共产主义也需要发展，分为第一阶段和最高阶段，将从"生产资料公有制、按劳分配、阶级和国家仍存在、实行无产阶级专政"第一阶段发展到生产力极大提高、物质财富充分涌流、按需分配、一切对立消失的共产主义高级阶段。

马克思恩格斯基于西方发达资本主义的现实，提出了人类社会形态演变、共产主义转向及共产主义两阶段等观点。当然，要注意的是，马克思恩格斯并没有将此社会形态演变公式化和模式化。19世纪50年代之后，马克思恩格斯关注到东方国家的社会发展，认识到东西方国家以及不同的资本主义国家的发展基础不同，其社会发展模式和道路选择也存在差异。

（二）对东方国家的社会发展阶段的认识

与英法德三国相比，俄国处于资本主义的薄弱环节，仍保留着大量的封建残余，国内阶级矛盾尖锐，社会动荡。为了谋求发展，解决社会冲突，俄国各流派探索新的发展模式和制度，产生了各种思潮，其中民粹党（主张从村社所有制直接过渡至社会主义）和革命派（主张先消灭村社所有制，而后走西方资本主义道路）就俄国的路径选择进行了激烈争论。部分党派向马克思征求俄国未来发展的方向，马克思认真研究俄国等东方国家的社会事实，提出落后国家社会主义发展的可能性。

第一，东方国家跨越卡夫丁峡谷以推进文明进步。马克思恩格斯在转向研究东方社会之后，认识到此前提出的社会形态演变的观点并不适用于所有国家，非典型的西方国家或东方国家不必然按照

---

① 《马克思恩格斯文集》第3卷，人民出版社2009年版，第434页。

西方社会发展逻辑迈进共产主义。就俄国而言，没有经过资本原始积累并且保存了土地公社制度，很难以资本主义的社会发展模式顺利地迈进共产主义，马克思本人也并不希望俄国走英法等国资本原始积累的道路，不希望无产者遭受到严重的剥削和压迫，正如马克思所言，"如果俄国继续走它在1861年所开始走的道路……而遭受资本主义制度所带来的一切极端不幸的灾难"①。出于客观因素和主观愿景，马克思提出俄国等东方国家有可能跨越卡夫丁峡谷②的观点。

　　第二，跨越卡夫丁峡谷是概率性问题而非必然性结果。马克思清醒地认识到，俄国具备一定的资本主义发展的基础，但是如果封建因素不经改造，远不能达到建立社会主义的条件，俄国需要保留并改造公社所有制，从而"变为使俄国比其他还处在资本主义制度压迫下的国家优越的因素"③，无产阶级开展革命运动，作为世界无产阶级革命运动的信号，共同开展社会主义革命，④ 推翻资本主义制度，成为统治阶级，改造一切不合理因素，积极吸收资本主义的文明成果，缩短落后国家走上社会主义道路的时间⑤。马克思恩格斯认为俄国要想顺利跨越卡夫丁峡谷，需要满足很多条件，否则无法实现从较低的社会发展阶段向较高阶段的跨越。

　　马克思恩格斯关于社会形态演变的思想认识具有开放性，关于实现未来社会的路径选择的观点并非单一的、固定不变的。囿于生存时代，马克思恩格斯并没有具体阐明东方社会、落后国家的社会主义如何推进，需要经过哪些阶段的发展。这些问题交给后来的社会主义国家在实践中探索。苏联共产党人领导俄国十月革命并取得

①　《马克思恩格斯全集》第19卷，人民出版社1998年版，第129页。
②　《马克思恩格斯全集》第19卷，人民出版社1998年版，第451页。
③　《马克思恩格斯全集》第19卷，人民出版社1998年版，第441页。
④　《马克思恩格斯全集》第22卷，人民出版社1998年版，第63页。
⑤　《马克思恩格斯全集》第22卷，人民出版社1998年版，第502页。

胜利，建设社会主义国家，将落后国家跨越卡夫丁峡谷的设想变为现实，而社会主义如何建设、需要经过哪些阶段来发展等现实问题摆在了苏联共产党人的面前。

二　苏联共产党人对社会主义发展阶段的认识演变

俄国建设社会主义时，世界形势不同于马克思恩格斯所处的时代，资本主义逐渐发展至鼎盛，世界战争不断。从俄国国内来看，虽已建立社会主义国家，但是不同党派间冲突仍存，并爆发内战。在国内外局势均不稳定的情况下，建设和发展社会主义便不能僵化地照搬马克思恩格斯文本上的理论，在制度构建、急需恢复发展经济、各种思想激烈交锋的社会背景下，俄国共产党开始探索社会主义发展的路径。

（一）列宁对苏联社会主义的定位及发展做出正确判断

马克思语境下的社会形态演变和未来社会的设想激励人心，成为很多无产阶级和马克思主义者的奋斗目标，但是一些理想主义者和部分政党忽视现实的社会条件，错误地将苏联社会主义定位于马克思语境下的共产主义第一阶段。列宁是一个坚定的共产主义者，他同时也是一个现实主义者，清醒地认识到"根据书本争论社会主义纲领的时代也已经过去了……今天只能根据经验来谈论社会主义"①。苏联建设的社会主义并非马克思语境下的共产主义第一阶段，而要从苏联实际情况出发，重新划定所处阶段，否则理想将会流于空想，当然，现实也不能脱离理想的指引，否则就会迷失社会主义

---

① 《列宁全集》第 34 卷，人民出版社 2017 年版，第 466 页。

的方向甚至背离社会主义本质。列宁基于国情，在把握社会发展本质规律以及在共产主义的目标导向下，提出了符合俄国实际的社会主义理论和实践走向，于1917年写下了《国家与革命》，于第五章着重论述了社会主义发展阶段的观点。列宁高度肯定马克思语境下的共产主义两阶段及内在特征等观点，并提出过渡时期应当建立无产阶级专政的国家制度，创造性地用"社会主义""共产主义"分别代表马克思语境下的"共产主义第一阶段"和"共产主义的高级阶段"，这是社会主义发展史上的头一回。

列宁还就马克思关于未来社会的所有制、分配制、劳动之于人的形式等观点，阐明了苏联的社会主义建设过程中的生产力发展、国家制度和阶级等相关问题。

第一，列宁对苏联处于何种社会主义发展阶段做出了正确判断。列宁立足于本国生产力发展水平、现代化程度等国情，认识到已经建立起来的社会主义与马克思语境下的共产主义第一阶段之间存在很大的差距，"甚至远没有结束从资本主义到社会主义的过渡时期"[①]。

第二，苏联社会主义发展需要经过较长的时间。理论设想中的未来社会建设是基于西欧资本主义国家生产力和现代化已经发展到一定程度的基础上推进的，但是俄国本身就是资本主义最为薄弱的环节，再加上国内外战争的破坏，生产力发展水平不高。因此，俄国推进社会主义建设相当于攀登一座前人不曾探测的高山，走前无古人的道路。列宁认识到俄国"开始社会主义革命是容易的，而要把革命继续下去，把革命进行到底，却要比欧洲各国困难"[②]，只有经过长期的发展和积累，当生产力水平、现代化程度以及社会成熟度达到较高水平时，才能真正实现共产主义。而需要经过哪些发展

---

① 《列宁选集》第3卷，人民出版社2012年版，第409页。
② 《列宁选集》第4卷，人民出版社2012年版，第173页。

阶段，列宁理性地表明："我们不可能预先知道，这个问题只能通过实践来回答。"[①] 列宁提出的苏联社会主义所处阶段以及发展时长等观点，是对马克思恩格斯社会形态演变和共产主义两阶段思想的具体化和本土化，是对社会主义发展阶段的正确认识。

（二）苏联共产党人对社会主义发展阶段的认识逐渐偏离正轨

斯大林没有按照列宁提出的正确理论认识，推进苏联的社会主义实践，对苏联社会主义的历史定位、发展时长等部分认识与实际不符，一定程度上不利于社会主义事业的推进。

在斯大林时期，苏联集中力量推进工业化，改造生产关系，在"一五"计划之后，工业生产总值占工农业生产总值的比重从48%提高到70%，在1932年总结"一五"计划[②]的会议上，宣布苏联建成了社会主义基础。在"二五""三五"时期，苏联超高速推进工业化建设，且大力削减资本主义因素在各领域的比重，社会主义因素在工业与农业产值中占比分别为99.8%和98.5%。[③]"二五"计划的第四年，斯大林宣布社会主义制度在苏联确立起来，"三五"计划时期，斯大林做出苏联进入新的发展阶段的判断，即已经进入向共产主义过渡的阶段。第二次世界大战中断了苏联社会主义建设，经济发展远不如战争前的发展程度，但二战结束后，斯大林仍做出"三五"时期的判断，认为苏联正处于从社会主义到共产主义的过渡阶段，向着建成共产主义进军。斯大林对苏联社会主义所处阶段以及发展时长等认识具有片面性且脱离现实，视工业化为现代化且认为实现工业化等于完成社会主义阶段的任务，忽视了苏联的整体发展水平及其在世界范围内的排名。

---

① 《列宁选集》第3卷，人民出版社2012年版，第4页。
② 《斯大林全集》第13卷，人民出版社1956年版，第348页。
③ 苏联部长会议中央统计局编：《苏联国民经济六十年》，陆南泉等译，生活·读书·新知三联书店1979年版，第5页。

赫鲁晓夫虽对斯大林进行全盘否定，但是从本质上看，二人对社会主义发展阶段的认识是一致的。在苏共二十二大上，赫鲁晓夫提出，在 20 年内，实现工业总产值和人均产品产量远超于美国的计划，通过短期的发展转向共产主义。急躁地赶超和迈进共产主义的风气盛行，本质上是苏共领导人对苏联社会主义定位和发展时长的误判。

勃列日涅夫对社会主义发展阶段的认识有一定的进步意义，认为苏联在短期内不可能过渡到共产主义以及超越美国。1967 年，他判断苏联已经建成发达社会主义，这是"通往共产主义的一个合乎规律的阶段"[①]，并长期处于这一阶段。这一认识既有合理之处又有超越实际之处，具体而言，苏联所处的某一发展阶段是长期性的而非短期的，这是符合实际的判断，但是勃列日涅夫对苏联建成了发达社会主义的判断则是脱离实际、有悖现实的。

安德罗波夫的起点论和契尔年科的开端论，有一定进步意义。一是发达社会主义是漫长的过程，而苏联仅处于发达社会主义的起点或开端。[②] 二是苏联社会主义与理想的共产主义之间存在一定的差距，实际发展过程中还存在很多难题，因此，不能低估跨越这一阶段的时长和难度。三是以发展生产力为根本任务解决苏联社会的复杂矛盾，并在改革中逐步化解矛盾，切勿随意简化矛盾，避免犯政治上的幼稚病。

戈尔巴乔夫指出，苏联社会主义还未建成，仍处于发展中，不存在已处于发达社会主义阶段一说。在此认识的基础上，他提出现阶段的发展任务是继续推进生产力发展和现代化。单从这方面来说，戈尔巴乔夫对苏联所处阶段及其阶段性任务和目标的认识是比较符合实际的。但是他对苏联进行大刀阔斧的改革，废除公有建立私有、

① 《勃列日涅夫言论》第 3 集，上海人民出版社 1974 年版，第 190 页。
② 《契尔年科言论选集》，生活·读书·新知三联书店 1985 年版，第 498 页。

取消无产阶级专政和共产党的领导地位，完全颠覆了社会主义理论和实践。苏联共产党人对社会主义发展阶段的认识终结于苏联解体。

苏联共产党人对社会主义发展阶段的认识过程是曲折的，且认识结果不完全与现实相符。总结苏联共产党人对社会主义发展阶段的错误认识，可以得出社会主义实践不能完全从经典文本中找到具体答案，而应当根据国情，正确认识本国的社会主义及其所处阶段。苏联关于社会主义建设的部分经验给中国提供了一些借鉴，其所犯的错误也是中国的前车之鉴，中国共产党人关于社会主义发展阶段的认识也经历了一番曲折，及时总结经验教训，坚持实事求是，逐渐形成了正确的认识体系。

三　中国共产党人关于社会主义发展阶段的认识跃升

中国共产党人对社会主义发展阶段的认识过程也是曲折的，曾因经验不足，犯过一些认识方面的错误，但是党及时总结反思，实事求是，逐渐形成正确的认识体系。

（一）关于新民主主义阶段的认识

新民主主义革命时期，中国共产党根据矛盾的尖锐程度和革命任务的紧迫程度，划分多个阶段开展革命运动，在阶级矛盾占主导的大革命时期和土地革命时期，中国共产党与封建势力做斗争，在民族矛盾占主导地位的抗日战争时期，我党统一战线，与外国侵略者顽强斗争，争取民族独立。在阶级矛盾占主导的解放战争时期，党团结统一广大工人农民，取得了革命的最终胜利，建立了新民主主义制度的中国。这是中国共产党划分阶段推进社会进步的早期探索。新中国成立后，大力发展重工业，恢复经济，实行社会主义改造，学习苏联，开展五年计划，经过艰苦奋斗，中国经济得到一定恢复，建设社会主义制度的物质基础逐渐成型，工农业总产值、工业产值分别从1949年的446亿元、140亿元提升到1956年的1252亿元和642亿元。[①] 1956年底，中国确立社会主义制度。从新民主主义向社会主义过渡的阶段，是我国在落后的起点上建立社会主义必须经过的发展阶段，是一个不可移易的、必要的历史过渡期，中国共产党人对此认识深刻且正确，既坚持了马克思列宁的社会发展思想的原则和方法，又结合中国实际情况，从而做出了科学的战略安排。

（二）关于社会主义及其发展阶段的初步认识

以毛泽东同志为主要代表的中国共产党人理性分析国情，清醒地认识到中国生产力水平还不高，现代化仅仅刚起步，横向比较来看，中国工农业总产值在世界范围内是较为落后的，因此，中国是社会主义国家，但处于不发达的阶段，不等同于马克思主义语境下的共产主义第一阶段。毛泽东同志将社会主义分为"不发达"和"比较发达"两个阶段，还对"建立"和"建成"社会主义进行区分，从词性和时态来看，"建立"是动词，是进行时，而"建成"是完成时。党中央首次对中国社会主义的发展阶段做出判断，并形成社会主义发展具有长期性、阶段性的认识。

对于中国人民和中国共产党而言，建设社会主义是一个全新的课题，既不能照抄照搬苏联模式，又不能从马克思文本中找到具体方案。中国和苏联虽都是在生产力不发达的基础上建立社会主义国家，但是苏联经历过资本主义的发展和积累，物质基础优于新中国成立初期。由于经验不足，党中央在认识社会主要矛盾、主要任务

---

① 中共中央党史研究室编著：《中国共产党历史大事记（1919.5—2009.9）》，中共党史出版社2010年版，第149、164、186页。

以及我国社会主义发展时长等方面，出现了一些错误。20 世纪 50 年代末 60 年代初，提出了短期内建成社会主义的思想，并推进"大跃进"和人民公社化运动。这一阶段，急躁浮夸风气盛行，改变了此前我们关于社会主义建设的长期性的正确认识。20 世纪 60 年代中后期，党中央误判了我国的社会主要矛盾和主要任务，以阶级斗争为纲，导致我国经济、文化、政治等方面的建设停滞甚至退步。当然，20 世纪 70 年代的曲折发展并非只是因为我们对社会主义的定位和发展周期的误判，不过这是非常关键的原因。

（三）关于社会主义发展阶段的认识逐渐系统化

以邓小平同志为主要代表的中国共产党人总结国内外的经验教训，坚持实事求是，于 1981 年首次明确中国正处于社会主义初级阶段，邓小平指出，"社会主义本身是共产主义的初级阶段，而我们中国又处在社会主义的初级阶段，就是不发达的阶段"[①]。需要经过长期的发展和积累才能迈进更高的阶段。中国所处的阶段具有特殊性，并非一切国家都要经过这一阶段。党中央深刻把握我国所处的阶段，坚持普遍性和特殊性相统一，坚持社会主义本质和方向，同时探索具有中国特色的发展模式和路径。明确我国的历史定位是社会主义初级阶段，这是创造性的认识，是对马克思、列宁、毛泽东相关认识的继承与发展，是我国长期坚持的基本国情。

20 世纪 90 年代，苏东剧变、苏共垮台，社会主义阵营瓦解，世界社会主义事业遭到重创，质疑和反对社会主义的呼声更甚。以江泽民同志为主要代表的中国共产党人，面对"社会主义该往何处去？"的质疑，坚定社会主义初级阶段理论的科学性，并于党的十五大，从社会发展水平、人民生活水平、文化教育程度、精神文明建

---

① 《邓小平文选》第 3 卷，人民出版社 1993 年版，第 252 页。

设等九个方面丰富该理论特征。进入新世纪，胡锦涛同志多次强调，"我国正处于并长期处于社会主义初级阶段，生产力水平还很低，人均 GDP 仍处于世界落后行列"[①]，在科学认识和把握基本国情的基础上，继续坚持和发展社会主义初级阶段理论。

（四）党中央关于社会主义发展阶段的认识与时俱进

经过 30 多年的改革开放，到党的十八大，我国生产力水平在多个方面已经处于世界前列，教育、医疗、养老等民生保障不断完善，文化影响力也不断提升，同时，新的问题和挑战层出不穷，贫困、老龄化、网络安全、卫生安全等新问题摆在我们面前，城乡、行业、区域间不平衡等传统问题仍然存在。以习近平同志为主要代表的中国共产党人深刻分析我国取得的成绩和面临的新问题，在党的十九大庄严宣誓"中国特色社会主义进入了新时代"，新时代是社会主义初级阶段的时代，这是党中央首次对社会主义初级阶段再作细化。在党的十九届五中全会上，习近平总书记指出，我国进入新发展阶段，是社会主义初级阶段的新阶段，无论是新时代还是新发展阶段，都是党中央对我国社会主义发展的阶段性的认识，是对我国改革开放 40 多年取得的成绩的肯定，是对 70 多年社会主义探索成果的肯定，同时也是对我国仍处于不发达的社会主义阶段这一基本国情的正确坚守。把握变与不变，继续向更高的社会主义阶段奋进。

中国共产党对社会主义发展阶段的认识并非一帆风顺，但面对错误，能及时总结反思，逐渐形成了科学的认识体系。

---

① 江泽民：《在中央党校省部级干部进修班毕业典礼上的讲话》，《人民日报》1997 年 5 月 30 日。

四 深刻理解关于社会主义发展阶段的
认识规律及意义

人们认识社会主义发展阶段的过程是曲折的，认识结果并非一成不变，究其根本，能帮助我们学懂弄通社会主义发展阶段思想的科学性和合理性。

（一）关于社会主义发展阶段的认识规律

第一，关于社会主义发展阶段的认识是从抽象到具体的。马克思恩格斯最初提出未来社会发展的理论设想，在当时，社会主义如同书本上的原理和人们心中的美好愿景，当然也是无产阶级开展革命的根本价值追求。苏联、中国等社会主义国家的实践，让社会主义真正地成为一种社会制度和必须解决的实践课题，对社会主义的发展及需要经过的阶段做出了更为具体的认识。

第二，关于社会主义发展阶段的理论认识早于实践的产生。这一科学理论起源于 19 世纪马克思恩格斯在批判资本逻辑的基础上提出的未来社会设想，以及提出落后国家进入社会主义的设想。直到 20 世纪第二个十年，苏联建立社会主义制度，是实践的开端。因此，社会主义及其发展阶段的理论认识先于实践而产生。

第三，关于社会主义发展阶段的认识具有曲折性。苏联在建设社会主义的过程中，一度忽视理论与现实之间的差异，脱离实际，在相关问题的认识上存在偏差，是苏联社会主义发展失衡甚至最终失败的重要原因。我国在建立社会主义之后，亟须发展，只有苏联模式可借鉴，受到苏联浮夸急躁风气的影响，一度急于求成，对我国社会主义所处的历史方位、阶段以及阶段性任务和社会主要矛盾的认识出现错误，导致走了一段弯路。中国和苏联对社会主义发展阶段的认识过程是曲折的。

　　关于社会主义发展阶段的认识规律是相互联系和作用的。认识过程的曲折很大程度上受到理论与实践出场顺序的影响。从理论逻辑来看，认识来源于实践，在实践中得以检验，从而指导实践，这是唯物史观的重要观点，从历史逻辑看，资本主义经过几百年的发展，理论家们从实践中总结过去的经验，提出资本主义政治经济学、哲学等理论，继而指导实践。从理论和历史来看，实践决定认识，认识反作用于实践，而社会主义理论和实践的出场却有其特殊性，马克思主义经典作家先初步提出理论设想，社会主义国家后推动实践探索，即先有理论后有实践，这种出场顺序存在一个问题，"在形成理论时，抽象掉的那些次要因素和属性，在现实中无论怎样都是撇不掉的"①。从认识到实践的过程中，无可避免地引入一些额外的、难以预测的因素，在主客观因素的影响下，非常容易使实践偏离原本的设想。

　　认识具有曲折性还在于理论设想与现实之前存在很大差异。理论设想中的共产主义（未来社会）建立于生产力高度发达的基础上，而现实的社会主义革命、建设、改革、一国到多国的发展都发生在生产力水平相对落后的国家，国内发展基础薄弱，同时外部受到资本主义阵营的封锁和对抗，可以用"理想是丰满的，现实是骨干的"来形容社会主义建设的理想与现实。而问题在于一些马克思主义政党在本国建立社会主义制度之后，便认为已经处于马克思语境下的共产主义第一阶段，脱离现实国情，使认识具有片面性和不合理性。

（二）正确认识社会主义发展阶段的意义

　　对社会主义发展阶段的科学认识，有利于全党同志和全体中国

---

　　①　习近平：《对发展社会主义市场经济的再认识》，《东南学术》2001 年第 4 期。

人民正确把握我国的社会主义性质以及发展程度和所处阶段，正确
看待当前社会主义发展过程中出现的问题。具体而言，国家引入市
场发展经济、深化改革开放以及曾鼓励先富带后富等政策，并非背
离了社会主义的本质，也不是历史的倒退，而是我国处于不发达的
社会主义阶段的必要举措，是奋进社会主义更高阶段的科学战略。
正确认识和把握社会主义发展阶段，能够帮助我们理解不同阶段存
在的问题，比如当前存在的收入分配差距大、未富先老等社会问题，
红利逐渐消失、发展速度缓慢等经济问题，信念缺失、道德滑坡等
思想问题。面对当前存在的问题，我们要保持理性，认识到这是中
国处于社会主义初级阶段可能出现的现象，很多问题是发展不足引
发的，及时掌握党对社会主义发展阶段的新认识、新思考，明确当
前的主要任务、社会主义发展的各个阶段存在的合理性。在科学认
识的基础上，团结在党的周围，集中力量办大事，争取早日建成马
克思主义经典作家语境下的共产主义社会。

列宁反贫困思想及其当代价值探析

石　然　袁　欢[*]

摘要：列宁科学揭示了俄国贫困发生的社会历史原因。在他看来，封建农奴制的严重阻碍、小农经济及生产者自身的局限性、俄国资本主义发展的影响、沙俄发动和参加的战争造成了俄国劳苦大众的极端贫困。在列宁的领导下，无产阶级政党领导人民，进行了民主革命和社会主义革命，建立了工农群众当家作主的社会主义制度；彻底废除了地主土地所有制，广大农民掌握了生产资料，推进了农业合作化；努力以农业机械化实现生产力变革，发展农业商品经济促进农民生活改善；在思想觉悟、文化素养、专业技能方面给农民以教育帮助；采取多种务实措施给以更多投入。列宁对一个相对落后的小农国家如何摆脱贫困做了大量阐释，进行了卓有成效的探索，这些无不是马克思主义政党史上的宝贵财富，也无不是人类社会发展史上的宝贵财富，具有重要的当代价值。

关键词：列宁；反贫困；农业生产力；中国特色反贫困理论

---

* 石然，杭州师范大学马克思主义学院副教授，硕士生导师；袁欢，华中师范大学马克思主义学院硕士研究生。本文系浙江省社科基金重点项目"列宁主义在中国的传播及其影响研究"（19NDJC017Z）、国家社科基金重大项目"列宁主义在中国传播文献搜集、整理与研究（1917—1949）"（20&ZD015）的阶段性成果。

　　贫困是人类社会的顽疾，让劳动群众摆脱贫困是马克思主义政党孜孜以求的奋斗目标。列宁详尽地分析了俄国贫困的社会历史原因，在民主革命、社会主义革命、社会主义建设各个时期，列宁高度关切俄国劳苦大众，为他们摆脱贫困实现幸福生活做了艰辛探索和伟大斗争，取得了弥足珍贵的宝贵经验。列宁对反贫困的有益探索对于中国共产党深入推进反贫困斗争具有重要价值。

一　列宁对俄国贫困成因的分析

　　列宁运用唯物史观对俄国基本状况做了大量调查研究，科学揭示了俄国贫困发生的社会历史原因。列宁深刻认识到，俄国长期以来是封建宗法的小农社会，封建农奴制度严重阻碍了俄国社会历史发展，也给广大农民带来了深重压迫和苦难，小农经济自身的局限性也严重制约了农民生活条件的改善。1861年改革后，俄国走上了资本主义道路，但仍然保留了大量封建残余。资本主义生产关系一方面加重了对劳动者的剥削，另一方面对封建宗法经济有一定的瓦解作用。俄国劳动者特别是农民群众苦于资本主义发展，但也苦于仍然存在的封建主义。封建军事帝国主义的沙俄经常发动侵略战争，加重了工农群众的苦难。

（一）封建农奴制的严重阻碍

　　正如列宁分析的那样："农奴制剥削转变为资本主义剥削是不可避免的，企图阻止或'回避'这种转变，是一种有害的、反动的幻想。但是，这种转变也可以采取以暴力打倒农奴主余孽的办法来实现，现在，这些农奴主余孽不是依靠'货币权力'，而是依靠从前奴隶占有制的权力的传统，榨取宗法式农民最后的脂膏。在自然经济制度下靠双手劳动谋生的宗法式农民，是注定要消亡的，但是，'赋税压榨'和鞭挞的折磨，时间长得可怕的、慢慢饿死的痛苦，并不是'必然的'，并不是社会经济演进的'内在'规律所注定的。"① 大量存在的封建农奴制度不仅严重阻碍俄国生产力发展和社会进步，也使得人民群众特别是农民仍然生活在艰难困苦之中。俄国农民所承受的剥削压迫是异常残酷的："千百万遭到破产、陷于赤贫的小农，在贫困、愚昧和农奴制残余的压迫下，不能不依附地主，过着半农奴式的生活，为了使用地主的牧场、饮马场，为了使用他们的'土地'，为了冬季的贷款等等，他们必须用自己的农具和牲畜去耕种地主的土地。另一方面，大地产占有者在这种情况下也不能不靠邻近破产农民的劳动来经营，因为这样经营既不需要耗费资本，也不需要采用新的耕作制度。这样必然产生俄国经济文献中多次谈到的那种工役制。这无非是农奴制的进一步发展。经营的基础不是使工人同土地分离，而是强迫破产农民固守土地，经营的基础不是私有者的资本，而是他的土地，不是大地产占有者的农具，而是农民的旧式犁，不是农业的进步，而是多年来的因循守旧，不是'自由雇佣'，而是高利贷的盘剥。"② 尽管俄国在工业革命的影响下已经有了现代资本主义工业技术，但在封建农奴制尚未根本改变的情况下，反而加大了农民受剥削程度，农民生活的贫困程度反而越发严重："我们看到，一方面是农民遭受着纯粹农奴制的盘剥和处于毫无出路的贫困境地，一方面是独立田庄、种植牧草、采用机器等等的'进步现象'，这些现象使某些天真的人们赞美不已。事实上，在大批农民继续极端贫困和备受盘剥的情况下，这些进步只能使他们的处境更加恶化，只能增加危机的必然性，扩大现代资本主义的要求同野蛮的、中世纪的、亚洲式的'冬季雇工制'之间的矛盾。对分

---

① 《列宁全集》第 6 卷，人民出版社 2013 年版，第 319 页。
② 《列宁全集》第 17 卷，人民出版社 2017 年版，第 132 页。

制，即耕种土地可得一半收成（'对分制'）或割草可得三分之一的草料（'三分制'），也是农奴制的直接残余。根据最近的材料，在俄国各地区，农民按对分制耕种的土地为农民自己土地的21%—68%。而按对分制收割的草地则更多：为农民自己土地的50%—185%！……这和农奴制有什么区别呢？农民无偿地为地主劳动，只从地主的土地上得到一半收成！"[①] 在列宁看来，封建农奴制使得俄国比欧洲文明国家明显落后，要摆脱贫困就必须彻底清除封建制度残余。

（二）小农经济及生产者自身的局限性

封建宗法的小农经济规模小、效率低、技术落后，同时还极大限制了农民的意识。即便在当时已经有了为数不多的雇佣劳动，但由于生产者自身的局限性，无法实现生产方式的根本性变革。列宁对此指出："农民手工业虽然总的情况很可怜，作坊规模很小、劳动生产率极低、技术简陋、雇佣工人不多，但其中已经有了资本主义。他们怎样也领会不了，资本是人和人之间的一定关系，尽管我们拿来比较的范畴的发展程度有高有低，它仍然是这样一种关系。"[②] 在列宁看来，小生产者生产分散，经营孤立，市场狭小，依附性强："前资本主义的农村是（从经济方面看）一个地方小市场网，这些地方小市场把一些极小的小生产者群联结起来，他们由于自己的孤立经营、他们之间的许多中世纪壁垒和中世纪依附关系的残余而处于分散状态。"[③] 这种情况只能使得生产力发展长期停滞，也只能使得农民生活水平长期停滞。这样的生产方式也不能不使得农民思想意识落后，造成农民阶级自身的局限性："饥荒同歉收的联系和农民

[①] 《列宁全集》第25卷，人民出版社2017年版，第96页。
[②] 《列宁全集》第1卷，人民出版社2013年版，第184页。
[③] 《列宁全集》第3卷，人民出版社2013年版，第343页。

的闭塞（农民没有意识到，或者只是非常模糊地意识到，他们所以落到这种破产的地步，完全是由于政府和地主的掠夺政策使资本的压力日益加重的缘故），使饥民们感到毫无办法，他们不仅没有提出过分的'要求'，甚至没有提出任何'要求'。"① 也正是因此，列宁清醒地认识到，比起推翻封建制度和剥削阶级，从根本上改造小农经济特别是再造小农生产者自身素质要更为困难，更为持久。列宁指出："在像俄国这样的农民国家中，进行社会主义建设是一项很困难的任务。毫无疑问，消灭沙皇制度、地主权力、地主土地占有制这类敌人，还是比较容易的。解决这样的任务，在首都只要几天，在全国只要几星期，但是现在我们着手解决的任务，就其本质来说，只有经过非常顽强持久的努力才能解决。"②

（三）俄国资本主义发展的两重性影响

俄国资本主义发展既有促进农业社会化生产、推动历史前进的积极作用，又有激发社会矛盾、造成农民贫困的消极影响。一方面，农业资本主义的发展打破了小农经济的局限，使得农业开始与工商业接轨，生产与流通形式也愈加多元化，整个农业结构愈加集体化与社会化；另一方面，农业资本主义的发展也带来了新矛盾，农业企业的个体性同资本主义大农业的集体性之间的矛盾。因此，俄国农业资本主义的发展既有历史进步性，又有历史局限性。正如列宁详尽分析的那样："农业从最高等级的特权或最低等级的租赁变成了普通的工商业；农民的劳动产品开始在市场上受到社会的核算；墨守成规的单一的农业正在变成在技术上经过改造的和具有多种多样形式的商业性农业；小农的地方闭塞性和分散性正遭到破坏；劳动力买卖的非人身交易，正在排挤各种各样的盘剥形式和人身依附形

---

① 《列宁全集》第 5 卷，人民出版社 2013 年版，第 288 页。
② 《列宁全集》第 35 卷，人民出版社 2017 年版，第 352 页。

式，——这一切情况实际上都是同一过程的各个环节，这个过程使农业劳动社会化了，并且使市场波动这种无政府状态中的矛盾，即各个农业企业的个体性同资本主义大农业的集体性之间的矛盾日益尖锐。因此（我们再说一遍），在强调资本主义在俄国农业中的进步历史作用时，我们丝毫没有忘记这种经济制度的历史暂时性，也没有忘记它固有的深刻的社会矛盾。"[①] 从农业失业现象来看，资本主义不发达的地区反而严重，这是工役制的束缚带来的："工役制阻碍了劳动生产率的提高，阻碍了工农业的发展，从而也就阻碍了对劳动力的需求的增加，与此同时，它把农民固定在份地上，使他们既找不到冬季工作，也无法依靠自己可怜的农业为生。"[②] 在当时的俄国存在着资本主义家庭劳动，这种生产方式不仅工作环境糟糕造成职业病盛行，还抑制了工人的需求，降低了劳动力价格，特别是"宗法式"的劳动关系使得工人不仅成为雇佣奴隶，而且成为债务奴隶。[③] 与此同时，工厂工业的迅猛发展将生产资料市场不断扩大，也使得人口不断从农转商，对资本主义生产力的发展有一定的积极意义，但也加重了城市对农村的剥削："城市愈来愈重地剥削农村，从农村的业主那里夺走了最好的劳动力，愈来愈多地榨取农村居民生产出来的财富，使他们不能恢复地力。"[④] 不仅如此，农民在受封建主义压迫的同时还要受资本主义压迫，资本主义与封建主义共同榨取农民的血汗，加重了农民的贫困。正如列宁详尽分析的那样："金钱的权力不仅压得农民透不过气来，而且使农民发生分化：绝大部分农民陆续破产而变成无产者，小部分农民中又分出少数贪得无厌的富农和善于经营的农夫，他们把农民的家业和土地攫为己有而构成新兴的农村资产阶级分子的核心。改革后的整整 40 年，就是这种

---

① 《列宁全集》第 3 卷，人民出版社 2013 年版，第 283—284 页。
② 《列宁全集》第 3 卷，人民出版社 2013 年版，第 289 页。
③ 《列宁全集》第 3 卷，人民出版社 2013 年版，第 404 页。
④ 《列宁全集》第 4 卷，人民出版社 2013 年版，第 82 页。

农民分化的过程，就是农民缓慢地痛苦地死亡的过程。农民过着一贫如洗的生活，他们和牲畜住在一起，穿的是破衣，吃的是野菜；他们只要找到栖身之所，就会离开自己的份地，甚至倒赎份地，付钱给愿意收下这块份地的人，因为经营份地是蚀本的。农民经常挨饿，由于连年歉收，成千上万的人不断死于饥饿和瘟疫。现在我们农村的情形也是这样。"① 列宁认为，随着资本主义市场经济的发展，俄国农业资本主义也呈现了工业资本主义的危机状况，进一步导致了大量农户破产，但列宁也清醒地认识到，农业资本主义危机也有促使农业进一步专业化的积极意义："资本主义农业现在已陷入资本主义工业所特有的那种不稳定的状态，并且不得不设法适应新的市场条件。农业危机像其他的危机一样，使大批农户破产，使已经确立的所有制关系遭到巨大的破坏，在一些地方使技术退步，使中世纪的经济关系和经济形式复活，但是总的说来，农业危机能够加速社会的演进，把宗法式的停滞状态从它的最后的避难所里排挤出去，促使农业进一步专业化（资本主义社会中农业进步的基本因素之一）和进一步采用机器等。"②

（四）战争加重了劳动人民的灾难

19 世纪末 20 世纪初，主要资本主义国家进入了帝国主义阶段。俄国同样进入了帝国主义阶段，尽管它在帝国主义国家中是最薄弱的一环。被称为"封建军事帝国主义"的俄国经常发动侵略战争，这不仅给被侵略国家带来了深重灾难，本国劳动群众也深受其害。列宁指出："对俄国工人和农民来说，战争预示着新的灾难、无数人的死亡、大批家庭的破产和新的苛捐重税。在俄国军事长官和沙皇政府看来，战争可以带来军事荣誉。在俄国商人和拥有百万财富的

---

① 《列宁全集》第 4 卷，人民出版社 2013 年版，第 381 页。
② 《列宁全集》第 4 卷，人民出版社 2013 年版，第 133—134 页。

企业主看来，战争之所以必要，是为了保住新的商品销售市场，保住新的自由的不冻港以发展俄国贸易。向本国挨饿的农民和失业的工人是卖不出多少商品的，要到别国去寻找销路！俄国资产阶级的财富是靠俄国工人的贫困和破产创造出来的；而现在，为了更多地增加这些财富，工人们又得去流血卖命，以便俄国资产阶级能够随心所欲地去征服和奴役中国和朝鲜的工人。"① 瓜分世界领土是帝国主义的本性和恶果，战争是帝国主义国家统治阶级在全世界的蚕食鲸吞，给本国劳动群众带来的只能是苦难。

要摆脱贫困就要对贫困成因做如实分析。列宁在大量调查研究的基础上，翔实客观地分析了俄国贫困的成因。列宁的分析表明，要从根本上使得俄国劳动群众特别是农民群众摆脱贫困，就必须废除封建主义、资本主义剥削制度，使得劳动群众翻身作主、获得解放；就必须认清俄国社会发展阶段和发展规律，理解商品经济对改造小农经济的客观积极作用，在无产阶级专政条件下适当利用资本主义发展农业经济；就必须改造生产者本身，把提高生产者素质作为一项长期任务。

二　列宁对俄国摆脱贫困的探索

列宁在对贫困成因做如实分析的基础上，进一步依据国情，在俄国革命和建设中不断探索摆脱贫困之路。以列宁为首的无产阶级政党领导人民，进行了民主革命和社会主义革命，建立了工农群众当家作主的社会主义制度，为劳苦大众摆脱贫困奠定了政治前提和制度基础。在这个过程中，彻底废除了地主土地所有制，广大农民成为了掌握土地生产资料的主人，农业合作化进一步促进了农村生

---

① 《列宁全集》第 8 卷，人民出版社 2017 年版，第 170 页。

产力的发展。在劳动人民掌握国家政权后，努力以农业机械化实现
生产力变革，发展农业商品经济促进农民生活改善。不仅如此，列
宁重视劳动者素质的提高，在思想觉悟、文化素养、专业技能方面
给农民以教育帮助。为了尽可能帮助贫苦农民改善生活，布尔什维
克党采取多种务实措施给以更多投入，减轻负担。

（一）进行民主革命和社会主义革命，为摆脱贫困创造根本制度保证

列宁深刻认识到，封建主义是农民的沉重枷锁，资本主义在俄
国的发展虽然有积极意义，但也不可能让劳动人民摆脱贫困的悲惨
命运。因此，必须进行民主革命和社会主义革命，从根本上废除剥
削制度，使得劳动群众成为掌握生产资料和国家政权的主人，为劳
动人民摆脱贫困扫清障碍。

尽管在资本主义发展中封建势力有所减弱，但仍然是农民身上
最沉重的枷锁，积极投入民主革命并保证革命取得胜利就成为了布
尔什维克党的首要任务。列宁准确地分析了俄国农村的阶级状况，
科学阐释了地主阶级是农民苦难的根源，指明了社会民主党积极推
动民主革命推翻地主阶级政治统治的任务："我们看到，目前俄国农
村并存着两种阶级对立：第一种是农村工人和农村企业主之间的阶
级对立；第二种是全体农民和整个地主阶级之间的阶级对立。第一
种对立在日益增长和发展，第二种对立在逐渐减弱。第一种对立将
愈来愈严重，第二种对立则在很大程度上已成过去。虽然如此，对
现在的俄国社会民主党人来说，第二种对立才具有最本质和最重要
的实际意义。至于说我们应当利用一切机会来启发农业雇佣工人的
阶级觉悟，因而应当注意城市工人（例如操纵蒸汽脱谷机的机械工
人和其他工人）移居农村的问题和农业工人的雇佣市场问题，那是
不言而喻的，任何一个社会民主党人都认为这是天经地义的……我

们的职责，就是指出这种苦难的根源正是农民所受的阶级压迫，政府是压迫者阶级的忠实卫士，真正希望根本改善农民生活状况的人所应当争取的，不是政府的帮助，而是摆脱政府的压迫，获得政治自由。"① 在推翻地主阶级政治统治的同时，还必须彻底清除封建主义生产方式，废除一切农奴制残余。列宁指出："我们要求不是用改良办法，而是用革命办法彻底地、无条件地废除和消灭农奴制残余，我们认为，贵族政府从农民那里割去的、至今仍然使农民实际上处于奴隶地位的那些土地，应当成为农民的土地。因此我们成了（在特定的历史情况下，作为一种例外）小私有制的维护者，但是，我们只是在它同'旧制度'的残余作斗争的时候，只是在下述条件下才维护小私有制，这就是废除那些有碍于凝固在停滞、闭塞和荒芜状态的宗法式奥勃洛摩夫卡得到改造的制度，建立迁徙的完全自由和土地流通的自由，彻底消灭等级划分。"②

确保民主革命取得胜利是无产阶级政党革命任务的第一步，但不仅如此，无产阶级政党还需要进一步推翻资本主义剥削制度，把革命发展为社会主义革命。列宁对此强调："社会民主党已经不止一次地指出，农民运动向它提出了一个双重任务。我们应当无条件地支持和推进这个运动，因为它是革命民主主义的运动。同时我们还应当始终不渝地坚持自己的无产阶级的阶级观点，把农村无产阶级组织起来，就像组织城市无产阶级一样，并把它同后者一起组织成为独立的阶级政党，向它说明它的利益和资产阶级农民的利益是敌对的，号召它为实现社会主义革命而斗争，向它指出，要想摆脱压迫和贫困，把农民中的一些阶层变为小资产者是无济于事的，必须用社会主义制度来代替整个资产阶级制度。"③ 列宁清楚地认识到，

---

① 《列宁全集》第 4 卷，人民出版社 2013 年版，第 382 页。
② 《列宁全集》第 6 卷，人民出版社 2013 年版，第 319 页。
③ 《列宁全集》第 9 卷，人民出版社 2017 年版，第 324 页。

如果不进行社会主义革命，农村居民在资本主义条件下会继续分化为少数资本主义农场主和农村无产阶级的对立，大多数群众会仍然生活在贫苦之中："在一定的历史时期，农村居民中的小资产阶级阶层，即狭义的名副其实的农民，不能不是革命的。它现在的革命性，不可避免地从'旧秩序'的所有条件中产生出来，我们应当大力加以支持和发展。但是，一部分农村小资产者向'秩序'方面的转化，同样不可避免地会从新秩序即新的自由资本主义的俄国的生活条件中产生出来。而且，农民现在夺取地主的土地愈多，这种转化就愈快。在农村，也只有农村无产阶级是真正革命的阶级，是在任何条件下彻底革命的阶级。贫穷闭塞的农夫变成自由的、精力充沛的欧洲式农场主，是巨大的民主主义成果，但是我们，社会主义者，一刻也不能忘记，只有当觉悟的、自由的、组织起来的农村无产者与农场主相对抗时，也只有在这种情况下，这种成果才会为人类完全摆脱一切压迫的事业带来实际好处。"①

（二）实行土地国有化，保证劳动者掌握土地、耕畜、农具等生产资料，积极引导农业合作化

革命意味着生产关系的根本性变革。对农民来说，土地所有制是最基本最重要的生产关系。列宁指出："社会民主工党支持农民反对中世纪制度的革命斗争，同时指出，在资本主义社会中土地关系的最好形式（同时也是消灭农奴制度的最好形式）就是土地国有化；只有实行彻底的政治变革，消灭专制制度，建立民主共和国，才能实行彻底的土地变革，才能没收地主土地，实现土地国有化。"② 十月革命后，劳动群众掌握了国家政权。苏维埃政府废除了封建土地所有制，实行土地国有化，使得全体人民共同掌握了土地生产资料：

---

① 《列宁全集》第 10 卷，人民出版社 2017 年版，第 46—47 页。
② 《列宁全集》第 17 卷，人民出版社 2017 年版，第 154 页。

"我们应当要求全部土地国有化，就是说，把全国一切土地收归国家中央政权所有。"①

与此同时，为了让劳动群众真正掌握生产资料，布尔什维克党进一步要求把土地交给农民耕种。正像列宁强调的那样："这个政府定会立即废除地主土地所有制，把土地交给农民。"② 在这个过程中，列宁特别重视发挥农民委员会的作用。农民委员会不仅帮助农民管理和分配土地，也负责给农民分配耕畜和农具："苏维埃政府应当立即宣布无偿地废除地主土地私有制，在立宪会议解决这个问题以前，把这些土地交给农民委员会管理。地主的耕畜和农具也应当交给这些农民委员会支配，以便无条件地首先交给贫苦农民无偿地使用。"③ 在分配农业机械时，列宁要求在有利于农业生产的同时，优先给贫苦农民以支持："分配农业机械等的基本原则应当是，既要首先保证有利于农业生产，有利于全部土地的耕作和农业生产率的提高，又要对贫苦的劳动农民优先供应农业机械等；而总的目的应当是保证全国居民正常地得到足够的粮食。"④

为了改变小农生产的局限性，进一步提高农业生产力，改善农民生活水平，布尔什维克党还积极引导农业合作化。在新经济政策的探索中，列宁找到了符合俄国国情的农业生产方式，将小农联合起来经营："批发商业在经济上把千百万小农联合起来，引起他们经营的兴趣，把他们联系起来，把他们引导到更高的阶段：实现生产中各种形式的联系和联合。我们已经开始对经济政策作必要的改变。"⑤ 在这个过程中，列宁对发展农业合作社的思路越发清楚，在政策上支持农业合作社的推广。合作社采用自愿方式以股份制运营，

---

① 《列宁全集》第 29 卷，人民出版社 2017 年版，第 164 页。
② 《列宁全集》第 33 卷，人民出版社 2017 年版，第 4 页。
③ 《列宁全集》第 32 卷，人民出版社 2017 年版，第 153 页。
④ 《列宁全集》第 34 卷，人民出版社 2017 年版，第 222 页。
⑤ 《列宁全集》第 42 卷，人民出版社 2017 年版，第 188 页。

遵循商业原则开展活动。正像列宁指出的那样："资金的来源应是自愿交纳。既然我们的合作社要做生意（而不是玩出版日报的游戏，让那些游手好闲的饶舌者在报上发出令人生厌的政治喧嚣），那么做生意就应当有收益。谁交股金，谁就得到收益。交纳股金是自愿的。谁交纳股金，谁就得到一份收益。"① 这种方式既能提高农业生产规模，实现农民共同富裕，又能激发个体生产经营的积极性，容易被群众接受。

此外，列宁还主张适当地办国营农场，建设社会主义大农业。

（三）以农业机械化、电气化推进生产力变革，以商品经济促进生产力解放

俄国社会历史原因造成的贫困状况不可能在社会主义制度建立后立即消除，毕竟俄国生产力仍然处于较低水平。要消除贫困，就要牢牢抓住发展生产力这一根本任务。列宁指出："为了消灭饥饿现象，必须提高农业、运输业和工业中的劳动生产率。结果就形成了这样一个循环：要提高劳动生产率，就得消除饥饿，而要消除饥饿，又得提高劳动生产率。"② 而提高生产力就是要实现现代化，即机械化大生产，从根本上把小农国家改变为社会主义现代化大工业国家。列宁对此要求："把我国经济，包括农业在内，转到新的技术基础上，转到现代大生产的技术基础上。只有电力才能成为这样的基础。共产主义就是苏维埃政权加全国电气化。不然我国仍然是一个小农国家，这一点我们必须清楚地认识到。我们不仅在世界范围内比资本主义弱，在国内也比资本主义弱。这是大家都知道的。我们已经认识到这一点，并且一定要努力把小农经济基础变成大工业经济基础。只有当国家实现了电气化，为工业、农业和运输业打下了现代

---

① 《列宁全集》第 43 卷，人民出版社 2017 年版，第 54 页。
② 《列宁全集》第 37 卷，人民出版社 2017 年版，第 18 页。

大工业的技术基础的时候，我们才能得到最后的胜利。"① 在农业中同样需要大规模采用现代工业技术。列宁对此有着清醒的认识："我再说一遍：这并不值得惊奇，因为改造小农，改造他们的整个心理和习惯，这件事需要花几代人的时间。只有有了物质基础，只有有了技术，只有在农业中大规模地使用拖拉机和机器，只有大规模电气化，才能解决小农这个问题，才能像人们所说的使他们的整个心理健全起来。只有这样才能根本地和非常迅速地改造小农。我说需要花几代人的时间，倒不是说需要几百年。你们都很清楚，要获得拖拉机和机器，要实现一个大国家的电气化，无论如何要有几十年的时间才行。客观情况就是这样。"② 根据当时第二次工业革命的集中表现，列宁把电气化与灌溉等大工程提上了日程，列宁认为："应当立刻努力改善农民生活，开始兴建电气化和灌溉方面的巨大工程。"③ 列宁明确指出，要把最新科技成果运用到农业生产："社会主义的物质基础只能是同时也能改造农业的大机器工业。但是不能停留在这个一般的原理上。必须把它具体化。适应最新技术水平并能改造农业的大工业就是全国电气化。拟定俄罗斯联邦电气化计划这一科学工作，本是我们应当做的，现在我们已经完成了。"④ 对此，苏俄两百多位优秀的学者、工程师和农艺师编制了电气化计划，印成了厚厚的一大册，并且获得了批准实行。

不仅如此，提高生产力还需要改革经济体制解放生产力。列宁经过艰辛曲折的探索，找到了一条通过商品经济发展释放经济活力的路子。列宁认为，由于俄国小农经济在历史上长期存在，只有通过商品经济才能充分激发农民的生产积极性，这是由俄国当时的国情决定的。当然，在俄国幅员辽阔、各地地理环境复杂且交通不便

---

① 《列宁全集》第40卷，人民出版社2017年版，第159页。
② 《列宁全集》第41卷，人民出版社2017年版，第53页。
③ 《列宁全集》第41卷，人民出版社2017年版，第186页。
④ 《列宁全集》第42卷，人民出版社2017年版，第7页。

的情况下，发展商品经济也十分必要。列宁对此做了详尽阐释："小农只要还是小农，他们就必须有同他们的经济基础即个体小经济相适应的刺激、动力和动因。这就离不开地方流转自由。如果这种流转使国家能用工业品换得最低限度的一点粮食，以满足城市、工厂和工业的需要，那么在恢复经济流转的情况下，国家政权就能够仍旧保持在无产阶级手中并且得到巩固。农民要求在实践上向他们证明，掌握工厂和工业的工人能够同农民建立流转关系。另一方面，一个交通不便、幅员辽阔、各地气候悬殊、农业条件不同以及还具有其他种种特点的农业大国，必须让各地的农业和各地的工业在当地范围内有一定的流转自由，这是不可避免的。"① 在列宁看来，在社会主义的物质基础也就是机械化电气化建成之前，只能通过发展商品经济提高劳动者积极性，从而促进农业生产力发展，提高农民生活水平。事实上，通过商品经济解放生产力，正是新经济政策的实质。列宁在全俄农业展览会上亲自致贺词支持农业商品流转买卖，贺词写道："我认为展览会有很大的意义，相信一切组织都会给它以充分的协助。衷心祝愿展览会获得最大的成功。"②

　　商品经济的发展不可避免会导致非公有制经济存在。但在列宁看来，只要劳动者掌握国家政权，公有制支配国计民生的领域，资本主义某种程度的发展对激发苏俄生产力有利。列宁指出："既然存在着小经济，既然存在着交换自由，也就会产生资本主义。但是既然我们掌握着工厂、运输业和对外贸易，那么这种资本主义对于我们可怕不可怕呢？当时我就说过，现在还要重申，这种资本主义对于我们是没有什么可怕的"③；"所以从自由贸易中必然发展起来的资本主义，对于我们是没有什么可怕的。它是流转发展的结果，是

---

① 《列宁全集》第41卷，人民出版社2017年版，第55—56页。
② 《列宁全集》第43卷，人民出版社2017年版，第296页。
③ 《列宁全集》第41卷，人民出版社2017年版，第149页。

工业品（哪怕是小工业品）与农产品交换的结果。"① 事实上，这样的资本主义能够满足工农产品互补的需要，促进农业经济和农民生活水平改善。正如列宁指出的那样："这样我们就能改善农产品和邻近地区的手工业品之间的经济流转，虽然这些手工业品还不能大量满足农民对工业品的需要，但在一定程度上还是可以满足他们的需要的；农民经济毕竟会比过去有所改善，而我们正迫切需要改善农民经济。"② 列宁清楚地认识到，资本主义生产关系没有社会主义生产关系优越，但与封建宗法的小农生产方式相比确是优越的，而在当时俄国亟须改变的就是小农生产方式："只要我们还生活在一个小农国家里，资本主义在俄国就有比共产主义更牢固的经济基础。"③正是因此，列宁从实际出发，在无产阶级专政前提下，允许非公有制经济在一定时期发展。

为了促进商品经济充分发展，列宁主张积极发展对外贸易。在他看来，对外贸易对于发展农业生产力，特别是苏俄边疆的农业生产力，都大有裨益。列宁指出："要利用同意大利、美国等国家的商品交换，来尽力发展物产丰富的边疆的生产力，发展水力和灌溉。为了尽力发展农业和畜牧业，灌溉是特别重要的。"④ 列宁主张共产党人要学会商业经营，积极参加国际商业活动。在他的指导下，苏俄积极参加了热那亚会议。列宁指出："我们一开始就声明，我们欢迎热那亚会议并准备出席这次会议；我们十分清楚而且毫不隐瞒，我们准备以商人的身份出席会议，因为我们绝对必须同资本主义国家（只要它们还没有完全垮台）进行贸易，我们到那里去，是为了最恰当、最有利地商定政治上合适的贸易条件。"⑤

---

① 《列宁全集》第 41 卷，人民出版社 2017 年版，第 150 页。
② 《列宁全集》第 41 卷，人民出版社 2017 年版，第 151 页。
③ 《列宁全集》第 40 卷，人民出版社 2017 年版，第 159 页。
④ 《列宁全集》第 41 卷，人民出版社 2017 年版，第 185 页。
⑤ 《列宁全集》第 43 卷，人民出版社 2017 年版，第 2 页。

（四）提高农民思想觉悟，加强农民文化教育，教授农民专业技能

在列宁看来，摆脱贫困还需改变劳动者主体素质，包括思想觉悟、文化知识和专业技能三个方面。

在革命时期，列宁就重视提高劳动者思想觉悟，帮助农业无产阶级认识到只有帮助农民取得民主革命胜利，进而取得社会主义革命胜利，建立社会主义社会，才能从根本上摆脱贫困。布尔什维克党对农村无产阶级说："你们现在应当竭尽全力帮助农民取得最彻底的胜利，但是这种胜利并不能使你们摆脱贫困。要摆脱贫困只有一个办法，就是全体无产阶级——工业的和农业的——战胜整个资产阶级，建立社会主义社会。"[①] 列宁进一步指出："俄国社会民主工党，作为无产阶级的阶级政党，一贯力求建立农村无产阶级的独立阶级组织，而且要时刻记住向农村无产阶级说明它的利益和农民资产阶级的利益是对立的，向它说明，只有农村无产阶级和城市无产阶级进行反对整个资产阶级社会的共同斗争，才能导向社会主义革命，而唯有社会主义革命才能够把全体贫苦农民从贫困和剥削下真正解救出来。"[②] 而这一切，离不开对农业无产阶级群众的思想政治教育。劳动群众掌握国家政权后，劳动群众仍然需要依靠革命精神巩固胜利成果。列宁指出："十月革命以后，我们打倒了地主，没收了他们的土地，但是农村的斗争并没有就此结束。夺得土地这一成果，同劳动人民取得的任何成果一样，只有依靠劳动者自己的主动性，依靠他们自己组织起来，依靠他们的毅力和革命坚定性，才能巩固。"[③] 在农业合作化过程中，也只有耐心地对农民进行思想政治

---

① 《列宁全集》第 11 卷，人民出版社 2017 年版，第 292 页。
② 《列宁全集》第 9 卷，人民出版社 2017 年版，第 328 页。
③ 《列宁全集》第 35 卷，人民出版社 2017 年版，第 171 页。

教育，才能使农民思想觉悟提高起来，才能使得合作化顺利推进。正如列宁所说："工人的共产党意识到了自己的任务，正朝着新的社会主义建设的目标前进，他们既坚持不懈，又耐心等待，采取一系列渐进的过渡办法，不断激发劳动农民的觉悟，而且完全根据他们的觉悟程度、根据农民单独组织起来的程度一步步前进。"①

　　在列宁看来，摆脱贫困还需要劳动群众文化知识方面的提高。他指出："当我们有文盲的时候是不可能实现电气化的。我们的委员会还将努力扫除文盲。同过去相比，委员会已经做了很多工作，但是同需要相比，那就做得很少。劳动人民不但要识字，还要有文化，有觉悟，有学识；必须使大多数农民都能明确地了解摆在我们面前的任务。"② 为了满足劳动者的文化需求，帮助劳动群众特别是农民群众提高文化素质，列宁要求县、乡建立图书馆，配足参考书，发展学校教育："使每个县图书馆（以后是每个乡图书馆）有几本这种'参考书'；使俄国的每个发电站（总共有800多个）不仅有这本书，而且还一定要举办关于电力、关于俄罗斯联邦电气化以及关于一般技术的大众通俗讲座；要每一所学校中的每一位国民教师阅读并领会这本'参考书'（为了协助这项工作，每个县应当成立一个工程师和物理教员小组或团体），不仅要自己阅读、了解和领会这本著作，而且还会简单明了地把它讲给学生和一般农民青年听。要做到这一点，得花费不少力气。我们是贫困的和文化落后的人。这没有关系。但要认识到必须学习。要乐意学习。要清楚地懂得，工人和农民现在需要学习不是为了使地主和资本家得到'好处'和利润，而是为了改善自己的生活。"③ 不仅如此，列宁主张建设各个种类的公共文化服务资源，他指出，"苏维埃政权从各方面帮助工人和

---

① 《列宁全集》第35卷，人民出版社2017年版，第353页。
② 《列宁全集》第40卷，人民出版社2017年版，第161页。
③ 《列宁全集》第43卷，人民出版社2017年版，第51页。

劳动农民自学自修（建立图书馆、成人学校、国民大学、讲习所、电影院、艺术工作室等等）"①，旨在帮助劳动群众自主学习文化知识。为了适应合作社发展，列宁主张合作者、经营者学习经营商业，做欧洲式的文明商人："为了通过新经济政策使全体居民人人参加合作社，这就需要整整一个历史时代。在最好的情况下，我们度过这个时代也要一二十年。他虽然在做买卖，但这离有本领做个文明商人还远得很。他现在是按亚洲方式做买卖，但是要能成为一个商人，就得按欧洲方式做买卖。他要做到这一点，还需要整整一个时代。"②不仅如此，完成合作化工作必须进行一场深刻的文化革命。正如列宁所说："没有一场文化革命，要完全合作化是不可能的。"③

值得注意的是，针对贫困问题，列宁特别重视给以农民技能培养。他要求："推广农艺知识，给农民以农艺指导。"④ 列宁指出："我们穷。我们立刻需要细木工、钳工。绝对需要。大家都应当成为细木工、钳工等，但是同时必须具有最基本的普通知识和综合技术知识。"⑤ 对此，苏俄设立了专门的劳动教育和职业教育国家机构，通过工农业企业培训劳动者职业技术和综合技术："正规劳动学校局，特别是职业教育总局，利用各个办得还可以的工业企业和农业企业（国营农场、农业实验站、好的农庄等等；发电站等等）进行职业技术教育和综合技术教育时，应当特别注意更加广泛地、经常地吸收所有合适的技术人员和农艺专家参加。"⑥

（五）采取多种务实措施大力帮助贫苦群众

正如列宁指出的那样，"苏维埃政权用全力帮助占人口绝大多数

① 《列宁全集》第36卷，人民出版社2017年版，第87页。
② 《列宁全集》第43卷，人民出版社2017年版，第368页。
③ 《列宁全集》第43卷，人民出版社2017年版，第372页。
④ 《列宁全集》第36卷，人民出版社2017年版，第198页。
⑤ 《列宁全集》第40卷，人民出版社2017年版，第230页。
⑥ 《列宁全集》第40卷，人民出版社2017年版，第329页。

的劳动农民，即贫苦农民和中农"①，列宁领导的布尔什维克党为贫苦群众摆脱贫困，采取了多种务实措施，千方百计加强对贫困群众的投入，尽可能减轻贫苦群众的负担。

在农业生产要素方面，布尔什维克党要求："全体党的工作人员必须立刻真正实现党纲土地问题部分所指出的一切要求，即：（1）调整农民使用的土地（消除土地零散插花、狭长等等现象），（2）供给农民改良种子和人造肥料，（3）改进农民的牲畜品种，（4）推广农艺知识，（5）给农民以农艺指导，（6）由国营修理厂给农民修理农具，（7）建立农具租赁站、实验站、示范田等等，（8）改良农民田地的土壤。国家应该从财政上和组织上广泛帮助农民合作组织，以提高农业生产，特别是进行农产品的加工，改良土壤，扶持手工业等等。"② 在贫困工人救济方面，布尔什维克党做了多项安排："（1）加强对工人子女的实物救济。（2）拨出一定的库存，迅速清点，低价配售给没有起码现金收入的最贫困的工人。（3）房租也如此。"③

列宁还要求加强对农村各方面人员的投入，特别要求工人阶级、青年团员和知识分子积极参与农业方面的社会主义建设。列宁主张建立"工人协助委员会"，吸引产业工人参加农业建设："必须广泛地有计划地吸引产业工人参加农业方面的共产主义建设，扩大苏维埃政权为此而成立的全国性的'工人协助委员会'的活动等等。"④列宁主张青年团员参加农业工业劳动，在帮助劳动群众的同时提高自己，成为合格的共产主义者："青年团员应当利用自己的每一刻空闲时间去改善菜园工作，或在某个工厂里组织青年学习等等。我们要把俄国这个贫穷落后的国家变成一个富裕的国家。因此共产主义青年团必须把自己的教育、训练和培养同工农的劳动结合起来，不

---

① 《列宁全集》第37卷，人民出版社2017年版，第287页。
② 《列宁全集》第36卷，人民出版社2017年版，第198页。
③ 《列宁全集》第36卷，人民出版社2017年版，第317页。
④ 《列宁全集》第36卷，人民出版社2017年版，第113页。

要关在自己的学校里，不要只限于阅读共产主义书籍和小册子。只有在与工农的共同劳动中，才能成为真正的共产主义者。"① 列宁还主张吸引知识分子参加社会主义经济建设："应当广泛地、坚定地、巧妙地、谨慎地做好这方面的工作，千方百计地利用这方面的工作来改善工农的生活状况和吸引知识分子参加经济建设。"②

特别是，列宁还要求加强农村基层组织建设，包括贫苦农民委员会、农村党支部和特种工会等等，旨在形成组织的强大力量，并给以劳动者思想政治教育。他对此指出："俄共在全部农村工作中仍然是依靠农村无产者阶层和半无产者阶层，首先把他们组织成为独立的力量，建立贫苦农民委员会、农村党支部、农村无产者和半无产者的特种工会等等，尽量使他们接近城市无产阶级，使他们摆脱农村资产阶级和小私有者利益的影响。"③

在加强各方面投入的同时，列宁还主张在税收等方面尽可能减免贫苦劳动者负担。他根据农村阶级状况，对劳动者采取了不同的税收方案。列宁曾经提出："把贫苦农民（免税）、中农（征税很轻）和富裕农民的划分写入本法令……贫苦农民有权获得部分征收的实物（用做口粮和种子）。"④

三　列宁反贫困思想的当代价值

在民主革命、社会主义革命和社会主义建设各个时期，列宁对一个相对落后的小农国家如何摆脱贫困做了大量阐释，进行了卓有成效的探索，这些无不是马克思主义政党史上的宝贵财富，也无不是人类社会发展史的宝贵财富。中国是共产党领导的社会主义国家，

---

① 《列宁全集》第39卷，人民出版社2017年版，第345页。
② 《列宁全集》第41卷，人民出版社2017年版，第185页。
③ 《列宁全集》第36卷，人民出版社2017年版，第113—114页。
④ 《列宁全集》第35卷，人民出版社2017年版，第95页。

在社会主义建设和反贫困斗争中面临的社会历史国情与俄国有相当程度的相似之处。中国特色反贫困理论就是列宁反贫困思想在当代的价值彰显。

（一）坚持社会主义制度和共产党的领导

　　列宁对反贫困的探索表明，任何剥削制度都不可能真正意义上让劳动群众摆脱贫困。社会主义制度消灭了阶级剥削和压迫，实现了劳动群众当家作主，才能真正为摆脱贫困奠定制度基础。列宁指出："只有社会主义才可能广泛推行和真正支配根据科学原则进行的产品的社会生产和分配，以便使所有劳动者过最美好的、最幸福的生活。"① 在列宁的领导下，布尔什维克党完成了民主革命和社会主义革命任务，劳动群众破天荒地第一次掌握了国家政权。十月革命后，列宁为苏俄劳动人民摆脱贫困进行了伟大斗争和艰辛探索，彰显了共产党执政的实质。正如列宁所说的那样："俄国的工人和农民在革命斗争中得到了充分的锻炼。他们看到，只有我们的制度才使他们能够进行真正的统治；他们深信，国家政权完完全全是在帮助工人和贫苦农民。"② 教育工作者中国共产党自成立之日起就以为人民谋幸福、为民族谋复兴为己任，为中华大地消除贫困现象做了艰苦卓绝的斗争。中国共产党领导人民推翻了帝国主义、封建主义和官僚资本主义的残酷压迫，在新民主主义革命时期"打土豪、分田地"，实行"耕者有其田"，使劳动群众获得解放，成为国家的主人；完成了社会主义革命，建立了社会主义基本制度，彻底改变了中国的社会阶级关系，为摆脱贫困创造了根本制度前提；开启了改革开放，在解放和发展生产力的基础上实行大规模、有计划、有组织的扶贫开发，取得了巨大成就；中国特色社会主义新时代，完成

---

① 《列宁全集》第 34 卷，人民出版社 2017 年版，第 356 页。
② 《列宁全集》第 35 卷，人民出版社 2017 年版，第 78 页。

了脱贫攻坚战，绝对贫困在中国已彻底消除。习近平总书记指出："消除贫困、改善民生、逐步实现共同富裕，是社会主义的本质要求，是我们党的重要使命。我国扶贫开发取得的伟大成就，为全球减贫事业作出了重大贡献，得到了国际社会广泛赞誉。这个成就，足以载入人类社会发展史册，也足以向世界证明中国共产党领导和中国特色社会主义制度的优越性。"①中国共产党领导的反贫困斗争实践充分证明了社会主义制度的优越性，充分彰显了社会主义制度自信，也为国际社会主义运动注入了强心剂。

（二）积极促进农业生产力不断提升，提高劳动者素质，推进农业现代化实现

列宁对反贫困的探索表明，在一个经济条件落后的国家，贫困不可能随着社会主义制度的建立就会立即消除，必须集中力量发展生产力，为消除贫困奠定物质基础；必须从各方面提高劳动者素质，掌握知识技能；必须运用最新科技成果，实现农业现代化。中国共产党把发展生产力作为社会主义的根本任务，把农业现代化作为建设社会主义现代化国家的题中之义。习近平总书记指出："没有农业现代化，没有农村繁荣富强，没有农民安居乐业，国家现代化是不完整、不全面、不牢固的。发达地区在这方面一定要带好头、领好向，把工业化、信息化、城镇化、农业现代化同步发展真正落到实处。"②中国式现代化是人口规模巨大的现代化、全体人民共同富裕的现代化，没有农业现代化就不可能有国家现代化；没有现代农业，就不可能实现农业生产力的根本变革，农民生活水平也就不可能有实质性提高。与此同时，摆脱贫困还必须提高劳动者的素质，提高

---

① 中共中央党史和文献研究院编：《习近平扶贫论述摘编》，中央文献出版社 2018 年版，第 13 页。

② 中共中央党史和文献研究院编：《习近平关于"三农"工作论述摘编》，中央文献出版社 2019 年版，第 32 页。

劳动者自身职业技能。习近平总书记强调指出："俗话说得好，家有良田万顷，不如薄技在身。要加强老区贫困人口职业技能培训，授之以渔，使他们都能掌握一项就业本领。要帮助贫困地区群众提高身体素质、文化素质、就业能力，努力阻止因病致贫、因病返贫，打开孩子们通过学习成长、青壮年通过多渠道就业改变命运的扎实通道，坚决阻止贫困现象代际传递"[①]；"扶贫不是慈善救济，而是要引导和支持所有有劳动能力的人，依靠自己的双手开创美好明天。"[②]

（三）调整农村所有制结构，发展现代流通体系

列宁对反贫困的探索表明，积极调整农业生产关系和经济运行机制能够调动农民积极性，解放农业生产力。对于一个长期受封建宗法小农社会影响的大国，一个生产技术相对落后的大国，发展商品经济和贸易流动是解放农业生产力、改善农民生活水平的有益举措。在发展农业商品经济的过程中，列宁依据苏俄的国情，对非公有制经济的发展予以肯定。中国共产党对中国农业所有制结构和运行机制不断探索、不断调整，目的就是为了调动农民积极性、解放农业生产力、提高农民生活水平。党的十八大以来，党和国家深化农业综合改革，对农业生产关系做出更加主动、灵活的调整。在农村土地制度改革方面，在坚持集体对土地所有权的同时，实现承包权和经营权分置并行；在农村基本经营制度改革方面，在家家包地、户户务农基本经营制度基础上，创造了家庭承包、专业大户经营，家庭承包、家庭农场经营，家庭承包、集体经营，家庭承包、合作经营，家庭承包、企业经营等新的实现形式；在农村集体产权制度

---

① 中共中央党史和文献研究院编：《习近平扶贫论述摘编》，中央文献出版社 2018 年版，第 133 页。

② 中共中央党史和文献研究院编：《习近平扶贫论述摘编》，中央文献出版社 2018 年版，第 65 页。

改革方面，进行身份确认、股份量化，推动资源变资产、资金变股金、农民变股东，建立符合市场经济要求的集体经济运行新机制；在创新农业经营体系方面，因地制宜，根据农民自主选择，发展了专业大户、家庭农场、专业合作、股份合作、农业产业化经营等。这些创新举措的实质，就是社会主义市场经济条件下充分调动农民生产经营的积极性，千方百计提高农民收入。为了改善小农户生产经营的局限性，习近平总书记指出："发展现代农业、推广良种良法、开发特色产业，需要一定经营规模，也需要农民合作社、家庭农场等新型经营主体引领，不是随便一家一户就能干得了的。"① 他提倡农业合作经营，认为："农民专业合作社是带动农户增加收入、发展现代农业的有效组织形式，要总结推广先进经验，把合作社进一步办好。"② 为了实现贫困地区农业生产力的发展，党和国家鼓励社会资金参与扶贫开发。习近平总书记要求："要积极开辟扶贫开发新的资金渠道，多渠道增加扶贫开发资金。"③ 发展农业商品经济，在当代就要建设现代流通体系。在努力实现国内大循环畅通无阻的同时，党和国家还重视国内国际双循环助力脱贫攻坚，特别是边疆地区的脱贫攻坚。其中，"一带一路"倡议对于中国边疆省份摆脱贫困具有举足轻重的意义。金融是包括农业流通环节在内的现代流通体系的重要组成部分。习近平总书记强调："要做好金融扶贫这篇文章……要加快农村金融改革创新步伐，提高贫困地区和贫困人口金融服务水平。要通过完善激励和约束机制，推动各类金融机构实施特惠金融政策，加大对脱贫攻坚的金融支持力度，特别是要重视发

---

① 中共中央党史和文献研究院编：《习近平扶贫论述摘编》，中央文献出版社 2018 年版，第 64 页。

② 中共中央党史和文献研究院编：《习近平关于"三农"工作论述摘编》，中央文献出版社 2019 年版，第 147 页。

③ 中共中央党史和文献研究院编：《习近平扶贫论述摘编》，中央文献出版社 2018 年版，第 88—89 页。

挥好政策性金融和开发性金融在脱贫攻坚中的作用。"①

（四）把扶贫和扶志、扶智结合起来

列宁对反贫困的探索表明，摆脱贫困离不开劳动者思想觉悟和科学文化素质的提高。正是因此，他高度重视对包括农民在内的劳动群众进行思想政治教育和文化知识教育。在当代中国，扶志与扶智是扶贫的重要组成部分。在脱贫攻坚战中，党和国家高度重视扶志的意义。习近平总书记指出，扶志气扶积极性也非常重要，我们要"充分调动广大干部群众的积极性，树立脱贫致富、加快发展的坚定信心，发扬自力更生、艰苦奋斗精神，坚持苦干实干，就一定能改变面貌"；②"人穷志不能短，扶贫必先扶志。没有比人更高的山，没有比脚更长的路。要做好对贫困地区干部群众的宣传、教育、培训、组织工作，让他们的心热起来、行动起来，引导他们树立'宁愿苦干、不愿苦熬'的观念，自力更生、艰苦奋斗，靠辛勤劳动改变贫困落后面貌"③。扶志工作，是中国脱贫攻坚战思想政治工作的最基本内容。应当指出，扶志工作不仅体现在鼓舞干部群众的脱贫志向和信心，还内在包含着促进他们精神世界的全面提升。习近平总书记对此指出："要弘扬和践行社会主义核心价值观，坚持教育引导、实践养成、制度保障三管齐下，以农民群众喜闻乐见的方式，深化中国特色社会主义和中国梦宣传教育，弘扬民族精神和时代精神，加强爱国主义、集体主义、社会主义教育。要丰富农民精神文

---

① 中共中央党史和文献研究院编：《习近平扶贫论述摘编》，中央文献出版社 2018 年版，第 91 页。

② 中共中央党史和文献研究院编：《习近平扶贫论述摘编》，中央文献出版社 2018 年版，第 131 页。

③ 中共中央党史和文献研究院编：《习近平扶贫论述摘编》，中央文献出版社 2018 年版，第 135 页。

化生活，加强无神论宣传教育，抵制封建迷信活动。"① 在脱贫攻坚
战中，中国共产党领导人民锻造形成了"上下同心、尽锐出战、精
准务实、开拓创新、攻坚克难、不负人民"的脱贫攻坚精神，为摆
脱贫困提供了强有力的精神支撑。与此同时，党和国家同样重视扶
智的意义，特别要求加大对贫困地区教育投入力度，加强乡村教师
队伍建设。习近平总书记强调："治贫先治愚，扶贫先扶智。教育是
阻断贫困代际传递的治本之策。国家教育经费要继续向贫困地区倾
斜、向基础教育倾斜、向职业教育倾斜，特岗计划、国培计划同样
要向贫困地区基层倾斜。要帮助贫困地区改善办学条件，加大支持
乡村教师队伍建设力度，建立省级统筹乡村教师补充机制。"②

（五）在脱贫攻坚战中，加强贫困农村各要素投入

列宁对反贫困的探索表明，在反贫困的过程中必须根据实际情
况加强贫困地区各要素的投入，其中包括物质、人员、组织等方面，
以彰显社会主义的优越性。在脱贫攻坚战中，党和国家集中力量投
入贫困地区基础设施和公共服务建设，尤其是在基础设施建设上投
入了大量人力、物力、财力。习近平总书记指出："要把脱贫攻坚重
点放在改善生产生活条件上，着重加强农田水利、交通通信等基础
设施和技术培训、教育医疗等公共服务建设，特别是要解决好入村
入户等'最后一公里'问题"③；"要把基础设施建设放在重要位置，
加快道路和交通设施建设，加快水利、能源、通信、市场等建设，

① 中共中央党史和文献研究院编：《习近平关于"三农"工作论述摘编》，中央文献出版社
2019 年版，第 123 页。

② 中共中央党史和文献研究院编：《习近平扶贫论述摘编》，中央文献出版社 2018 年版，第
68 页。

③ 中共中央党史和文献研究院编：《习近平扶贫论述摘编》，中央文献出版社 2018 年版，第
66 页。

从根本上改变交通落后状况，改善生产生活条件。"① 与此同时，党和国家强调资金投入是脱贫攻坚的保障，坚持强化对贫困地区的资金投入。在人员投入方面，党和国家对各方力量进行社会动员，凝聚脱贫攻坚合力。习近平总书记强调："坚持社会动员，凝聚各方力量。脱贫攻坚，各方参与是合力。必须坚持充分发挥政府和社会两方面力量作用，构建专项扶贫、行业扶贫、社会扶贫互为补充的大扶贫格局，调动各方面积极性，引领市场、社会协同发力，形成全社会广泛参与脱贫攻坚格局。"② 在组织投入方面，以习近平同志为核心的党中央要求加强贫困地区基层党组织建设："扶贫开发，要给钱给物，更要建个好支部。要把扶贫开发同基层组织建设有机结合起来，抓好以村党组织为核心的村级组织配套建设，选好配强村级领导班子，鼓励和选派思想好、作风正、能力强、愿意为群众服务的优秀年轻干部、退伍军人、高校毕业生到贫困村工作，落实好向贫困地区村党组织选派第一书记举措，真正把基层党组织建设成带领群众脱贫致富的坚强战斗堡垒。"③

---

① 中共中央党史和文献研究院编：《习近平扶贫论述摘编》，中央文献出版社 2018 年版，第 88 页。

② 中共中央党史和文献研究院编：《习近平扶贫论述摘编》，中央文献出版社 2018 年版，第 107 页。

③ 中共中央党史和文献研究院编：《习近平扶贫论述摘编》，中央文献出版社 2018 年版，第 37 页。

马克思主义对世界本质的
科学认识及时代价值

摘要： 马克思主义对世界本质的认识以对哲学基本问题的追问为起点。对这个基本问题的回答凸显了马克思主义科学世界观的地位，澄清了世界物质统一性是马克思主义者洞悉世界本质和掌握普遍真理的理论基石。中国共产党人在把握和运用世界物质统一性原理的基础上，形成了实事求是的思想路线，并将其成功运用到革命、建设和改革的实践过程中，从根本上改变着中华民族的前途命运。特别是党的十八大以来，以习近平同志为核心的党中央，团结带领人民群众取得了历史性成就，发生了历史性变革。而党的二十大的召开，统筹着"两个大局"、立足于新发展方位，明确了要"以中国式现代化全面推进中华民族伟大复兴"这个中心任务，开启了中国特色社会主义现代化建设的新征程。

关键词： 哲学基本问题；马克思主义；世界本质

---

　　* 马乔恩，法学博士，西北师范大学马克思主义学院副教授，硕士生导师，主要研究方向为马克思主义基本原理、国外马克思主义；陈刚，西北师范大学马克思主义学院硕士研究生，主要研究方向为马克思主义基本原理。本文系教育部青年项目基金 "《资本论》视域中的生命政治批判研究（19YJC710050）"，甘肃省社科规划项目 "历史唯物主义视域中的数字资本主义批判研究"（项目编号 2021YB036）阶段性成果。

　　对哲学基本问题的追溯是回答科学世界观的题中之义，恩格斯身处哲学和自然科学加速细分的现实形态，自觉回答了"哲学的基本问题"；马克思主义世界观的科学性就体现在，马克思、恩格斯从"感性的人的活动"出发理解人与世界的关系，从而构成实现哲学史上的伟大革命的"新世界观"，而创立新世界观的任务就是追寻"人的解放何以可能"；而新世界观的理论基石就是世界物质统一性原理，中国共产党人在把握和运用其原理的基础上，形成了实事求是的思想路线，并将其成功运用到革命、建设和改革的实践过程中，从根本上改变了中华民族的前途命运。特别是党的十八大以来，以习近平同志为核心的党中央高瞻远瞩、锐意进取，在新时代大潮中把握历史主动、在动荡的世界变局中开创新局，团结和带领人民群众取得了历史性成就、发生着历史性变革。党的二十大的召开，在深入总结过去五年的工作和新时代十年的伟大变革，科学擘画了实现中华民族伟大复兴的战略蓝图，提出了新时代新征程中国共产党人的使命任务等重大论断，为不断夺取新的伟大胜利提供了重大的理论意义和实践指导。

一　返本开新：从西方哲学史上厘清哲学基本问题

　　哲学在希腊语中的含义就是"爱智慧"，在古希腊，哲学是一门包罗万象的学问，一切追求智慧的思考都可以被纳入哲学的范畴。世界上第一批哲学家就以探寻世界的本原为他们毕生的志趣。希腊第一个哲学家、米利都学派的创始人泰勒斯，正是因为提出了"水是万物之源"这一哲学命题而被后世称为"哲学和科学之祖"。泰勒斯的思想影响了之后的哲学家，他们对世界的本原提出了不同的看法。例如阿那克西曼德认为一切简单、无限、永恒的元素构成世

界的本原，阿那克西美尼则认为气是万物的本原，赫拉克利特认为
"火"是世界的本原，德谟克利特的"原子说"等都是不同哲学家
用不同的原则对世界本原进行的解释。古代哲人由于历史局限性，
离开对人与人、人与世界关系的相互认识，只是单向度地从自然界
本身去寻求世界的统一性，以自然界中具体的物对象化为世界本原，
将世界本质降格为"物"，这种认识具有朴素性、形而上学性的特
征。尽管不同的哲学家对世界的本原给出了不同的答案，这些答案
在今天看来甚至有些荒谬，但他们的思想闪烁着智慧的光芒，体现
了哲学追寻世界本原的初心。

自中世纪以后，在宗教神学的统治下，自然科学发展进入停滞
阶段，哲学也成为神学的附属品。中世纪神学家主张哲学应该像婢
女服侍主人那样为神学服务，他们认为神学无论从其目的性、确定
性，还是从范畴、地位上讲，都要优于哲学和科学。因此，在这一
阶段，神学限制了哲学、科学的发展，哲学和科学几乎没有取得任
何实质性的进步。文艺复兴之后，随着欧洲资产阶级革命的爆发，
"科学以意想不到的力量一下子重新兴起，并且以神奇的速度发展起
来"[1]，而自然科学的兴起又为生产力的发展提供了不竭动力，从此，
人类社会步入了加速发展的阶段。近代自然科学以实验为基础，并
分化出天文学、物理学、化学、生物学等诸多学科。与自然科学的
发展相应，人文社会科学也出现了学科划分，教育学、社会学、人
类学、心理学等学科相继从包罗万象的哲学中划分出来。自然科学
以实验为基础，不是停留在对现象的描述上，而是对现象背后的本
质进行探索。人文社会科学中的各学科也开始分担对整个人类社会
不同领域相关问题的研究，并取得了显著的成果。不同的学科逐渐
确立了各自的研究对象、研究领域、研究方法，分别建立了较为完

---

[1] 《马克思恩格斯选集》第 3 卷，人民出版社 2012 年版，第 865 页。

整的理论体系。学科的划分和发展逐渐缩小了哲学的领地，这就给哲学家们提出了挑战：哲学研究的基本问题究竟是什么？

面对这一挑战，近代哲学家们做出了不同的反应。例如笛卡尔提出了"我思故我在"的原则，强调了人的主体性的意义，由他开创的从主体性出发去构建客体的道路具有重大的理论意义；康德提出"知性为自然立法"的主张，强调人具有认识世界的能力，但是人的认识能力只能停留在"自在之物"所造就的现象之中，而对"自在之物"本身是无法认识的，即康德是一个二元论和不可知论者，他否认思维与存在的同一，也否认世界是可知的。还有一些哲学家没有意识到学科划分带来的历史性变革，思维还停留在把哲学当作包罗一切知识的层面上，因而没有对哲学的研究对象和研究思路进行相应的调整，并固执地认为科学是现象的、局部的、片面的认识，只有哲学才是"凌驾于一切专门科学之上并把它们包罗在内的科学的科学"①。这部分哲学家追求完美的体系，爱好冷静的思辨，试图建立一种能够解释所有现象、容纳一切科学的哲学体系，其中以德国古典哲学的集大成者黑格尔为代表。黑格尔对德国哲学做了最为系统和全面的阐述，并建立了包括逻辑学、精神现象学、法哲学在内的完整的哲学体系，在这一体系中，绝对精神成为万物的内在与本质，成为一种永恒的实在。黑格尔建立的哲学体系展现了他天才般的智慧，标志着 19 世纪德国唯心主义哲学运动的巅峰。但是，这个完美的体系没有摆脱其唯心主义的本质，最终成为一个不可避免的悲剧，这也是所有秉持"哲学是一切科学之科学"观点的哲学家都无法避免的悲剧。与这些哲学家相反，另一部分哲学家和科学家则开始怀疑哲学的价值，否定哲学的地位，认为哲学对科学的指导早已失效，哲学因此失去了存在的意义，因此，他们中的一

---

① 《马克思恩格斯选集》第 4 卷，人民出版社 2012 年版，第 248 页。

些人放弃了哲学研究，转而研究具体科学。

近代科学分化的潮流的确对传统哲学提出了挑战，但是也为现代哲学的诞生提供了契机。人类对世界的认识是一个变化发展的历史过程，学科的划分是这一个历史过程中的必经阶段，也是人类认识规律的必然要求。科学从哲学中划分出来只是否定了哲学对科学的包容关系，并不意味着科学取代了哲学，或者哲学对科学的指导意义不复存在了，更无法否认哲学存在的必要性。学科划分使得人类在自然、社会等领域形成了更加专业化、体系化、规范化的研究，获得了更多具体知识。但是，哲学对自然、社会、思维的普遍规律的研究却是必不可少的，哲学对自然科学、社会科学、人类认识的重要性不容忽视。具体科学的研究不但没有取代哲学，或者对哲学造成威胁，反而为哲学研究提供了更加丰富、翔实的资料，更加可靠、充分的依据。"从笛卡尔到黑格尔和从霍布斯到费尔巴哈这一长时期内，推动哲学家前进的，……主要是自然科学和工业的强大而日益迅猛的进步。"[1] 哲学因为具体科学的发展而具有了超越自身局限性的可能，这也是马克思主义诞生的前提条件。

二　系统阐释：哲学基本问题以原理形态 出场及发展

历史的车轮滚滚向前，自然科学和工业的日新月异的发展，使得"许多关于'世界是什么'的问题都从哲学中分化出去，成为科学的内容，哲学对于人与世界之间意义关系的探讨则更加凸显其重要地位"[2]。同时哲学主题也由古代本体论转向了近代认识论，认识

---

① 《马克思恩格斯选集》第 4 卷，人民出版社 2012 年版，第 233 页。
② 沈湘平：《重思恩格斯关于"哲学基本问题"的论断》，《马克思主义理论教学与研究》 2021 年第 2 期。

的主体已获得了主体身份的认同，这是恩格斯自觉到近代以来哲学的基本问题的理论底色；时间到了1888年，马克思主义业已成为无产阶级革命的理论武器，这一情景无不刺痛着资产阶级学者的"神经"，他们"复辟"德国古典哲学用以瓦解和破坏马克思主义在工人运动中的正统地位。为此，恩格斯要全面阐释马克思主义哲学，划清与以往旧哲学的界线，同时清算了"过去的哲学信仰"。正是在此基础上，恩格斯在《路德维希·费尔巴哈与德国古典哲学的终结》中提出："全部哲学，特别是近代哲学的重大的基本问题，是思维和存在的关系问题。"① 这个论断明确地告诉了我们：哲学的重大的基本问题是"思维和存在"的关系问题，而不是"思维"和"存在"的问题。这里，我们要走出苏联教科书对"思维""存在"具象化为自然界意义上的"物质""意识"的传统误区，而是要将"思维与存在的关系"由自然场域回归到社会实践场域。马克思的哲学革命就在于它从人的实践活动出发提出和回答"思维和存在的关系问题"，把"实践"作为回答全部哲学问题的逻辑起点和核心范畴。马克思立足于现实社会从事物质生产活动的人，从他们的实践活动入手解决思维与存在的关系问题。

　　思维与存在的关系问题主要包含了两层含义。一是思维和存在谁为第一性，谁为第二性，即物质和精神谁决定谁、谁依赖谁的问题。对这一问题的不同回答，是唯心主义和唯物主义之间的根本区别，也决定了不同哲学派别的基本走向。凡是认为物质第一性、精神第二性，都属于唯物主义；凡是认为精神第一性、物质第二性，都属于唯心主义。在这里，我们要摒弃对"思维"与"存在"关系的传统误读，以往哲学对两者关系的关注停留在"'存在'或者'思维'这两个词的属性，而不是哲学形态和思维方式——是囿于理

---

① 《马克思恩格斯选集》第4卷，人民出版社2012年版，第229页。

论的抽象思辨，还是面向现实、按实践逻辑批判与反思？其实唯物唯心，不在于你把思维还是存在看作'第一性'，而在于你是在理论圈子里摆弄概念关系，还是从现实实践中发现和解决问题"①。这里恩格斯通过对世界本质（推动历史向前进步是何种力量）的"唯物"或"唯心"回答，厘清了唯物主义与唯心主义区别的本质规定性，除此之外，"唯物主义""唯心主义"没有别的其他任何意义。二是思维和存在同一性的问题，恩格斯提出："我们关于我们周围世界的思想对这个世界本身的关系是怎样的？我们的思维能不能认识现实世界？"②对于这些问题的回答区分了可知论和不可知论。不可知论者对思维和存在的同一性问题做了否定的回答，在思维和存在、物质和意识之间设置了一条不可逾越的鸿沟。而马克思、恩格斯秉持可知论的原则，承认人是创造历史活动的主体力量，认为人只有在认识世界、改造世界的物质生产实践中才能使思维深入存在，二者达到同一。恩格斯在总结马克思哲学生成发展的过程中，用他们二者共同创立的历史唯物主义观点对哲学基本问题做了经典的阐述，哲学基本问题以原理形态出场，廓清了资产阶级学者对马克思主义哲学的扭曲、丑化和污蔑，高度概括了哲学基本问题这一马克思主义哲学原理，是对马克思主义哲学的原创性贡献。

马克思主义哲学的立足点不是为了重构一个看似完美的哲学体系，而是为了构建能对无产阶级认识世界、实现自身解放有所裨益的世界观和方法论，因此，这个世界观的科学性就在于它对思维和存在的关系做出了正确的判断，也就对哲学基本问题做出了科学的回答。在《德意志意识形态》中，马克思、恩格斯首次确立了他们的唯物史观，也就是确立了"从人间上升到天国"而不是"从天国

①　孙美堂：《"终结"还是"出路"——恩格斯〈终结〉的主旨与马克思主义哲学的"出路"》，《马克思主义哲学》2021年第1期。
②　《马克思恩格斯选集》第4卷，人民出版社2012年版，第231页。

下降到人间"，"不是意识决定生活，而是生活决定意识"① 的原则。但是，按照恩格斯的理解，"'哲学基本问题'即唯物论同唯心论、可知论同不可知论的争论，并不是'马克思主义哲学'解决的，而是自然科学和工业解决的，恩格斯只是从科学史、哲学史或一般历史的角度阐述科学和工业如何解决这一问题"②。恩格斯站在哲学与自然科学发展的前沿，率先对这个问题进行理论自觉。恩格斯在《反杜林论》中进一步阐明了思维与存在的关系问题，并阐发了"世界的真正的统一性在于物质性"这一基本原理。恩格斯通过证明人的思维是自然界的产物而说明了思维与存在的关系："究竟什么是思维和意识，……它们都是人脑的产物，而人本身是自然界的产物，是在自己所处的环境中并且和这个环境一起发展起来的。"③ 列宁做了进一步的规定："物质是标志客观实在的哲学范畴，这种客观实在是人通过感觉感知的，它不依赖于我们的感觉而存在，为我们的感觉所复写、摄影、反映。"④

上述对物质的界定具有重要的意义。一是这些定义准确把握了思维和存在，物质和意识之间的辩证统一关系，明确了物质第一性、意识第二性的唯物主义原则，从而同唯心主义划清了界限。正如恩格斯所说："世界的真正统一性是在于它的物质性，而这种特性不是魔术师和三两句话能证明的，而是由哲学和自然科学的长期的和持续的发展证明的。"⑤ 自然科学的发展揭示了世界的物质性，无论微观世界还是宏观世界，无论有机界还是无机界，无论简单生物还是人类自身，都以物质性为共同属性。二是这些定义坚持了可知论，承认了物质虽然不依赖于意识独立存在，但是它可以是被认识，即

---

①《马克思恩格斯文集》第 1 卷，人民出版社 2009 年版，第 525 页。

② 高超：《恩格斯"哲学基本问题"论断与马克思主义哲学》，《现代哲学》2020 年第 4 期。

③《马克思恩格斯选集》第 3 卷，人民出版社 2012 年版，第 410 页。

④《列宁选集》第 2 卷，人民出版社 2012 年版，第 89 页。

⑤《马克思恩格斯选集》第 3 卷，人民出版社 2012 年版，第 419 页。

物质能够为人的感觉所"复写、摄影、反映",而不是康德眼中无法认识、无法理解的"自在之物"。三是否定了旧唯物主义,坚持了辩证唯物主义。旧哲学认为物质的具体结构、形态、特殊属性等都是物质本身,这种观点对物质的认知停留在表层上,不能把握事物的本质。恩格斯在定义中强调"从总和中抽象出来",列宁在定义中指出"客观实在性是物质的唯一特性",这些观点是对世界上所有物质的本质特征的高度概括,既过滤掉了各种物质的具体属性,也从诸多物质的复杂形态中找到了它们的共性,克服了近代形而上学唯物主义的局限性。因此,世界物质统一性既是辩证唯物主义最基本的观点,也是科学世界观的基石。

三　理论开创：马克思主义是工人阶级的科学世界观

哲学是关于自然、社会和人的思维的知识,也就是系统化、理论化的世界观,所谓"世界观"就是人对生活在其中的整个世界的根本观点和看法。马克思主义是科学的世界观,这是以马克思对世界的本质和人与世界关系的科学理解为前提的,离开世界本身讨论世界观问题毫无意义。人类自诞生以来就产生了对世界的观点和看法,因此,世界观自人类产生以来就有,但是科学世界观的形成却经历了漫长的历史。

在《法学家的社会主义》中,恩格斯对不同历史时期的世界观进行了梳理：第一种是中世纪的神学世界观,宗教把世俗的封建国家制度神圣化,教会信条成为一切思想的出发点和基础；第二种是现代资产阶级的法学世界观,随着这种世界观立足于"权利基础",认为经济关系和社会关系是以权利为根据并由国家的法律所规定的；第三种是无产阶级为争取解放而寻求的新世界观,这种世界观表明,

人们的一切法律、政治、哲学、宗教观念，归根结底都源于他们的
经济生活条件、生产方式和产品交换方式。"人们的一切法律、政
治、哲学、宗教等等观念归根结蒂都是从他们的经济生活条件、从
他们的生产方式和产品交换方式中引导出来的。"① 资本主义生产方
式的加速调整，在持续巩固自身统治地位的同时，也在深刻变革着
无产阶级对当时一切法律、政治、哲学、宗教等资产阶级意识形态
的认识，无产阶级越发意识到自身作为打碎旧的国家机器，实现自
身解放的现实力量。

　　与上述世界观的变化相对应，哲学也经历了漫长的演进过程，
这一过程夯实了现代唯物主义出场的基础。恩格斯指出，现代唯物
主义"是把 2000 年来哲学和自然科学发展的全部思想内容以及这
2000 年的历史本身的全部思想内容加到旧唯物主义的持久性的基础
上"②。因此，马克思主义哲学不再是传统意义上的哲学，它已经超
越了从前的所有哲学，在这里旧的哲学被"扬弃"了。这里我们可
以理解为马克思发动了一场哲学革命：他正是从"感性的人的活动"
出发理解人对世界的关系，从而构成了实现哲学史上的伟大革命的
"新世界观"。恩格斯强调："要从费尔巴哈的抽象的人转到现实的、
活生生的人，就必须把这些人作为在历史行动中的人去考察。"恩格
斯是从"历史行动中的人"出发去回答作为哲学的重大的基本问题
的思维和存在的关系问题，现代唯物主义的真实含义就是历史唯物
主义，这是马克思主义的世界观，不再是"哲学"。

　　因此，马克思主义的世界观就是历史唯物主义：首先，历史唯
物主义的世界观是以"历史"作为解释原则的世界观。恩格斯在
《路德维希·费尔巴哈与德国古典哲学的终结》中指出："无论历史
的结局如何，人们总是通过每一个人追求他自己的、自觉预期的目

---

① 《马克思恩格斯全集》第 21 卷，人民出版社 1965 年版，第 548 页。
② 《马克思恩格斯选集》第 3 卷，人民出版社 2012 年版，第 517 页。

的来创造他们的历史，而这许多按不同方向活动的愿望及其对外部世界的各种各样作用的合力，就是历史。"① 马克思、恩格斯承认个人在追求自身目的、实现自身价值的现实实践中创造自己的历史，对现实世界的能动改造不管其结果如何，都在一定程度上影响着历史生成的结果，即人作为创造历史的现实主体，以自身的生产实践和生活实践构成了自身存在和发展的历史。人民群众作为人从"质"和"量"两个方面的规定，不仅能够改造落后的、旧的生产关系推动生产力的向前发展，而且能够突破落后生产力制约实现自身的解放。其次，历史唯物主义的世界观强调"历史运动的内在辩证法"，马克思在《资本论》中指出："我的辩证方法，从根本上来说，不仅和黑格尔的辩证方法不同，而且和它截然相反。……辩证法不崇拜任何东西，按其本质来说，它是批判的和革命的。"② 马克思摒弃了黑格尔辩证法形而上学的样态，引入"实践"范畴，使辩证法重新用脚立地，即通过对资本主义社会现实的批判研究，发现了资本主义社会发展的特殊规律和人类社会发展的一般规律，明证了"两个必然"以铁的规律性显现，为无产阶级的解放和全人类的解放开辟了一条革命的道路。最后，历史唯物主义的世界观以"全人类的解放"为价值旨趣，"全人类的解放"既是马克思主义发展全过程的一条红线，又是无产阶级寻求自身解放的必然要求，它也涵涉了共产主义最高旨趣，"马克思主义博大精深，归根到底就是一句话，为人类求解放"③。

　　世界的物质统一性原理既是马克思主义哲学大厦的压舱石，又构成了马克思主义关于世界的最深层次的认识，因此它从世界观层面规范着人们的所思所想、所作所为，从根本上决定了人们的理论

---

① 《马克思恩格斯选集》第 4 卷，人民出版社 2012 年版，第 254 页。
② 《马克思恩格斯文集》第 5 卷，人民出版社 2009 年版，第 22 页。
③ 习近平：《在纪念马克思诞辰 200 周年大会上的讲话》，人民出版社 2018 年版，第 8 页。

思维和实践方式。列宁对马克思主义做出了高度评价："完备而严密，它给人们提供了决不同任何迷信、任何反动势力、任何为资产阶级压迫所作的辩护相妥协的完整的世界观。"① 可以说，"马克思的'改变世界'的哲学，首先是改变了全部以往哲学的'世界观'"②。马克思主义世界观是马克思主义经典作家基于自然科学加速细分和资本主义迅猛发展的实际，深刻认识到无产阶级作为变革社会和打碎旧的国家机器的现实力量，即马克思主义哲学不是沿着旧哲学的道路追寻"世界何以可能"，而是从创立新世界观的历史任务出发追寻"人的解放何以可能"。

因此，马克思主义对思维与存在，物质与精神的关系做出了正确的判断，才为无产阶级反抗资产阶级提供了世界观和方法论上的指导；只有坚持物质第一性，意识第二性，才能把现实的人及其物质生活作为一切历史的起点，才能正确认识资产阶级剥削无产阶级的客观事实，才能彻底批判为资产阶级辩护的各种理论和学说。科学的世界观必须对世界的本质做出正确的判断，把握人与世界之间的辩证关系，进而为人类提供认识世界和改造世界的方法和途径，其中世界的本质是最基本的问题，因为，这一问题直接决定了人与世界之间的关系和人如何认识和改造世界。正是在这个意义上，恩格斯指出，哲学不再是"哲学"，而成为"世界观"。

四　现实指向：马克思主义世界观对时代之问的科学回答

当人类社会出现思想上的混乱、方向上的迷茫时，思维与存在的关系问题的重要性、根本性就更加凸显。马克思主义世界观不只

---

① 《列宁全集》第23卷，人民出版社1990年版，第41页。
② 孙正聿：《构建当代中国马克思主义哲学学术体系》，《哲学研究》2019年第4期。

在于它承认世界的物质统一性，更在于它以此为基础，作为无产阶级革命的理论，它具有与时俱进的理论品质。在推动无产阶级解放和全人类解放的进程中，不断丰富、发展自身。特别是中国共产党人在革命、建设、改革以及复兴的伟大实践中，结合本民族发展的具体实际、阶段性特征以及周边国际局势，不断深化马克思主义理论，持续推进马克思主义中国化时代化新飞跃。

20 世纪初，资本主义进入帝国主义阶段，对内有阶级之间的对抗，对外有宗主国与殖民地、半殖民地人民之间的对抗，这两种对抗并存，形成空前复杂的局面。与此同时，由于古典物理学理论无法解释新的实验事实，整个物理学也陷入危机之中。为了解决新的实验事实与旧的理论体系之间的矛盾，一场引发人们思想上混乱的物理学革命爆发了。另外，19 世纪末，资产阶级开始推行政治改良，马克思主义从暴力革命转向对和平过渡方式的探索，致使无产阶级革命陷入低潮。这些因素共同导致世界各国人民思想上的波动，其中最为明显的就是俄国。当时，俄国无产阶级政党内部爆发了思想上的斗争，经验批判主义开始流行，他们歪曲自然科学新发现的哲学意义，吹嘘马赫主义是现代科学的哲学，妄图用马赫主义"修正"和"发展"马克思主义。列宁非常敏锐地意识到这次争论实际上是一场真假马克思主义之争，他专门撰写了《唯物主义和经验批判主义》一书，来阐明唯物主义和经验批判主义，捍卫无产阶级政党的理论基础。可见，能否坚持和掌握马克思主义世界观，这既是一个哲学问题，又是一个极为重要的政治问题、阶级问题。

毛泽东同志也强调世界观的重要性："世界观是辩证唯物主义，这是共产党的理论基础。……运用这个世界观来观察与解决革命问题的理论。"[①] 世界观不只是个人的私事，它还是一个人政治立场、

---

① 《毛泽东文集》第 8 卷，人民出版社 1999 年版，第 5 页。

阶级立场的表现，关乎一个国家的意识形态安全。"世界观的转变是一个根本的转变，现在多数知识分子还不能说已经完成了这个转变。我们希望我国的知识分子继续前进，在自己的工作和学习的过程中，逐步地树立共产主义的世界观。"① 每个人只有树立马克思主义的科学世界观，才能在认识世界、改造世界中，更好地服务人民、回报社会。因此，马克思主义的科学世界观是无产阶级政党建立和事业取得成功的重要基础。

作为改革开放的总设计师，邓小平同志灵活运用辩证唯物主义和历史唯物主义的世界观和方法论，强调："实事求是，是无产阶级世界观的基础，是马克思主义的思想基础。"② 他立足中国又面向世界、总结历史又正视现实，做出了和平与发展已成为时代主题的科学判断；再次确定把党的工作重心转移到社会主义现代化建设上来；重新确立了解放思想、实事求是的思想路线；首创了"中国特色社会主义"这一重大命题；系统论述了我国社会主义初级阶段理论；提出并回答了"什么是社会主义、怎样建设社会主义"这个基本问题等一系列重大理论问题、解决了一系列重大的现实挑战，实现了中国跨越式发展的历史转变。

一百多年来，马克思主义的科学世界观指导中国共产党人正确地掌握客观规律、判断国内外形势、确定社会主要矛盾和中心任务、不断进行自我革命，坚定理想信念，取得了一个又一个胜利。习近平总书记指出，"马克思主义理论的科学性和革命性源于辩证唯物主义和历史唯物主义的科学世界观和方法论"③，党的十八大以来，中国特色社会主义迈进了新时代，中国共产党团结带领中国人民，自立自强、把舵定向、奋发有为，坚持和加强了党的全面领导，贯彻

---

① 《毛泽东文集》第 7 卷，人民出版社 1999 年版，第 225 页。

② 《邓小平文选》第 2 卷，人民出版社 1994 年版，第 143 页。

③ 《深刻感悟和把握马克思主义真理力量，谱写新时代中国特色社会主义新篇章》，《人民日报》2018 年 4 月 25 日。

新发展理念、构建新发展格局，发展全过程人民民主，深化党和国家体制机制改革，贯彻落实总体国家安全观，推动构建人类命运共同体，坚持全面从严治党，战胜一系列重大风险挑战，创造了经济快速发展和社会长期稳定的两大奇迹，全面建成了小康社会，开启了具有中国式现代化建设的新征程，夯实了实现第二个百年奋斗目标的制度基础、物质基础、文化基础。

党中央基于中国特色社会主义进入新时代 10 年的伟大变革和取得的历史性成就，以及立足于国际国内两个大局的系统研判，在党的二十大报告中提出：“从现在起，中国共产党的中心任务就是团结带领全国各族人民全面建成社会主义现代化强国、实现第二个百年奋斗目标，以中国式现代化全面推进中华民族伟大复兴。”① 报告科学谋划了党今后矢志不渝为之奋斗的中心任务，重点部署了未来 5 年以至长期的目标和战略任务。当前，我国身处新的历史方位，时代主题发生着阶段性更替，机遇与挑战并存，防范化解危机的困难增多，各种突发性事件随时可能发生。立足国内，中国是一个超大规模的复杂社会，有悠久历史文化传统和深厚文明积淀，社会主义初级阶段的基本国情和发展中国家的国际地位没有改变，同时，我国改革面临不少深层次矛盾，以及来自外部的打压遏制随时可能升级；放眼世界，世界百年未有之大变局加速演进，单边主义明显上升，地区冲突和动荡频发，国际力量对比发生深刻调整，“‘西降东升’已然是显著趋势，并且这一趋势正以铁的必然性迎面而来”②，中国日益走近世界舞台中央，成为世界格局演变的主要推动力量。纵观世界大势，中国特色社会主义在对比较量中掌握着历史主动，打破“零和博弈”传统思维，给世界上那些独立自主、谋求发展的

---

① 习近平：《高举中国特色社会主义伟大旗帜　为全面建设社会主义现代化国家而团结奋斗——在中国共产党第二十次全国代表大会上的报告》，人民出版社 2022 年版，第 21 页。
② 辛鸣：《论 21 世纪马克思主义》，《中国社会科学》2022 年第 12 期。

国家提供了中国智慧和中国方案；回归当下，党的二十大提出，以"中国式现代化全面推进中华民族伟大复兴"① 这个时代命题，这是党对社会主义现代化建设过程中取得经验的深刻总结，是中国共产党人突破西方意识形态话语权对"现代化"解释的新飞跃，是中国共产党人基于本国国情对未来发展路径的深入思考，是中国共产党人打破冷战思维对人类命运共同体的积极探索。

因此，前进道路上必须坚持和加强党的全面领导与全面从严治党相统一，坚持以人民为中心的发展思想与全体人民共同富裕的社会主义本质相统一，坚持敢于发扬斗争精神与勇于自我革命精神相统一，要牢牢掌握中国特色社会主义现代化的主动权，不断开创新的历史伟业。这是对当前中国特色社会主义实现现代化强国的科学判断，是根据目前中国发展阶段、目标任务做出的实事求是的判断。

结　语

马克思主义科学世界观仍将为新时代中国各项事业取得伟大胜利提供重要保障和科学指导。"马克思的整个世界观不是教义，而是方法"②，中国共产党人只有把马克思主义基本原理灵活运用到分析中国问题、解决中国问题，才能突破教条化、庸俗化的马克思主义，才能使马克思主义中国化时代化大众化，才能科学回答时代和实践提出的重大问题。马克思主义的科学性体现在对客观世界及其规律的认识上，它所形成的具有普遍指导意义的辩证唯物主义世界观。在新时代中国特色社会主义现代化的征程中，既要坚持"一切从实际出发""理论联系实际""实事求是""解放思想""与时俱进"，

---

① 习近平：《高举中国特色社会主义伟大旗帜　为全面建设社会主义现代化国家而团结奋斗——在中国共产党第二十次全国代表大会上的报告》，人民出版社 2022 年版，第 21 页。
② 《马克思恩格斯选集》第 4 卷，人民出版社 2012 年版，第 664 页。

不断回答中国之问、世界之问、人民之问、时代之问；又要把这些原则和方法应用到实践当中，"做出符合中国实际和时代要求的正确回答，得出符合客观规律的科学认识，形成与时俱进的理论成果"①，使之成为推动中国式现代化成功的力量之源、胜利之本。

① 习近平：《高举中国特色社会主义伟大旗帜　为全面建设社会主义现代化国家而团结奋斗——在中国共产党第二十次全国代表大会上的报告》，人民出版社 2022 年版，第 17—18 页。

马克思主义中国化研究

从"善治"视角看全过程
人民民主的治理优势

谢江平　谢莉娅[*]

摘要：民主意为人民的统治，是程序民主和实质民主的统一，从民主的历史来看，民主一直以实现社会的良善治理为依归。当前西方民主制度忽视了民主的治理绩效，将民主简化为选举，片面强调民主形式和民主程序，导致了金钱民主、间歇性民主和民主政治极化的缺陷。全过程人民民主是中国共产党在马克思主义民主思想的指导下，开辟出的一条中国式的人民民主道路。作为人民民主新形态，全过程人民民主实现了过程民主和成果民主、程序民主和实质民主的统一，是全链条、全方位、全覆盖的民主，是最广大人民群众共同协商的共识性民主，超越了西式民主的治理困境，实现了人民当家作主的良善治理。

关键词：全过程；民主；治理

民主思想作为马克思政治哲学的重要内容，以实现社会的良善治理为依归，其形成可追溯到西方思想史的源头。"民主"一词源于

---

* 谢江平，上海师范大学马克思主义学院教授，教育部重点研究基地高校中国共产党伟大建党精神研究中心上师大分中心研究员，上海师范大学21世纪马克思主义研究中心执行主任；谢莉娅，上海师范大学马克思主义学院研究生。

希腊词"人民"，由"人民"与"统治"组合而成，本意为"人民的统治"或"人民的权利"。基于对民主内涵的理解，不同时代的哲学家们对民主的形式提出了不同的主张，但本质上都是为实现稳定、幸福的政治生活和优良的社会治理寻求方案。近代以来，中国共产党将马克思主义民主思想与中国具体实际相结合，构建出中国式的人民民主新形态。习近平总书记在党的二十大报告中指出，"人民民主是社会主义的生命，是全面建设社会主义现代化国家的应有之义。全过程人民民主是社会主义民主政治的本质属性，是最广泛、最真实、最管用的民主"。① 全过程民主以人民为中心，超越了西式民主的治理困境，实现了国家的良好治理。

一　善治：民主的本质要求

从古希腊时期开始，哲学家们就对民主能否实现善治的问题进行了探讨。这一时期，以海洋为中心的商业贸易活动使古希腊人逐渐形成自由、平等、民主等观念，地域狭小、人口稀少、物产匮乏的自然环境更是为公民直接参与政治生活提供了可能，其中的雅典则被誉为民主政治的发源地。公元前 8 世纪，随着希腊原始公社的解体，阶级出现了分化，为调节贵族与平民间的冲突，雅典先后经历了一系列强化民主制的改革，实现了由贵族制向民主制的转变。然而，苏格拉底之死使柏拉图对民主政体进行了批判性反思，柏拉图对民主制能否实现善治表示怀疑。柏拉图认为，提升社会治理绩效的关键在于公民素质，应选择有能力的公民有效地治理城邦，拥有"善"的理念的哲学王则为理想的统治者。在亚里士多德看来，判断一个政体是否优良的关键在于能否实现城邦全体公民的公共利

---

① 《发展全过程人民民主》，《人民日报》2022 年 10 月 22 日第 4 版。

益。民主制以平民的利益为宗旨，不顾及城邦全体公民的利益，造成了城邦秩序的混乱，无法实现社会的稳定。他的理想政体是以人数最多的中产阶级为基础，实现城邦公民利益最大化的共和政体。

随着近代资本主义经济的发展和资产阶级的崛起，启蒙思想家开始了反对封建专制主义和神权思想的斗争，他们肯定民主对实现社会善治的意义和价值。洛克反对君主专制对个人权利的侵犯，洛克认为政府的权力来自人民，政府应以保障全体人民的"天赋人权"（核心是财产权）为宗旨，以分权保障人权的君主立宪政体是最优良的政体。孟德斯鸠继承了洛克的民主思想，他阐明专制政体并不具有民主精神，君主、大臣和人民相互恐惧、猜忌，整个国家处于极大的不信任状态，无法实现社会的和谐与安定。孟德斯鸠指出，依法而治的君主立宪政体为社会的理想政体，通过分权与制衡，避免了专制对公民权利的侵犯，实现了公民的政治自由。卢梭表示，一个完好的社会是以人民主权思想为基础的人人平等的政治共同体。卢梭反对代议制，主张通过订立契约构建人民主权的民主共和政体，人民作为国家的主权者，直接参与国家的治理，国家作为"公意"的代表，以谋取全体人民的共同幸福为依归。

马克思在对普鲁士专制主义和资产阶级民主的批判中，强调人民当家作主的民主制才是一切国家制度的本质。黑格尔从抽象概念、神秘理性出发，将社会善治的实现寄托于普鲁士政府的专制政体，黑格尔将君主作为"人格化的主权"，认为君主个体代表了国家的意志，"国家的主权就是君主"。马克思继承了西方思想史上的"人民主权"思想，从唯物史观出发，对普鲁士政府的专制主义进行了批判，阐述了民主制相较于君主专制更有利于实现社会的良好治理，主张以人民主权消灭君主主权。在马克思看来，专制是君主意志的任意决断，"君主是国家中个人意志的、无根据的自我规定的环节，是任意的环节"①。马克思认为，"民主制是君主制的真理，君主制却不是民主制的真理"。② 对于资产阶级民主，马克思肯定了其在取代封建专制主义民主上的进步意义，但资产阶级民主本质上仍是以牺牲其他被统治阶级利益为代价的少数人的治理。对此，马克思强调要在无产阶级革命运动中建立真正民主制，实现每个人自由全面发展的和谐社会。马克思认为民主制是一切国家制度的本质，民主制的本质在于"人民民主"或"人民当家作主"，民主制整合了社会各阶级的利益，统一了最广大人民群众的意志，"在民主制中……每一个环节实际上都只是整体人民的环节"，也"只有民主制才是普遍和特殊的真正统一"。③

中国共产党继承了马克思主义的民主思想，突出了民主实现善治的工具意趣。毛泽东指出，民主是具体的，而非抽象的，"没有民主，那就还是受封建势力的压迫"④，"有了资产阶级的民主，就没有无产阶级和劳动人民的民主"⑤。他还强调，民主"只是一种手段"⑥，中国民主是发展社会主义经济，实现人民当家作主，促进全人类解放的手段。邓小平同志也从社会主义建设的角度对民主的价值进行了阐释，认为"没有民主，就没有社会主义，就没有社会主义的现代化"⑦，强调"我们评价一个国家的政治体制、政治结构和政策是否正确，关键看三条：第一是看国家的政局是否稳定；第二是看能否增进人民的团结，改善人民的生活；第三是看生产力能否得到持续发展"⑧。习近平总书记强调，"政治制度是用来调节政治

---

① 《马克思恩格斯全集》第 3 卷，人民出版社 2002 年版，第 34 页。
② 《马克思恩格斯全集》第 3 卷，人民出版社 2002 年版，第 39 页。
③ 《马克思恩格斯全集》第 3 卷，人民出版社 2002 年版，第 39、40 页。
④ 《毛泽东文集》第 3 卷，人民出版社 1996 年版，第 432 页。
⑤ 《毛泽东文集》第 7 卷，人民出版社 1999 年版，第 208 页。
⑥ 《毛泽东文集》第 7 卷，人民出版社 1999 年版，第 209 页。
⑦ 《邓小平文选》第 2 卷，人民出版社 1994 年版，第 168 页。
⑧ 《邓小平文选》第 3 卷，人民出版社 1993 年版，第 213 页。

关系、建立政治秩序、推动国家发展、维护国家稳定的"①，"评价一个国家政治制度是不是民主的、有效的，主要看国家领导层能否依法有序更替，全体人民能否依法管理国家事务和社会事务、管理经济和文化事业，人民群众能否畅通表达利益要求，社会各方面能否有效参与国家政治生活，国家决策能否实现科学化、民主化，各方面人才能否通过公平竞争进入国家领导和管理体系，执政党能否依照宪法法律规定实现对国家事务的领导，权力运用能否得到有效制约和监督"。② 因此，民主并不是脱离社会实际的抽象口号，而是以国家稳定、人民幸福和社会发展的实际价值为导向，是实现国家良善治理的工具。从民主的本质内涵来看，民主是一种价值诉求。作为全人类共同价值，它内含着人民对自由、平等、公正等基本人权的追求与价值信仰，是一种应然状态。从民主的具体实践来看，民主是实现民主价值的工具，各国可以在可能性的空间中选择适合自己国家的方式去实现民主的价值诉求，民主工具的选择是多样的。当民主手段或方式的选择符合民主的价值诉求时，民主的价值与工具便实现了整合，社会便实现了善治。

二　西式民主的治理困境及其反思

西方国家凭借其在国际社会中的垄断地位，将自己的民主制度称为"普世民主模式"，对外输出自己的民主制度与理念，以西式民主为标准对他国实行政治干预，导致国际政局动荡。民主成为西方国家政治统治化的工具。然而，在现实的政治实践中，西式民主自身也遭遇着各种治理困境。西式民主将民主简化为选举民主，片面强调民主形式和民主程序，以选举形式作为衡量民主的唯一标准，

---

① 《习近平谈治国理政》第 2 卷，外文出版社 2017 年版，第 286 页。
② 《习近平谈治国理政》第 3 卷，外文出版社 2020 年版，第 122 页。

忽视了治理绩效这一民主实质，导致金钱民主、间歇性民主和民主政治极化的缺陷。

第一，西式民主作为选举民主，表现出金钱民主的缺陷。西式民主以资本为价值取向，在选举过程中，大财团向政客投入大量的竞选活动经费，以帮助其竞选成功，政客当选后成为利益集团的代理人，利益集团以合法性的方式对国家政策实行干预，操纵民主制，使国家权力为其利益服务，从而获取投资回报。竞争性选举制度实质上是一种精英民主，西方国家的公职人员绝大部分来自大财团或者富裕家庭，普通民众只能成为看客或者统治阶级当权的工具，国家代表统治阶级的利益，而非代表人民的意志。财富成为少数资产阶级当选并获取民主权力的通行密码，金钱力量压倒了民众力量。另外，由于受大财团资助的候选人在当选后将国家政策向利益集团倾斜，从而导致政治贿赂现象愈加严重，制度性腐败愈加凸显，社会不平等现象加剧。受资本主义私有制的限制，西式民主本质上是由少数资产阶级治理并为资产阶级服务的。西方国家只能通过改良，在一定程度上限制金钱对政治的不良影响，但无法彻底解决资本主义制度下金钱政治的弊端，也无法从根本上改变民主是资产阶级统治的工具本质。列宁表示，"凡是存在着土地和生产资料私有制、资本占统治地位的国家，不管怎样民主，都是资本主义国家，都是资本家用来控制工人阶级和贫苦农民的机器。至于普选权、立宪会议和议会，那不过是形式，不过是一种空头支票，丝毫也不能改变事情的实质"。①

第二，西式民主作为选举民主，表现出间歇性民主的缺陷。西方的投票民主表面上看是主权在民，由人民选举出符合自身利益的代表，实质上西式选举只是资产阶级利用公民选票，获得合法统治

---

① 《列宁全集》第37卷，人民出版社2017年版，第75页。

权的工具，具有欺骗性和虚伪性。在竞选过程中，西方政客为了赢得选票，迎合选民，塑造良好形象，做出过高承诺。选民无法充分了解候选人，只能根据候选人的宣传内容进行投票，选择相对符合自身利益的代表。当政客当选后，人民的权利被收回，由当选者代表人民治理国家，人民无法控制政党的权力行使过程，当选者竞选时的口头承诺也无法实现。西式民主只重视民主的过程，忽视民主的实质，只重视民主的选举，忽视民主的参与，只重视少数资产阶级利益，忽视大多数无产阶级利益，这种民主不是真正的民主。习近平总书记指出，"一个国家民主不民主，关键在于是不是真正做到了人民当家作主，要看人民有没有投票权，更要看人民有没有广泛参与权；要看人民在选举过程中得到了什么口头许诺，更要看选举后这些承诺实现了多少；要看制度和法律规定了什么样的政治程序和政治规则，更要看这些制度和法律是不是真正地得到了执行；要看权力运行规则和程序是否民主，更要看权力是否真正受到人民监督和制约。如果人民只有在投票时被唤醒、投票后就进入休眠期，只有竞选时聆听天花乱坠的口号、竞选后就毫无发言权，只有拉票时受宠、选举后就被冷落，这样的民主不是真正的民主"。①

　　第三，西式民主作为选举民主，表现出政治极化的缺陷。在西方选举的过程中，普选权似乎保证了每个公民参与选举过程，以自己的选票表达自己的意志，实现了社会全体成员意志的集中。但事实上，资产阶级私有制决定了社会全体成员的意志无法真正实现统一。整个资本主义社会分裂为资产阶级与无产阶级，不仅少数资产阶级与多数无产阶级之间的矛盾普遍存在，资产阶级内部也存在着不同程度的利益冲突。在资产阶级内部，各党派或财团为了维护自身所代表的集团利益，获得在国家统治中的绝对有利地位，在竞选

---

① 习近平：《论坚持人民当家作主》，中央文献出版社 2021 年版，第 335—336 页。

过程中相互斗争，导致社会群体的分裂与对立，社会矛盾极端化。选举竞争沦为了党派恶斗，成为极少数资产阶级集中意志的手段，西式民主成为对抗性民主，而非共识性民主。"民主政体、贵族政体和君主政体相互间的斗争，争取选举权的斗争等等，不过是一种虚幻的共同体的形式——，在这些形式下进行着各个不同阶级间的真正斗争。"① 此外，在政治权力运行的过程中，三权分立也成为了资产阶级政治恶斗的工具。三权分立由防止权力过于集中最终导致任何意志都无法集中。共识民主奉行多数统治原则，同时尊重少数人的利益，而西式民主受资产阶级利益集团的操控，以少数或某个集团的利益为宗旨，忽视全体人民意志和国家长远利益，议而不决，行政效率低下，治理能力弱化，社会撕裂现象严重。

民主作为上层建筑，本质上是一种国家制度，具有阶级性，从根本上受制于生产力发展状况的规律。因此，要辩证看待西式民主的进步性及其治理困境，根据本国的历史文化传统、社会发展状况等基本国情选择适合自己的民主模式，严禁盲目照搬西式民主制度。中国的全过程人民民主从自身国情出发，以人民为中心，是对西式民主的超越。

三　全过程人民民主的治理优势：
对西式民主的超越

2019 年 11 月，习近平总书记在上海考察时首次提出了"人民民主是一种全过程的民主"②。2021 年 7 月，习近平总书记在庆祝中国共产党成立一百周年大会上，再次提出"全过程人民民主"③ 概

---

① 《马克思恩格斯文集》第 1 卷，人民出版社 2009 年版，第 536 页。
② 习近平：《论坚持人民当家作主》，中央文献出版社 2021 年版，第 303 页。
③ 习近平：《论坚持人民当家作主》，中央文献出版社 2021 年版，第 304 页。

念，并在 11 月的中国共产党第十九届中央委员会第六次全体会议中将"发展全过程人民民主"列为习近平新时代中国特色社会主义思想"十个明确"的重要内容。全过程人民民主是中国共产党在马克思主义民主思想的指导下，与自身国情相结合的民主政治的伟大创举，是世界民主发展的新模式，超越了西式民主的治理困境，实现了社会的良善治理。

第一，全过程人民民主重塑了民主的实质内容，是全链条、全方位、全覆盖的民主。"全过程人民民主"有着深刻的内涵。首先，全过程人民民主的"全"体现在民主主体上，即"全方位"。拥有民主权利的"人民"既不是封建贵族阶级，也不是少数的资产阶级，而是包括各地区、各民族和各职业的全体人民。其次，全过程人民民主的"全"体现在落实人民广泛民主权利的环节上，即"全链条"。全过程人民民主从民主选举、决策、管理、监督的各个环节中，保障人民切实地拥有选举权与被选举权、知情权、参与权、表达权和监督权。最后，全过程人民民主的"全"体现在人民生活的各个方面，即"全覆盖"。全过程民主不仅是政治民主，同时也是经济、文化、社会、生态等各方面的民主。

第二，全过程人民民主实现了过程民主和成果民主、程序民主和实质民主的统一。学界对民主的内涵（人民的统治）进行了区分，把强调"统治"的民主称为"程序民主"，把强调"人民"民主称为"实质民主"。程序民主与实质民主并不是两种民主，而是同一民主的两个方面，程序民主强调实现民主内容与价值的形式，将民主视为国家治理的手段与工具；实质民主则强调民主的内容以人民为中心，满足人民的意愿，实现社会的"善治"。因此，程序民主与实质民主是民主政治发展所不可或缺的两个方面，不管是片面强调程序民主而忽视实质民主，还是片面强调实质民主而忽视程序民主，都不利于民主政治的发展，都不是真正的民主。与西式选举民主不同，全过程人民民主不仅重视民主的运行过程，而且注重人民意愿的真正实现，以解决社会发展问题为治理目标，实质性地解决人民问题，民主程序围绕实质内容展开。习近平总书记指出，"民主不是装饰品，不是用来做摆设的，而是要用来解决人民要解决的问题的"。① 然而，程序民主与实质民主能否实现统一，关键还在于能否兼顾好过程民主与结果民主的矛盾。民主的运行过程是实现民主成果的途径，民主成果是民主运行过程的效果体现。在全球新冠疫情暴发以来，中国共产党始终坚持以人民为中心和生命至上原则，通过制度、网络等各种民主渠道了解民意、集中民智，不断调整和优化疫情防控政策，在尊重和保障人民基本生命健康与安全的基础上，不断满足全体人民多样化的需要，保障了人民生产生活得以有序进行。疫情防控的民主过程与有效成果，充分体现了过程民主与结果民主的统一。全过程人民民主以完整的制度程序保障了最广大人民群众全面参与到国家治理中，保障了国家决策体现人民的意志，维护人民的权益，凸显了人民的主体地位，超越了西式的少数资产阶级民主、间歇性民主，真正实现了人民当家作主。习近平总书记指出，"我国全过程人民民主不仅有完整的制度程序，而且有完整的参与实践。我国全过程人民民主实现了过程民主和成果民主、程序民主和实质民主、直接民主和间接民主、人民民主和国家意志相统一，是全链条、全方位、全覆盖的民主，是最广泛、最真实、最管用的社会主义民主"。②

第三，全过程人民民主是中国共产党领导下实现的最广大人民群众共同协商的共识性民主。西方的政党以少数资产阶级的利益为宗旨，各阶级、党派和集团的利益冲突造成了社会的撕裂与对抗。

---

① 《习近平谈治国理政》第 2 卷，外文出版社 2017 年版，第 296 页。
② 习近平：《坚持和完善人民代表大会制度　不断发展全过程人民民主》，《人民日报》2021年 10 月 15 日第 1 版。

与西式对抗性的精英民主不同，全过程人民民主以中国共产党这一新型政党为领导，以实现全体人民当家作主为本质要求。中国共产党领导的多党合作和政治协商制度作为新型政党制度，"新就新在它是马克思主义政党理论同中国实际相结合的产物，能够真实、广泛、持久代表和实现最广大人民根本利益、全国各族各界根本利益，有效避免了旧式政党制度代表少数人、少数利益集团的弊端；新就新在它把各个政党和无党派人士紧密团结起来、为着共同目标而奋斗，有效避免了一党缺乏监督或者多党轮流坐庄、恶性竞争的弊端；新就新在它通过制度化、程序化、规范化的安排集中各种意见和建议，推动决策科学化民主化，有效避免了旧式政党制度囿于党派利益、阶级利益、区域和集团利益决策施政导致社会撕裂的弊端"①。全过程人民民主在中国共产党的领导下，通过人民代表大会制度、政治协商制度以及民主集中制的原则，不仅保障了人民在民主选举中选出符合自身利益的人大代表，代表人民治理国家，而且在国家决策前、决策中、决策后都广泛征求各党派人士和群众意见，了解民意，集中民智，对人民的意见分歧进行正确集中，并自觉接受人民群众的监督。民主集中制既坚持了少数服从多数的原则，也尊重了少数人的意见。"在中国社会主义制度下，有事好商量，众人的事情由众人商量，找到全社会意愿和要求的最大公约数，是人民民主的真谛。"② 全过程人民民主在中国共产党的领导下，保障了全体人民参与到民主选举、决策、管理、监督的全过程，参与国家经济、政治、文化、社会、生态治理，致力于凝聚社会共识，实现人民当家作主的良善治理。

---

① 《习近平新时代中国特色社会主义思想学习纲要》，学习出版社、人民出版社 2019 年版，第 128 页。

② 《习近平谈治国理政》第 2 卷，外文出版社 2017 年版，第 292 页。

四　结语

民主作为全人类的共同价值，也是中国共产党的理想信念。全过程人民民主是中国共产党将民主价值与理念转化为现实的民主实践的伟大创举，开辟了人类文明新形态，将民主制度优势转化为了国家治理优势，实现了社会的善治。自改革开放以来，中国以几十年的时间走完了资本主义国家几百年来的工业化进程，创造了大量的物质财富和精神财富，极大地解放和发展了生产力，实现了社会主要矛盾的转化。面对新矛盾，中国共产党致力于解决贫富差距增大等社会问题，满足人民的利益需求，保障人民的生活权利，促进社会公平正义，真正落实为人民服务的宗旨。2021 年 2 月 25 日，习近平总书记向全世界宣告中国的脱贫攻坚取得了全面胜利，区域性整体贫困得到解决，完成了消除绝对贫困的艰巨任务，解决了人民生活中面临的基本生存问题，为全球减贫事业和人类发展做出了重大贡献。全过程民主作为上层建筑既是时代的产物，同时也推动了社会生产力的发展，以满足人民的需求为导向，促进了社会的和谐稳定，实现了经济快速发展和社会长期稳定这"两大奇迹"。全过程人民民主以实现善治为目标，强调人民的意志，重视选举后的日常治理及人民的有序、有效参与，强调政治合作，寻找全社会意愿的最大公约数，集思广益、凝聚共识，兼顾各方利益，实现共治共建共享。中国共产党在以马克思主义民主思想为指导的基础上，吸取世界民主发展的经验与教训，结合自身国情，开辟了一条中国式的人民民主道路。全过程人民民主始终坚持唯物主义历史观，坚持以人为本，把实现人的自由全面发展作为终极目标，扩大了民主的范围，促进了社会生产力的发展，维护了社会的安定团结，落实了为人民服务的宗旨，实现了民主与善治的统一。

论习近平生态文明思想的
四重建构逻辑

李萍萍[*]

摘要：习近平生态文明思想是习近平新时代中国特色社会主义思想的重要组成部分，对于美丽中国之建设具有深远意义，值得深入研究和阐发。聚焦习近平生态文明思想的建构逻辑，可以发现，这一思想拥有四重建构逻辑：一是遵循人与自然辩证关系的逻辑；二是依循马克思主义实践哲学逻辑；三是遵从彰显中国特色社会主义制度优势的逻辑；四是依从中国共产党人民至上的治理逻辑。深刻把握习近平生态文明思想的这四重建构逻辑，一方面有助于人们理解这一思想所蕴含的丰富内容和重要价值，另一方面有助于广大人民群众身体力行践行生态文明思想，共同建设美丽中国，推进中国特色社会主义纵深发展。

关键词：习近平生态文明思想；人与自然辩证关系；实践哲学；制度优势

───────────────

* 李萍萍，女，法学博士，教育部高校思想政治工作队伍培训研修中心（西北师范大学）研究员。本文系 2019 年国家社会科学基金项目"习近平关于意识形态工作重要论述的内在逻辑研究"（19BKS071）的阶段性成果。

　　近年来，全球极端天气现象频发，生态问题日趋严峻，人与自然的关系极为紧张，在此背景下，习近平生态文明思想更加凸显出其时代价值。此外，习近平生态文明思想作为习近平新时代中国特色社会主义思想的重要组成部分，对于建设美丽中国具有深远意义。目前学界已充分认识到习近平生态文明思想所具有的重要意义，并且为了深入把握这一思想，学者们对其展开了多维度、多层次、系统性的研究，主要包含如下五个方面：一是探究其理论来源；二是剖析其理论特质；三是追问其理论精髓；四是分析其重要价值；五是厘清其生成逻辑或者说建构逻辑。在此，本文重点关注这一思想的建构逻辑，因为深刻把握习近平生态文明思想的建构逻辑是准确理解这一思想不可或缺的维度。事实上，不少学者对此做过深入研究，他们大都关注到习近平生态文明思想的生成逻辑包含理论逻辑、实践逻辑和历史逻辑。值得一提的是，有论者在以上三重逻辑的基础上，提出了文化逻辑和社会逻辑①，由此进一步丰富了学界有关习近平生态文明思想的生成逻辑研究。尽管学界对习近平生态文明思想的生成逻辑已有较为深入的研究，但大体上局限于理论逻辑、实践逻辑和历史逻辑维度上，因而有关这一思想的建构逻辑的研究尚有进一步探讨的空间。其实，习近平生态文明思想的建构逻辑至少包含如下四个维度，即人与自然辩证关系的逻辑、马克思主义实践哲学的逻辑、彰显中国特色社会主义制度优势的逻辑以及中国共产党人民至上的治理逻辑。本文着重从以上四个方面把握习近平生态文明思想的建构逻辑，一方面期望深化学界有关习近平生态文明思想的生成逻辑研究，另一方面希冀助力人们掌握习近平生态文明思想的理论真髓。

---

　　① 陈艳：《习近平生态文明思想生成的逻辑理路》，《河海大学学报》（哲学社会科学版）2019 年第 1 期。

一　遵循人与自然辩证关系的逻辑

人与自然的辩证关系早已被马克思恩格斯所把握，同时也是马克思主义生态哲学的重要内容之一。习近平生态文明思想作为马克思主义中国化的一大重要发展内容，其建构逻辑遵循着马克思主义有关人与自然的辩证关系逻辑。

马克思恩格斯关人与自然的辩证关系有着深入的阐发，主要包括三方面的内容。第一，自然界先于人存在，人是自然界的一部分，自然界是人的无机的身体。自然界不是某种虚幻的对象，而是现实的物质性存在。自然界是一个庞大的生态系统，各种物质相互依存，每时每刻都在发展、更新。达尔文进化论表明，人类最初是由单个细胞构成并在自然界中经过缓慢进化而来的。人是自然界长期演化的产物，自然界先于人而存在。马克思在《1844 年经济学哲学手稿》中明确指出："自然界就它自身不是人的身体而言，是人的无机的身体。人靠自然界生活。这就是说，自然界是人为了不致死亡而必须与之处于持续不断的交互作用过程的人的身体。"[1] 毫无疑问，人类要实现生存与发展就必须要有一定的生存资料。虽然人类可以凭借自己的智力以及科学技术制造出自然界无法创造出的一定的生活用品，但是这种制造的前提也必须是在大自然提供的物质生活资料之上的。总之，人是靠大自然提供的物质材料生活的，人必须与自然界发生关系，从这个意义上来说自然界是人的无机的身体。诚如马克思所言："所谓人的肉体生活和精神生活同自然界相联系，不外是说自然界同自身相联系，因为人是自然界的一部分。"[2] 正是自然界孕育了人，人一开始就与大自然不可分割。这里还需注意的是，

---

① 《马克思恩格斯文集》第 1 卷，人民出版社 2009 年版，第 161 页。
② 《马克思恩格斯文集》第 1 卷，人民出版社 2009 年版，第 161 页。

"人靠自然界来生活，不只是具有生物学的意义，尤其具有社会意义，人的生物的类生活依靠社会生活过程才成为可能。"① 也就是说，人与自然的关系不仅仅表现在简单的索取物质资料上，同时也表现在人参与到社会生活中，由于社会生活的需要而大范围地展开与自然的交往。

第二，人的实践使人与自然的关系在人化自然和自然的人化两种向度内达到统一。人是自然界的对象性存在物，人只有在自然中才能开展有意义的生产实践活动。"一个存在物如果在自身之外没有自己的自然界，就不是自然存在物，就不能参加自然界的生活。"② 因此，人与自然的关系是在实践中建立起来的，是一种真实的、对象性的关系。在实践过程中人与自然相互作用，呈现出自然的人化和人化的自然两种向度。正如马克思所言，"环境的改变和人的活动或自我改变的一致，只能被看做是并合理地理解为革命的实践"③，人类实践最基本的方式就是劳动，并且劳动"是人以自身的活动来中介、调整和控制人和自然之间的物质变换的过程"④。一方面，人类为了实现生存，通过实践活动从大自然中获取物质生活资料，"使自己的生命活动本身变成自己意志的和自己意识的对象"⑤，人类依据自身的需求改变自然环境。由此，自然界的一部分打上人类活动的烙印，自然不再仅仅是最初的原始状态的自然，而是经过人类改造的自然界即人类社会，人类社会也就是人化的自然。另一方面，在改造自然的过程中，人类也依据自然改变自身，呈现自然的人化。人在自然界中生存与发展，它是人的精神的无机世界。因为人在改

---

① ［联邦德国］A. 施密特：《马克思的自然思想》，欧力同、吴仲昉译，商务印书馆 1998 年版，第 80—81 页。

② 《马克思恩格斯文集》第 1 卷，人民出版社 2009 年版，第 210 页。

③ 《马克思恩格斯文集》第 1 卷，人民出版社 2009 年版，第 500 页。

④ 《马克思恩格斯文集》第 5 卷，人民出版社 2009 年版，第 207—208 页。

⑤ 《马克思恩格斯文集》第 1 卷，人民出版社 2009 年版，第 162 页。

造自然界的过程中，为便于协作而出现语言，"语言是一种实践的，既为别人存在，因而也为我自身存在，现实的意识"①。语言是人类在自然界的物质活动中产生的，从某种程度上说是自然界赋予的。同时，自然界"是人的意识的一部分，是人的精神的无机界，是人必须事先加工，以便享用和消化的精神食粮"②。也就是说依照大自然所蕴含的美，人们在刻画大自然的同时陶冶自己的心灵。从这个方面来说，优美的自然环境给予人创作的灵感，也给予人健康的生活环境，更给予人精神的享受和自我发展。在这种不破坏自然界的美的实践统一中自然界给予了人类物质财富和精神财富。

　　第三，自然界有其自身的规律，人要发挥自己的主观能动性认识并正确运用自然规律才能创造美好生活。人与自然界和谐共生的前提是遵循自然本身固有的规律。一方面，人是自然界的存在物，人的活动是对象性的自然存在物的活动，但是，"人作为自然的、肉体的、感性的、对象性的存在物，和动植物一样，是受动的、受制约的和受自然限制的存在物"③。人在自然面前是受制约的，因为自然界"是作为不依赖于它的对象而存在于它之外的"④。另一方面，虽然人受自然界的制约，但这并不意味着人们不能运用自己的智慧和经验在自然界中进行实践。恰恰相反，人类需要正确发挥自身主观能动性，认识自然规律并遵循自然规律展开实践活动。恩格斯在《自然辩证法》中谈道："我们连同我们的肉、血和头脑都是属于自然界和存在于自然界之中的，我们对自然界的整个支配作用，就在于我们比其他一切生物强，能够认识和正确运用自然规律。"⑤ 不过，倘若人类破坏或者违背自然规律，就要付出惨痛的代价。恩格斯依

---

① 《马克思恩格斯文集》第 1 卷，人民出版社 2009 年版，第 533 页。
② 《马克思恩格斯全集》第 42 卷，人民出版社 1979 年版，第 95 页。
③ 《马克思恩格斯全集》第 42 卷，人民出版社 1979 年版，第 167 页。
④ 《马克思恩格斯全集》第 42 卷，人民出版社 1979 年版，第 167 页。
⑤ 《马克思恩格斯文集》第 9 卷，人民出版社 2009 年版，第 560 页。

据资本主义工业文明带来的环境灾难的事实警醒人们，"我们不要过分陶醉于我们人类对自然界的胜利；对于每一次这样的胜利，自然界都对我们进行报复"①。因此，人受自然的制约，同时人也能发挥主观能动性，认识自然并改造自然，由此提高人们自身的生活水平。不过，人们要时刻注意在改造自然的过程中必须遵循自然规律，否则就无法与自然实现和谐共生。

以上我们分析了马克思恩格斯有关人与自然辩证关系的主要内容，事实上，习近平生态文明思想的建构恰恰遵循了人与自然辩证关系的逻辑。首先，习近平总书记指出："山水林田湖是一个生命共同体，人的命脉在田，田的命脉在水，水的命脉在山，山的命脉在土，土的命脉在树。"② 这一论述极为清晰地表达出人是扎根于大自然的、人与自然之间是生命共同体这样的观点。此外，习近平总书记还强调："我们要坚持节约资源和保护环境的基本国策，像保护眼睛一样保护生态环境，像对待生命一样对待生态，推动形成绿色发展方式和生活方式。"③ 在这一论述中，习近平总书记将自然环境类比为人类的眼睛，号召人们要像保护自己的眼睛一样保护自然环境，而这同样非常形象地展示出人与自然之间的一种和谐共生关系。再者，习近平总书记还曾指出："无序开发、粗暴掠夺，人类定会遭到大自然的无情报复；合理利用、友好保护，人类必将获得大自然的慷慨回报。"④ 这里涉及人对自然的实践关系，人虽然有改造自然界的能力，但却不能过度开发、粗暴掠夺，否则就会打破人与自然之间的平衡，从而遭到大自然的无情报复。显然，习近平总书记的这一观点与恩格斯所提到的自然界会对人类进行报复的观点是一致的。

---

① 《马克思恩格斯文集》第 9 卷，人民出版社 2009 年版，第 560 页。
② 《习近平谈治国理政》第 1 卷，外文出版社 2018 年版，第 85 页。
③ 《习近平谈治国理政》第 2 卷，外文出版社 2017 年版，第 209—210 页。
④ 《习近平谈治国理政》第 3 卷，外文出版社 2020 年版，第 374 页。

最后，习近平总书记还明确提出了"人与自然是生命共同体"① 的重要论断。无疑，这一论断与马克思的"自然界是人的无机的身体"具有异曲同工之妙。也就是说，习近平总书记提出的"人与自然是生命共同体"的论断是与马克思恩格斯所阐发的人与自然的辩证关系相一致的。总之，马克思恩格斯所提到的人与自然的辩证关系，习近平生态文明思想都有所涉及，因此，从这个意义上来说，习近平生态文明思想的建构逻辑遵循着马克思主义人与自然辩证关系逻辑。

二　依循马克思主义实践哲学逻辑

众所周知，实践哲学乃是马克思主义哲学区别于其他以往哲学，特别是黑格尔哲学的关键。习近平生态文明思想作为马克思主义中国化最新发展的一个重要组成部分，其建构逻辑显然依循了马克思主义实践哲学逻辑。

从马克思的诸多论述中，可以清晰地把握到马克思的哲学的确是一种实践哲学。在《关于费尔巴哈的提纲》中，马克思多次提到了"实践"。例如，他指出："从前的一切唯物主义（包括费尔巴哈的唯物主义）的主要缺点是：对对象、现实、感性，只是从客体的或者直观的形式去理解，而不是把它们当做感性的人的活动，当做实践去理解，不是从主体方面去理解。"② 在这一经典性的论述中，一方面，马克思指出了以往的所有的唯物主义所具有的共同缺点就是，没有从实践的层面去理解客体、现实；另一方面，马克思在批判以往的一切唯物主义的同时，表明了他自己的辩证唯物主义就是把实践范畴纳入自己的哲学体系之内，强调要从实践的维度，也就

---

① 《习近平谈治国理政》第 3 卷，外文出版社 2020 年版，第 360 页。
② 《马克思恩格斯文集》第 1 卷，人民出版社 2009 年版，第 499 页。

是主体的活动的维度，来理解和把握相应的对象。据此，我们甚至可以说，在马克思眼里，那种缺乏实践维度的唯物主义根本就不是真正的唯物主义。马克思还曾指出："全部社会生活在本质上是实践的。"① 哲学的认识对象可以说有两个大类，其一是自然界，其二则是人类社会。既然全部的社会生活被马克思论断为本质上是实践的，那么一种缺乏实践的维度哲学要想透彻把握人类社会的本质就是不可能的。换言之，哲学若想真正把握人类社会，那就必须带有实践的性质。这一论断虽然简短，却也充分展示出马克思所强调的哲学乃是实践的哲学。马克思还说："哲学家们只是用不同的方式解释世界，问题在于改变世界。"② 这一论述显然更为直接地展示出马克思对实践的推崇。哲学不能仅仅停留在解释世界的层面上，更要面向实践，以改造世界为根本追求。总之，可以认为，马克思所推崇的哲学乃是实践的哲学。

马克思的实践哲学有三个重要特点。其一是强调人的主观能动性。马克思的实践哲学不同于圣布鲁诺·鲍威尔等神圣家族分子所标榜的"头脑的实践"即"想象主体的想象活动"，这种头脑实践停留在虚妄的状态，想当然地以为改变糟糕的现实只需改变人们头脑中的观念，并产生新的关于现实的虚幻的幸福观念即可；也不同于黑格尔有关自我意识不断否定自身又回归自身的实践；当然也不是亚里士多德的沉思式实践，更不是葛兰西和海德格尔的意志实践；而是现实的、感性的、能够改变世界的实践活动，是人能够认识到自己存在的意义与价值而进行的活动，是能真正实现人的自由发展的实践。马克思坚信，"理论一经掌握群众，也会变成物质力量"③。在马克思眼里，彻底的哲学理论，是具有强大的物质力量的，它能

① 《马克思恩格斯文集》第 1 卷，人民出版社 2009 年版，第 501 页。
② 《马克思恩格斯文集》第 1 卷，人民出版社 2009 年版，第 502 页。
③ 《马克思恩格斯文集》第 1 卷，人民出版社 2009 年版，第 11 页。

够摧毁资本主义社会中套在工人阶级身上的锁链，能够改变现存世界。其二是始终以改变世界为己任。一方面，马克思以实践哲学为认识方法，深刻把握了资本主义社会存在的多重内在矛盾，揭示了资本主义社会中存在的异化、物化、拜物教等现象，指明了资本主义社会并非永恒的社会形态；而仅仅是人类历史发展过程中的一个暂时的、过渡性社会形态。另一方面，在充分认识到资本主义社会的暂时性性质之后，马克思以其实践哲学为理论武器，结合具体的社会现实，终其一生，一直在为改变资本主义社会现实、推动共产主义的尽早实现而努力。在《共产党宣言》（后文简称《宣言》）中，马克思谈到共产党人时，曾明确指出："他们的目的只有用暴力推翻全部现存的社会制度才能达到。"① 这里提到的"暴力推翻全部现存的社会制度"展示了一种革命性的实践，也是马克思所推崇的实践，是马克思实践哲学建构的根本逻辑遵循。此外，这一论述同时表明，马克思的实践哲学乃是以变革社会现实为己任的。其三，始终面向实践，并在实践中不断生成。马克思的实践哲学始终面向实践，也就是说他的哲学理论的根和魂在于必须能够指导实际的实践活动。另外，马克思的实践哲学并非一成不变的，而是不断在具体的实践中逐步更新、生成的。关于这一点，马克思有过明确的论述，他指出《宣言》中所阐述的一般原理是正确的，但是"这些原理的实际运用，正如《宣言》中所说的，随时随地都要以当时的历史条件为转移，所以第二章末尾提出的那些革命措施根本没有特别的意义"②。人具有主观能动性，他能够改变社会现实，因而随着时间的流逝，作为人类实践活动之产物的人类社会也会随之发生改变。如此一来，致力于改变社会现实的马克思实践哲学就势必会出现脱离具体社会现实的情况。在此，我们看到，马克思早已充分把握到

---

① 《马克思恩格斯文集》第 2 卷，人民出版社 2009 年版，第 66 页。
② 《马克思恩格斯文集》第 2 卷，人民出版社 2009 年版，第 5 页。

了这一点，明确指出即便是他在《宣言》中所提出的一些革命措施，也早已失去了指导具体实践的意义。马克思提出，对于《宣言》中哲学原理的运用，"随时随地都要以当时的历史条件为转移"①。由此，我们可以认为，马克思的实践哲学并不是固定不变的，而是会随着时代和具体实践情况的发展而不断更新、生成的。

在阐明了马克思哲学是一种实践哲学，并且在阐明了这种实践哲学的主要特点之后，我们便能够发现，习近平生态文明思想的建构逻辑依循了马克思主义实践哲学逻辑。对此，我们可以从如下三点来加以把握。第一，习近平生态文明思想的生成是与习近平个人的实践经历息息相关的，这使得这一思想具有深深的实践性特色。习近平同志无论在哪一个工作岗位，都极为重视生态问题，正如他所说："我对生态环境工作历来看得很重。在正定、厦门、宁德、福建、浙江、上海等地工作期间，都把这项工作作为一项重大工作来抓。"② 例如，习近平同志在福建工作期间，针对福建长汀水土流失严重这一问题，"他于 2002 年率先提出建设生态省的战略构想，随后福建成为全国第一批生态建设试点省。经过 10 多年持之以恒的努力，长汀百万亩荒山重披绿衣，福建也成为全国唯一的水、空气、生态环境全优的省份"③。习近平同志这一治理生态问题的实际案例，一方面表明了习近平同志十分重视生态问题，另一方面展示出习近平同志有能力、有魄力、有决心解决生态问题。此外，习近平同志在浙江工作期间，狠抓生态问题，提出了当前构成习近平生态文明思想之核心内容的"两山理论"，即"绿水青山就是金山银山"。此后，"两山理论"引领浙江发展，使得"绿水青山，不仅仅是展示浙江的'金名片'，而且成为浙江可持续发展的'摇钱树''聚宝

---

① 《马克思恩格斯文集》第 2 卷，人民出版社 2009 年版，第 5 页。
② 《十九大以来重要文献选编（上）》，中央文献出版社 2019 年版，第 445—446 页。
③ 《习近平谈治国理政》第 1 卷，外文出版社 2018 年版，第 434 页。

盆'"①。总之，习近平同志个人的实践经历直接促成了习近平生态文明思想的形成，而这同时也为这一思想打上了实践烙印。第二，习近平生态文明思想是面向解决中国具体的生态问题而不断生成的，也就是说它的根本出发点是实践，是要切实改变中国目前存在的生态问题。习近平总书记指出："从目前情况看，资源约束趋紧、环境污染严重、生态系统退化的形势依然十分严峻。今年以来，全国大范围长时间的雾霾污染天气，影响几亿人口，人民群众反映强烈。我们在生态环境方面欠账太多了。"② 这一论述表明，习近平总书记充分认识到我国生态问题已经十分凸显，并且已经影响了广大群众的生活。习近平总书记之所以如此重视生态问题，重视生态思想的建构，一个很重要的原因就是想要创新发展出科学的生态文明思想，以此切实指导中国解决已经遇到的生态问题。所以，从这个维度来说，习近平生态文明思想是以解决中国实际的生态问题为根本向度的，也就是说它是面向实践的。第三，习近平生态文明思想并不是停留在"空想"阶段的理论，而是能够切实指导中国特色社会主义建设美丽中国的实践理论。对此，我们可以从习近平总书记关于"碳达峰"和"碳中和"的愿景来加以把握。习近平总书记指出："我国积极应对全球气候变化，已向世界作出庄严承诺，力争二氧化碳排放于二〇三〇年前达到峰值，努力争取二〇六〇年前实现碳中和。"③ 显然，"双碳"战略既是习近平生态文明思想的重要组成部分，也是中国在建设美丽中国进程中的一个关键举措。问题的关键就在于，我们国家走低碳生活方式不是不顾实际地急于求成，而是分阶段地逐步走向低碳生活方式。这样一来，习近平总书记所提出的"双碳"战略就是切合中国实际，并且

---

① 人民日报评论部：《习近平讲故事》，人民出版社 2017 年版，第 183 页。

② 中共中央文献研究室：《习近平关于全面建成小康社会论述摘编》，中央文献出版社 2016年版，第 163 页。

③ 《习近平经济思想学习纲要》，人民出版社 2022 年版，第 46 页。

也是切实可行的。因此，从这一案例来看，习近平生态文明思想的确是能够付诸实践，并且能够切实指导我国建设美丽中国的。

总之，正如有论者所概括的，"习近平生态文明思想的显著特征是'从实践到理论，以理论指导实践'"①，具有深深的实践哲学烙印。因此，可以认为，习近平生态文明思想依循了马克思主义实践哲学逻辑。

三　遵从彰显中国特色社会主义制度优势逻辑

习近平生态文明思想建构的另一个逻辑遵循即是遵从彰显中国特色社会主义制度优势。粗看起来，这一观点似乎颇难成立，但细究起来，就会发现遵从彰显中国特色社会主义制度优势逻辑的确是习近平生态文明思想得以建构而成的重要逻辑遵循之一。对此，我们可以从如下两个层面加以认识和把握。

从宏观层面来看，尽管中国特色社会主义仍然处于社会主义的初级阶段，但它本质上仍然是不同于资本主义制度的社会发展模式，并且在马克思主义的论断中，社会主义社会乃是共产主义社会实现过程中的一个必经阶段，因而社会主义实际上是优于资本主义的，也就是说，就人类社会发展进程来看，社会主义应当比资本主义更具进步性、更具优势性。此外，马克思主义在世界历史的发展进程中以及中国特色社会主义蓬勃发展的事实中，已被证明为是科学的、真理性的理论，而中国特色社会主义以马克思主义为指导思想，也应当相较于资本主义而展示出更大的优势。显然，中国特色社会主义的优势不能仅仅停留在理论层面上，而是要实实在在地体现在政治上、经济上、文化上以及制度上等等。其实，中国作为社会主义

---

① 沈满洪：《习近平生态文明思想研究——从"两山"重要思想到生态文明思想体系》，《治理研究》2018 年第 2 期。

国家，相比于资本主义国家而言，目前的确展示出了诸多优势。习近平总书记指出："有中国特色社会主义制度的显著优势，我国政治制度和治理体系在应对新冠肺炎疫情、打赢脱贫攻坚战等实践中进一步彰显显著优越性，'中国之治'与'西方之乱'对比更加鲜明。"① 这一论述表明，中国特色社会主义制度与西方资本主义国家相比而言的确展现出一定优势，特别是在应对新冠肺炎疫情、打赢脱贫攻坚战等棘手问题上，中国特色社会主义的制度优势更加凸显。党的十九届四中全会也总结并强调了中国特色社会主义的国家制度和国家治理体系拥有十三个方面的显著优势，包括"坚持党的集中统一领导，坚持党的科学理论，保持政治稳定，确保国家始终沿着社会主义方向前进的显著优势"② 等等。

　　实际上，习近平生态文明思想同样彰显了中国特色社会主义的制度优势。何以如此呢？我们知道，马克思在《资本论》中为我们揭示了资本主义社会的主导逻辑是资本逻辑，也就是"资本无限度地追逐自行增殖"③。资本主义社会在资本逻辑的主导下，唯利是图，从而无法有效应对生态问题。对于这一点，学者们有充分的认识。例如有研究者认为资本的增殖逻辑"决定了它对自然界的利用和破坏是无止境的"④，甚至认为"资本按其本性是反生态的"⑤；还有论者研究指出资本逻辑是"导致现代'自然之死'的罪魁祸首"⑥。由此可见，资本逻辑与生态文明之间存在巨大张力，可以认为资本逻

---

① 《中国人民政治协商会议第十三届全国委员会第五次会议文件》，人民出版社 2022 年版，第 52 页。

② 《中国共产党第十九届中央委员会第四次全体会议文件汇编》，人民出版社 2019 年版，第 19 页。

③ 《马克思恩格斯文集》第 5 卷，人民出版社 2009 年版，第 307 页。

④ 陈学明：《资本逻辑与生态危机》，《中国社会科学》2012 年第 11 期。

⑤ 陈学明：《资本逻辑与生态危机》，《中国社会科学》2012 年第 11 期。

⑥ 毛勒堂：《资本逻辑批判与生态文明建设》，《上海师范大学学报》（哲学社会科学版）2014 年第 3 期。

辑是导致生态环境恶化的核心因素。因此，既然资本主义社会是以
资本逻辑为主导的，那么资本主义社会就势必无法有效应对生态问
题。与此相对的是，中国特色社会主义拥有驾驭资本逻辑的制度优
势，由此也能够克服资本逻辑给生态环境造成的恶劣影响。习近平
生态文明思想的生成恰恰表明了我们国家在解决生态问题上有信心、
有能力、有方法、有决心，表明了中国特色社会主义的确拥有驾驭
资本逻辑的制度优势，表明了中国特色社会主义在治理生态问题上
优于资本主义。所以，从这个意义上来说，习近平生态文明思想的
确遵从了彰显中国特色社会主义制度优势的逻辑。

　　从微观层面上来看，习近平生态文明思想并不仅仅具有理论性
的内容，它同时包含有制度性的内容，也就是说，习近平生态文明
思想包含了生态文明制度建设。习近平总书记明确指出："保护生态
环境必须依靠制度、依靠法治。"① 习近平总书记的这一观点是建立
在如下认识基础上的，即他看到中国的生态环境问题与"体制不健
全、制度不严格、法治不严密、执行不到位、惩处不得力有关"②。
所以，习近平总书记特别重视生态文明制度的建设，强调"用最严
格制度最严密法治保护生态环境"③。这里需要特别指出的是，在习
近平总书记的高度重视和狠抓落实下，中国陆续出台实施了一系列
保护生态环境的制度，包括生态文明建设目标评价考核制度、自然
资源资产离任审计制度、生态环境损害责任追究制度④。此外，"省
以下环保机构监测监察执法垂直管理、生态环境监测数据质量管理、
排污许可、河（湖）长制、禁止洋垃圾入境等环境治理制度"也得
到进一步加强和推进。另外，习近平总书记还对中央环境保护督察
制度给予了高度称赞。他说："特别是中央环境保护督察制度建得

　　① 《十九大以来重要文献选编（上）》，中央文献出版社 2019 年版，第 452 页。
　　② 《习近平谈治国理政》第 3 卷，外文出版社 2020 年版，第 363 页。
　　③ 《十九大以来重要文献选编（上）》，中央文献出版社 2019 年版，第 452 页。
　　④ 参见《十九大以来重要文献选编（上）》，中央文献出版社 2019 年版，第 446 页。

好、用得好，敢于动真格，不怕得罪人，咬住问题不放松，成为推动地方党委和政府及其相关部门落实生态环境保护责任的硬招实招。"① 可见，中央环境保护督察制度对于中国生态环境的保护起到了重要作用。以上提及的保护生态环境的制度均是在习近平生态文明思想的指导下落实建立并加以推进的，因而它们实际上也是习近平生态文明思想的重要构成部分。所以，习近平生态文明思想与生态环境保护制度之间具有深刻的内在联系。在此，我们仅仅需要强调这样一点，那就是在习近平生态文明思想指导下建立和推进的一系列生态环境保护制度，一方面对于中国生态环境的保护起到了关键性作用，另一方面，这些制度又进一步丰富和完善了中国特色社会主义制度体系。因此，从这个意义上来说，习近平生态文明思想的建构遵从了彰显中国特色社会主义制度优势的逻辑。

四　依从中国共产党人民至上的治理逻辑

中国共产党始终将为人民谋幸福、为中华民族谋复兴作为自己的初心和使命，将实现人民向往的美好生活作为治国理政的目标。习近平总书记指出："生态环境是关系党的使命宗旨的重大政治问题，也是关系民生的重大社会问题。"② 也就是说，生态问题是与人民群众的生活息息相关的。因此，习近平生态文明思想着力解决我国面临的生态问题，其根本价值追求就在于让人民群众在优良的生活环境中追求自己的幸福生活。所以，从这个意义上来说，习近平生态文明思想的建构逻辑依从了中国共产党人民至上的治理逻辑。

---

① 《十九大以来重要文献选编（上）》，中央文献出版社 2019 年版，第 446 页。
② 《十九大以来重要文献选编（上）》，中央文献出版社 2019 年版，第 448 页。

　　中国共产党治国理政的根本出发点和落脚点乃是为了人民的利益。对此，我们可以从如下三个方面加以认识和把握。其一，中国古代早已阐发了重视人民的思想，如，"水能载舟亦能覆舟""民为贵，社稷次之，君为轻""民惟邦本，本固邦宁"，这些经典名言均体现了人民才是国家之根本的思想。不仅如此，中国历史上的朝代更替也用事实说明，任何背离人民的执政者都只有衰败和退出历史舞台的结局。中国共产党作为绵延中华五千年文化的传承者、作为960多万平方公里广袤中华大地上的先进执政者不可能不明白中国传统文化中"以民为重"的思想。换言之，中国共产党以民为本、人民至上的治理思想，受益于中国传统文化。其二，马克思主义本身也是为了实现广大人民群众利益而建构起来的思想体系。马克思在《宣言》中指出："无产阶级的运动是绝大多数人的，为绝大多数人谋利益的独立的运动。"① 此外，马克思在《资本论》中也表现出对广大贫苦工人阶级的同情，并力图通过理论的建构以及相应的实践，让生活在资本主义社会中的广大贫苦工人阶级脱离"苦海"，进入到共产主义社会，享受美好生活。一句话，马克思主义的根和魂在于为广大人民群众谋利益、谋幸福。因此，中国共产党以马克思主义为指导思想，同时就意味着她也必然将人民的利益放在首位，全心全意为人民服务。其三，中国共产党自其诞生之日起，至今已有一百余年的历史，她从最初仅仅拥有几十名成员的"小组织"，发展成为如今拥有九千多万名党员的大党；她将积贫积弱、被动挨打的中国，锻造为富强、民主、文明、和谐的世界第二大经济体的世界大国。中国共产党所给中国带来的巨变是令世界瞩目的，她自身的成功、她带领中国所取得的成就无不以铁一般的事实证明中国共产党是真正代表人民群众利益的，是真正地在为人民服务。中国共

---

① 《马克思恩格斯文集》第 2 卷，人民出版社 2009 年版，第 42 页。

产党始终把人民群众放在首位，由此获得了民心，也在广大人民群众的团结和支持下取得了难以估价的成就。总之，中国共产党始终将人民放在主体地位，始终全心全意为人民服务，可以说，"人民主体思想是中国共产党人一以贯之的思想，实现人民主体地位是中国共产党人孜孜不倦的追求"①。

在分析了中国共产党一直以来将人民的利益放在首位，始终贯彻人民至上的治理逻辑之后，我们可以发现，习近平生态文明思想的建构逻辑正是遵循了中国共产党人民至上的治理逻辑。习近平生态文明思想最直接的目的当然是为了解决好中国面临的生态问题，但它最根本的目的其实是希望提高广大人民群众的生活环境和幸福感。党的十九大提出："中国特色社会主义进入新时代，我国社会主要矛盾已经转化为人民日益增长的美好生活需要和不平衡不充分的发展之间的矛盾。"② 由此可见，人民群众对美好生活的需求增长了，因而在新时代，中国共产党要一如既往地全心全意为人民服务，就要想办法努力实现人民群众对于美好生活的期望。显然，实现人民群众美好生活的期望涉及的范围较广，而其中非常重要的一环就是对于生态环境的改善。换言之，生态环境改善了，人民群众的幸福感当然也会随之提高。正如习近平总书记所指出的："对人的生存来说，金山银山固然重要，但绿水青山是人民幸福生活的重要内容，是金钱不能代替的。你挣到了钱，但空气、饮用水都不合格，哪有什么幸福可言。"③ 这一论述十分关键，在此我们可以把握住如下两点。其一，好的生态环境是人民幸福生活的重要内容，它是金钱无

---

① 郭广银：《中国共产党人民主体思想的理论演进与实践发展》，《中共中央党校学报》2013年第5期。

② 习近平：《决胜全面建成小康社会　夺取新时代中国特色社会主义伟大胜利——在中国共产党第十九次全国代表大会上的报告》，人民出版社2017年版，第11页。

③ 中共中央文献研究室：《习近平关于社会主义生态文明建设论述摘编》，中央文献出版社2017年版，第4页。

法替代的。也就是说，哪怕人民群众再有钱，但是所居住的生活环境太差，他们也一样不会幸福。其二，习近平总书记在这里对幸福的理解十分富有哲理，那就是幸福其实是由多方面构成的，仅仅一方面的幸福，并不能获得真正的幸福；唯有多方面的幸福都实现了，才能获得真正的幸福。一句话，人民群众的幸福或者对美好生活的期待缺了优美的生态环境是无法真正实现的。难怪习近平总书记强调，"良好生态环境是最普惠的民生福祉"，"环境就是民生，青山就是美丽，蓝天也是幸福"①。既然习近平总书记对生态环境之于人民群众幸福的重要性有如此深刻的认识，那他在构建其生态文明思想的时候，就不可能不把人民放在重要位置。事实上，习近平总书记在阐发其生态文明思想时，处处展现了人民情怀。例如，习近平总书记指出："把解决突出生态环境问题作为民生优先领域。有利于百姓的事再小也要做，危害百姓的事再小也要除。打好污染防治攻坚战，就要打几场标志性的重大战役，集中力量攻克老百姓身边的突出生态环境问题。"② 此外，习近平总书记还指出："要坚持生态惠民、生态利民、生态为民，重点解决损害群众健康的突出环境问题，加快改善生态环境质量，提供更多优质生态产品。"③ 总之，习近平生态文明思想处处展现出人民情怀，可以说，"人民情怀贯穿于习近平生态文明思想的全部内容之中，是习近平生态文明思想的最显著特征"④。恰恰是在这个意义上，我们认为，习近平生态文明思想依从了中国共产党人民至上的治理逻辑。

---

① 《十九大以来重要文献选编（上）》，中央文献出版社 2019 年版，第 451 页。
② 《十九大以来重要文献选编（上）》，中央文献出版社 2019 年版，第 455 页。
③ 《十九大以来重要文献选编（上）》，中央文献出版社 2019 年版，第 451 页。
④ 方世南：《论习近平生态文明思想的人民情怀》，《马克思主义理论学科研究》2021 年第 6 期。

结　语

　　"建设生态环境关乎人类未来。"[①] 习近平生态文明思想是 21 世纪马克思主义和中国化马克思主义的重要组成部分，为中国的生态建设指明了正确的方向，同时也为世界各国在治理生态问题上提供中国智慧和中国方案，因而具有十分重要的理论意义和现实意义。理论的生命力在于指导实践并随着实践的推进不断发展自身，不过在这种发展过程中要始终保持最根本的东西。习近平生态文明思想随着变化的实践环境不断更新，但其遵循的建构逻辑不会改变，这种逻辑至少包含以下四个层面：一是遵循人与自然辩证关系的逻辑；二是依循马克思主义实践哲学逻辑；三是遵从彰显中国特色社会主义制度优势逻辑；四是依从中国共产党人民至上的治理逻辑。深刻把握这四重建构逻辑，无疑有助于我们更好地理解、宣传和运用习近平生态文明思想。

---

　　① 中共中央文献研究室：《习近平关于社会主义生态文明建设论述摘编》，中央文献出版社 2017 年版，第 131 页。

习近平关于旅游业发展的重要论述

马桂芳[*]

摘要： 众所周知，习近平关于旅游工作的重要论述是治国理政的一个重要组成部分。深入挖掘、系统梳理习近平关于旅游业发展重要论述对指导新时代旅游业高质量发展，进而探讨了习近平关于旅游业发展重要论述中所体现的全局性、实践性、辩证统一性、人本性和开放性的特征，探索性地提出了践行习近平关于旅游业发展重要论述的青海路径，即以党的二十大报告为引领，坚持以文塑旅、以旅彰文，推进文化和旅游深度融合发展；加强旅游业生态文明建设，共建美丽中国；加强旅游产业体系协同化，推动现代化经济体系建设；加强乡村旅游引领作用，提高保障和改善民生水平。

关键词： 旅游业；高质量；发展

习近平总书记十分关注旅游业的发展，并对旅游业的发展有过诸多重要论述。党的十九届五中全会确立了到 2035 年建成文化强国

---

* 马桂芳，回族，宁夏海源人，青海省委党校经济学部教授，主要从事区域经济研究。本文系 2022 年青海省委党校（院）级课题"习近平关于旅游业发展的重要论述研究"阶段性研究成果。

的远景目标，为文化和旅游发展擘画了蓝图、明确了路径。"十四五"时期，深入系统地学习和领悟习近平关于旅游业的重要论述，对把握旅游业发展战略、指导旅游工作、提高旅游业发展水平、最大程度地满足人民群众对美好生活的向往，既有理论引领价值又有实践指导意义。

目前，与全国其他省份一样，青海旅游业步入快速发展轨道，其间不可避免地出现了诸如生态环境、旅游供给侧不平衡不充分等问题，阻碍了旅游业可持续发展，继而也影响了社会民生的全方位提升。系统梳理习近平关于旅游业发展重要论述的理论渊源、内容、特征、区域实践路径，对指导"十四五"时期青海旅游业高质量发展具有十分重要的现实意义。

一　习近平关于旅游业发展重要论述的理论渊源

（一）习近平关于旅游业重要论述产生的时代背景

当前世界处于大发展大变革大调整时期，中国正处在全面建设社会主义现代化的关键期。作为幸福产业的旅游业发展机遇与挑战并存。

1. 国内背景

第一，供给侧结构性改革对旅游业发展赋予了高要求。"旅游是人民生活水平提高的一个重要指标。"作为满足人民大众对美好旅游生活需求的旅游业，已成为新时代的社会需求。而目前旅游业发展面临一些瓶颈约束，一方面是旅游供需结构不匹配。眼球经济类产品明显多于快乐经济类产品，即常态化休闲产品、综合性体验型旅游产品供给不足。另一方面，旅游供需量不协调。高品质产品的有效供给仍然明显不足，低层次、同质化产品遍地开花，既降低了游客的旅游体验品质，更是"打折"了人民对美好生活的期待。因此，着力优化旅游业供需结构、增加优质产品供给，将成为新时代旅游业亟须解决、必须解决好的问题，也是新时代背景下习近平旅游思想人本思想的重要体现。

第二，新时代、新征程赋予了旅游业发展新的课题。一方面，新时代，绿色旅游已成为21世纪国际旅游的主流，旅游产业作为国民经济的支柱产业，如何绿色低碳地高质量发展，如何将生态环境保护意识贯穿整个生态旅游实践活动之中，在旅游活动中强调合理利用自然生态系统，促进资源与环境的有效保护，为旅游者提供高质量的旅游体验，促进人与自然的和谐统一与发展，同时保持高速增长、助力中国经济在世界上的竞争力，是亟须解决的难题之一；另一方面，新征程，实施乡村全面振兴，全面推进农业农村的现代化发展任务更加艰巨。习近平总书记多次强调"美丽中国要靠美丽乡村打基础"，如何夯实乡村旅游作为乡村振兴的产业基础，统筹城乡发展，促进乡村文明复兴，实现共同富裕，更是亟待深化研究的实践课题。

第三，"一带一路"倡议使旅游业迎来更大发展空间。习近平总书记提出的"一带一路"倡议，为旅游业发展创造了更多的空间。博大精深的旅游资源和充裕的劳动力，给中国"一带一路"沿线区域旅游业发展奠定了良好基础；与此同时，对沿线省份，尤其是西部地区的生态环境、交通运输、服务设施、社会治理，以及旅游产业规范有序发展等提出了挑战。

2. 国际背景

目前，整个世界局势变幻莫测，动荡不安，政治、经济的演变不断加快，整体发展中的不安定性因素日益增加，未来发展的总体趋势也难以精准预判。西方一些国家极力保护本国利益，致使包括旅游业在内的国际服务贸易壁垒逐渐提高，尤为突出的是西方霸权主义对世界和平与发展构成威胁，很大程度上影响了中国全面建设社会主义现代化进程的前行。虽然中国已步入高质量发展阶段，政治优势、制度优势明显，社会治理能力强大，目前，无论是中国的消费市场还是生产产业链条，在全球都是稳居前茅，但逆流而行的经济全球化，无疑使中国经济转型举步维艰，难度加大。同时，中国科技创新能力仍显薄弱、产业现代化水平不高，金融系统建设尚不够完善，重点领域关键环节改革仍有很大差距，不稳定、不确定性明显增多加剧了挑战。政治上，西方资本主义政治势力对中国分化、瓦解的政治阴谋始终没有消停。文化上，改革开放40多年，西方文化纷至沓来，与中国传统文化交锋碰撞。因此，通过旅游展示中国文化，传播中华文明，促进民间交往，成为世界和平发展之舟任重而道远。

（二）习近平关于旅游业重要论述产生的理论渊源

1. 马克思恩格斯对于旅游问题的论述

其一，人与自然和谐共生。马克思恩格斯没有专门针对旅游问题进行论述，但是关于"人与自然和谐共生""人是自然界的一部分"[1]"我们连同我们的肉、血和头脑都属于自然界，存在于自然之中的"，[2]"动物只是按照它所属的那个种的尺度和需要来构造，而人却懂得按照任何一个种的尺度来进行生产，并且懂得处处都把固有的尺度运用于对象"[3]等观点，彰显了美是人独特生命的体现，深刻阐释了人类的劳动是有意识有思想的活动，人具有主观能动性，人的劳动构造世间美。而旅游的价值目标，就是实现人与自然的和谐统一与发展，强调人类在追求自身生存发展的同时也要尊重自然

---

[1]　《马克思恩格斯文集》第1卷，人民出版社2009年版，第161页。

[2]　《马克思恩格斯文集》第9卷，人民出版社2009年版，第560页。

[3]　《马克思恩格斯文集》第1卷，人民出版社2009年版，第163页。

的生存与发展，旅游可持续发展与人们对美好生活向往的完美耦合。可见，马克思主义旅游哲学思想是习近平有关旅游生态文明建设论述的基础，是"绿水青山就是金山银山""绿色发展"等著名论断的重要理论来源之一，对其的形成和发展具有重要的指导作用。

其二，人的全面发展。人的全面发展的问题是马克思主义的中心问题，同时也是人的解放的最高境界。马克思主义认为，人民群众是社会物质财富和精神财富的唯一创造者。习近平总书记强调旅游与民生福祉密不可分，是增进民生福祉的有效途径。马克思所说："人们为了能够'创造历史'，必须能够生活。但是为了生活，首先就需要吃喝住穿以及其他一些东西。"① 伴随社会生产力水平的提升，人们追求美好生活的欲望越来越高，而旅游作为人类快乐的主要源泉之一，已然成为满足新时代人民日益增长的美好生活需要的重要途径。马克思主义民生观为习近平旅游精准扶贫、乡村旅游、文旅融合等思想提供了理论依据。

2. 中国共产党各时期领导集体关于旅游系列重要论述

第一，毛泽东关于旅游系列重要论述。新中国成立初期，旅游业属外事接待事业，毛泽东阐述了旅游可以增加实践知识、广交朋友，了解更多的乡土民情和社会状况；毛泽东等老一辈革命家在革命根据地、长征路上艰苦斗争的历程为新时代红色旅游注入了强大基因；在革命时期，毛泽东抒写的诗词彰显了"诗和远方"的红色精神魅力。这与习近平总书记提出的"旅游是传播文明、交流文化、增进友谊的桥梁"、是"修身养性之道"等论述完美耦合。

第二，邓小平同志关于旅游系列重要论述。1978 年之后，旅游业成为经济产业，逐渐在中国拉开帷幕，几经探索，邓小平同志率先肯定了旅游业的产业属性，明确旅游业是重要的经济产业，提出

---

① 《马克思恩格斯文集》第 1 卷，人民出版社 2009 年版，第 531 页。

"旅游事业大有文章可做""旅游赚钱多，来得快"；尤为突出的是在视察黄山时指出，"旅游这个行业，要变成综合性行业"，① 提出包括旅游资源开发与保护并重，注重旅游质量管理，加强旅游品牌建设等发展战略。极大地促进了中国旅游业从"政治接待型事务"转变为"经济创汇型产业"。为习近平总书记关于确立旅游是支柱产业、旅游业可持续发展、发展优质旅游等论述提供了理论支撑。

　　第三，江泽民同志关于旅游系列重要论述。江泽民同志先后就旅游业的发展做出很多重要指示。其一，要充分利用旅游资源，因地制宜发展旅游业。在各地考察时江泽民同志多次用"得天独厚"评价中国旅游资源，尤其强调西部地区要将潜在的资源优势逐步变为现实的经济优势。其二，充分发挥旅游业经济、社会和教育功能，通过旅游增进友谊，服务社会，繁荣经济。江泽民同志提出，世博园、黄山等旅游胜地不仅只有娱乐作用，还有教育意义，要建设成重要的爱国主义教育场所。江泽民同志重视旅游的民间外交作用，强调民间的友好交往是国家关系良好发展的重要基础。他提出，鼓励国内旅游、着力提高旅游业整体素质，由速度数量型向质量效益型转变、利用国外资本等措施科学地发展旅游业等策略。江泽民同志旅游系列重要论述也为习近平总书记所提出的关于大力发展乡村旅游，巩固脱贫攻坚成效、建立合作共赢的旅游外交论述提供了理论基础。

　　第四，胡锦涛同志关于旅游系列重要论述。党的十六大以来，胡锦涛同志总结了中国共产党长期开展旅游工作的经验，分析了新世纪党和国家开展旅游工作可能遇到的新问题和新挑战，提出科学发展观这一重要思想，提出旅游业发展中要注重培养旅游人才、人与自然和谐统一等重要论述，他以战略眼光，高度肯定了发展旅游

---

① 中共中央文献研究室和国家旅游局：《邓小平论旅游》，中央文献出版社 2000 年版，第 4 页。

业对促进经济增长和产业结构优化的重要作用，提出打造旅游品牌，引导旅游消费。关于旅游工作的重要论述是习近平治国理政思想重要的组成部分，既是对科学发展观的继承，更是对科学发展观的升华。

3. 中国传统旅游文化

以儒、释、道三家的思想为主流的中国传统文化源远流长，是中华文化强大的根基。无论是儒家还是道家都谈到旅游的综合性特征，比如修身养性、扩大阅历、结交名流、增进学问等；《孟子·梁惠王》中孟子倡导贤者与民同乐，故能乐其乐，而不贤者虽有池沼等游乐对象，因其不能与民同乐，故快乐难以持久。与民同乐、以民为本的思想，以旅游来体现仁政的观点，影响了如柳宗元等地方官，在修身养性的同时，考察民情，将仁政实施与旅游开发相结合，为习近平有关旅游工作的重要论述中发展乡村旅游、旅游精准扶贫等以人为本旅游论点提供了理论基础；儒家创始人孔子，以"信而好古，述而不作"立身，珍惜民族历史，爱护先辈遗迹，整理和传授了古代文化，保存了文化遗产。而克己复礼、兴灭继绝、信而好古、述而不作这种价值取向影响了两千多年的中国传统文化，给中国古代旅游文化带来了很多独具的特点；古代道家学说提倡"天地与我并生，万物与我同一"，老庄"天人合一"等，人应该与自然和谐相处，要尊重自然事物的客观规律的思想助推了旅游业可持续发展，也为习近平总书记提出的旅游要突出生态文明建设，强调在旅游开发中建立人与自然、人与人、个人自身的全面和谐发展提供了理论基础。

二　习近平关于旅游业发展重要论述的内容

（一）关于旅游业是支柱型产业的论述

因地制宜发展旅游业。习近平总书记多次强调，旅游资源丰富的省区发挥其资源优势，把旅游业做大做强，将旅游业发展成为支柱性产业。在视察时，强调海南的服务业产业体系要以旅游业为龙头、现代服务业为主导；指出贵州、云南要充分发挥其旅游资源优势，不断提高旅游业发展的层次和水平。

旅游业具有综合性特征。在 2013 年俄罗斯中国旅游年开幕式致辞中，习近平总书记指出"旅游业是综合性产业"[1]。在现代经济社会中，旅游业已经远远超出了原有的范畴，广泛地关联娱乐、餐饮、交通、文化、工业、农业、商贸、建筑等超过 110 个产业，发展旅游业能够带来多方面的效益，其中对住宿业、民航和铁路客运业的贡献率为 80% 以上，是"五大幸福产业"之首，可以说旅游业是"一业兴而百业旺"。习近平总书记十分重视旅游业的发展，强调"旅游是拉动经济发展的重要动力"[2]。旅游业逐渐成为区域经济新的增长点。

（二）关于旅游业走可持续发展道路的论述

旅游业因强调环境的美化与优化，协调人地关系与人际关系，是可持续发展的必然选择。习近平总书记指出，"绿水青山就是金山银山"，便是主张借生态环境之自然力，追求人与自然的和谐、经济与社会的和谐，实现旅游发展中保护环境，环境保护中发展旅游，延伸产业链。1992 年，在《福州市 20 年经济社会发展战略设想》中，习近平总书记提出把发展生态旅游作为核心战略来实施。1999年，时任福建省省长的习近平就平潭发展旅游业讲话时指出，再多的资金也恢复不了被糟蹋了的资源景观，提出为了发展经济而急功近利地破坏环境，相当于竭泽而渔、挖自己的墙脚。经济发展应建立在防止污染、保护生态的基础上，要规范合理地开发利用，要坚

---

① 习近平：《在俄罗斯中国旅游年开幕式上的致辞》，《人民日报》2013 年 3 月 23 日。
② 习近平：《在俄罗斯中国旅游年开幕式上的致辞》，《人民日报》2013 年 3 月 23 日。

持开发与保护并重。他在多次实地考察调研中论证发展旅游经济与保护生态二者之间的辩证统一关系，如《发展"无烟经济"也要可持续发展》中指出旅游经济的可持续发展是建立在开发与保护并重的基础上的，经济的发展离不开开发，而合理的开发能促进经济更高效的发展；同时，要想旅游经济健康发展，在保护时需积极有效，强调保护是开发的重要前提。2013 年 4 月，在海南考察时，提出青山绿水、碧海蓝天是建设国际旅游岛的最大本钱。2013 年，在哈萨克斯坦纳扎尔巴耶夫大学演讲时，提出"两山"理论，"我们既要绿水青山，也要金山银山。宁要绿水青山，不要金山银山，而且绿水青山就是金山银山"[①]。强调发展旅游经济要与生态环境相协调；提出以"两山"理论为指导，要大力发展生态旅游经济、建设美丽乡村，共筑美丽中国。2016 年 3 月，习近平总书记在参加全国两会黑龙江代表团讨论时指出，黑龙江的冰天雪地也是金山银山。在加强环境治理方面，习近平总书记指出环境治理是可持续发展道路上的重要组成部分，"绿色生态是最大财富、最大优势、最大品牌，一定要保护好，做好治山理水、显山露水的文章"。2021 年，习近平总书记在青海考察时赋予青海"打造国际生态旅游目的地"的重大任务和历史使命，这对于肩负"国之大者"责任的青海而言是生态旅游可持续发展的根本遵循。

（三）关于旅游业高质量发展的论述

习近平总书记一贯重视旅游业的高质量发展，多次强调旅游业硬件和软件的重要性。例如，在海南视察时，他指出，发展高水平旅游业，要抓硬件，更要抓软件，特别要提高服务质量，推进精细化管理，以优质服务赢得旅客的笑脸和称赞，赢得持久的人气和效

---

① 中共中央文献研究室：《习近平关于社会主义生态文明建设论述摘编》，中央文献出版社 2017 年版，第 33 页。

益。强抓旅游硬件。一方面，旅游资源是硬件，是一个地区发展旅游业的根本条件。为了合理开发旅游资源，习近平总书记重视旅游规划的功能，提出要坚持从实际出发，因地制宜，理清思路、完善规划、找准突破口，通过实施"旅游精品战略"打造出精品旅游产品；丰富旅游生态的同时，重视赋予旅游资源的人文内涵，并提出依托现有山水脉络等独特风光，让城市融入大自然，"让居民望得见山、看得见水、记得住乡愁"；发展红色旅游，旅游设施建设要同红色纪念设施相得益彰，要接红色纪念的地气，"红色旅游不能忘记本色"。另一方面，加强旅游基础建设。习近平总书记强调，抓"厕所革命"是提升旅游业品质的务实之举。厕所问题是关乎卫生文明建设的大事情，是解决人民群众切身问题的重要举措，不但要在景区、城市搞好，在农村也要搞好；强调优质的服务体验是旅游业高速、可持续发展必不可少的因素，想要保持旅游业强劲的竞争力，就必须不断提高和优化服务质量。

对于旅游品质，习近平总书记指出了具体的提升路径。一是大力发展全域旅游，倡导吃住行游购娱各要素相关行业积极融入其中，鼓励与之相关部门齐抓共管，积极调动社区居民参与旅游业发展，提供优质体验产品给游客，满足游客不断增长的对旅游产品全方位、多层次需求。2016 年 7 月，习近平总书记在宁夏考察时明确指出，"发展全域旅游，路子是对的，要坚持走下去"①。二是坚决整改旅游中不合情不合理的现象。2018 年 4 月，习近平总书记在庆祝海南建省办经济特区 30 周年大会上的讲话中指出"要培育旅游消费新业态新热点，提升服务能力和水平，推进全域旅游发展，为国内外游客和当地群众提供更多优质服务"②。

---

① 咸辉：《坚定不移朝全域旅游发展的路子走下去》，《中国旅游报》2016 年 9 月 7 日。
② 习近平：《在庆祝海南建省办经济特区 30 周年大会上的讲话》，《今日海南》2018 年第 4 期。

（四）关于大力发展乡村旅游扶贫的论述

习近平总书记多次强调把发展乡村旅游作为脱贫攻坚、乡村振兴的重要渠道，并把增加农民收入和"确保乡亲们持续获益"作为检验乡村旅游成效的重要标准。2013 年，在阜平考察，指出阜平摆脱贫困，发展旅游业大有潜力，要依托现有旅游资源，比如晋察冀边区革命纪念馆、天生桥瀑布群等景区，借助北京、天津客源市场，五台山、西柏坡已形成的现有旅游客源市场，提出贫困地区发展要做到因地制宜，发挥自身比较优势。同年 11 月，在湖南湘西十八洞村考察扶贫时提出"精准扶贫"思想，视察湘西吉首矮寨大桥，感慨"这里风景秀美，大桥宏伟壮观，发展旅游很不错"；2015 年 5 月，习近平总书记在浙江省调研期间，对舟山市定海区干览镇新建社区群众利用自然优势开办农家乐、发展乡村旅游等特色产业表示肯定："这里是一个天然大氧吧，是'美丽经济'，印证了 绿水青山就是金山银山的道理。"①

2017 年 10 月，在贵州，习近平总书记讲道，"要抓住乡村旅游兴起的时机，把资源变资产，实践好绿水青山就是金山银山的理念"，"脱贫攻坚，发展乡村旅游是一个重要渠道"。2018 年 4 月，习近平总书记在海南考察时强调："乡村振兴，关键是产业要振兴。要鼓励和扶持农民群众立足本地资源发展特色农业、乡村旅游、庭院经济，多渠道增加农民收入。"② 2019 年 9 月，习近平总书记在河南省调研期间指出："依托丰富的红色文化资源和绿色生态资源发展

---

① 顾仲阳：《把资源变资产　实践好绿水青山就是金山银山的理念——吃上旅游饭，脱贫门路宽》，《人民日报》2020 年 7 月 28 日。
② 习近平：《在庆祝海南建省办经济特区 30 周年大会上的讲话》，《今日海南》2018 年第 4 期。

乡村旅游，搞活了农村经济，是振兴乡村的好做法。"① 2020 年 6 月，在银川市贺兰县稻渔空间乡村生态观光园视察时强调："发展现代特色农业和文化旅游业，必须贯彻以人民为中心的发展思想，突出农民主体地位，把保障农民利益放在第一位。要探索建立更加有效、更加长效的利益联结机制，确保乡亲们持续获益。"② 2021 年 4 月，习近平总书记在广西考察期间强调："全面推进乡村振兴，要立足特色资源，坚持科技兴农，因地制宜发展乡村旅游、休闲农业等新产业新业态，贯通产加销，融合农文旅，推动乡村产业发展壮大，让农民更多分享产业增值收益。"③ 2021 年 3 月，习近平总书记参加十三届全国人大四次会议内蒙古代表团审议时强调："要发展优势特色产业，发展适度规模经营，促进农牧业产业化、品牌化，并同发展文化旅游、乡村旅游结合起来，增加农牧民收入。"④

三　习近平关于旅游业发展重要论述的特征及当代价值

（一）习近平关于旅游业发展重要论述的特征

1. 辩证统一的思想体系

习近平旅游系列重要论述具有辩证性。"绿水青山就是金山银山"的著名论断，阐释的就是要把握好人与自然的辩证关系，其主旨是强调生态环境保护和经济发展之间存在着矛盾的对立统一规律。

---

① 《习近平在河南考察时强调　坚定信心埋头苦干奋勇争先　谱写新时代中原更加出彩的绚丽篇章》，《人民日报》2019 年 9 月 19 日。

② 《习近平在宁夏考察时强调　决胜全面建成小康社会　决战脱贫攻坚　继续建设经济繁荣民族团结环境优美人民富裕的美丽新宁夏》，《人民日报》2020 年 6 月 11 日。

③ 《习近平在广西考察时强调　解放思想深化改革凝心聚力担当实干　建设新时代中国特色社会主义壮美广西》，《人民日报》2021 年 4 月 28 日。

④ 《习近平在参加内蒙古代表团审议时强调　完整准确全面贯彻新发展理念　铸牢中华民族共同体意识》，《人民日报》2021 年 3 月 6 日。

一方面，绿水青山就是资源、就是生产力，可以带来更多金山银山；另一方面，发展旅游要坚持适度原则，因地制宜，尊重事物客观规律，以开发促保护，以保护促开发。习近平总书记指出，发展红色旅游统筹兼顾，发展革命根据地旅游项目，要把握好两个概念：在红色根据地进行爱国主义教育是一个概念，发展红色旅游是另一个概念，两方面要统筹发展。发展红色旅游要将红色革命根据地、爱国主义教育与旅游结合起来，协调好它们之间的关系，在带动旅游的同时，不能失去红色旅游的底色。

针对新时代、新征程旅游业面临的机遇和挑战，习近平总书记从治国理政的高度，从"五位一体"的建设视角，全面而系统地把旅游发展同促进社会主义文化大繁荣、完善现代化经济体系建设、建设美丽中国、改善人民生活水平、人与自然命运共同体建设等相结合，丰富了旅游业发展的理论体系，开拓了旅游业发展实践的新境界。

2. 求真务实的实践性

习近平总书记始终注重在实践中总结和发展旅游理论。要求注重在实践基础上追求创新，在实践中发现旅游新情况，总结旅游新经验。针对我国旅游发展不均衡、不协调、不充分的现实，无论是南下广东、深圳、海南，还是北上内蒙古阿尔山、河北，东到浙江舟山，西到陕西、贵州、云南、青海视察调研，还是参加全国"两会"，他都强调要充分利用好旅游资源，高质量发展旅游业。在朝鲜族民俗村——光东村考察时，得知传统的旱厕仍在一些村民中使用时，再一次提出"厕所革命"有关要求：厕所虽小，却关系到每个人最基本、最细微的生活问题，是民生工作的务实之举。本属于旅游系统中的一项具体工作，在习近平总书记的推动下，带动了全国城乡文明建设的大进步，反映了习近平旅游思想中灵活而又宽广的民生情怀。

3. "以人民为中心"的人民性

习近平总书记关于旅游工作的重要论述始终以人民为出发点，将维护好人民群众的利益作为最高目标，将旅游视为提高人民生活质量的重要指标。他要求"组织开展形式多样的纪念庆典活动，传播主流价值，增强人们的认同感和归属感"。他多次强调通过发展乡村旅游提高贫困地区人民生活水平，使其生活状态由贫困到脱贫再到致富的改变。在农家乐、旅游村、景区等区域多次强调提供优质旅游服务对满足人民群众旅游需求的重要性，习近平总书记主张既要做大旅游业，使之成为地方经济的重要支柱产业，也要关注人民群众的期待，将其办成"人民群众更加满意的现代服务业"。习近平总书记关于旅游业兼顾产业属性与事业属性的观点，从根本上回答了"为谁发展旅游"和"发展什么样的旅游"等核心问题，既明确了旅游业发展的根本宗旨，又提供了旅游业高质量发展的思想指引。

（二）习近平关于旅游业发展重要论述的当代价值

1. 理论价值

第一，继承和丰富了马克思恩格斯关于旅游事业的论述。一方面，马克思主义理论关于生态环境的阐述为此提供了理论依据。马克思主义生态观强调，人应在尊重事物发展客观规律的基础上，获得物质资料，实现自我发展，而不是为利己，破坏与自然和谐的平衡，无止境地掠夺资本。习近平关于旅游工作的重要论述将生态文明建设摆在旅游事业发展中的重要位置上，强调推进绿色旅游发展，加强旅游业环境保护与治理，健全旅游业生态文明的法律制度和管理制度，对于以旅游满足新时代人民需要、改善社会民生具有重要指导作用，充分体现了马克思主义中国化过程中的人本思想、民生情怀。

第二，丰富了中国特色社会主义理论体系。如加强文旅融合、建设旅游生态文明、建设现代化旅游产业体系、强化旅游扶贫、强化旅游外交等论述因地制宜，以人为本，与时俱进，对于推动社会主义文化繁荣、生态文明建设、增进人民福祉，进一步推动全面建设社会主义现代化进程、实现中国梦提供了坚实的理论支撑。

习近平关于旅游工作的重要论述是在把握好经济社会转型升级和跨越式发展的基础上，指导国家旅游强国建设，不仅是建设好中国特色社会主义事业的关键，也是使中国深入发展、走向世界强国的必由之路。其确立了旅游业作为国家战略支柱地位的论述，是旅游发展史无前例的新跨越，与此同时，旅游外交发挥其灵活性强等自身独特优势，其外交活动纳入国家外交战略整体统筹，主动发力、促进双边、多边旅游合作，将中国特色社会主义制度的优越性融入到推进旅游业发展建设中来，使旅游业与国家的发展紧密相连，这将是中国特色社会主义理论体系的一个新篇章。

第三，丰富完善了旅游管理学科体系。在丰富的经济社会管理工作经历中，形成了对旅游发展的深刻认识，在不同时期，针对旅游发展的实际问题，提出了不少有针对性、创新性、经典的、科学的论断。逐步形成了以旅游可持续发展理念、旅游支柱理念、优质旅游理念、旅游扶贫理念、旅游外交理念为主导的完整的关于旅游工作的重要论述。

以习近平关于旅游工作重要论述为指导，强化高校旅游专业及相关科研机构的学科建设、旅游研究，对旅游发展中各利益主体所关注的一些热点、焦点、难点问题，与理论教学、科研、咨政等工作紧密耦合，或以案例等形式纳入教材编写、教学大纲、课堂教学等科研教学服务地方建设体系，解决旅游业面临的主要矛盾，推动文旅产业健康发展繁荣，成为名副其实的幸福产业、快乐经济。按照国际标准适时开发"旅游＋科技""旅游＋农业""互联网＋旅游""旅游＋文化""旅游＋扶贫"等新内容新课程。习近平关于旅游工作的重要论述有它的科学特点和学科范式。在新时期深入研究习近平关于旅游工作的重要论述，探讨其重要论述的理论来源、时代背景、内容、特征、实践路径和当代价值，可以丰富我国旅游管理学科的研究内涵，为促进旅游管理学科的向前发展提供理论指导。

2. 实践价值

第一，开辟了中国旅游发展的新境界。习近平总书记从国家战略全局的高度将旅游产业确立为国家战略性支柱产业和提升人民福祉的幸福事业，其地位的上升和价值的增大，使我国旅游产业发展达到了新的高度。改革开放以来，党和国家领导人十分重视旅游工作的开展，指引我国旅游业更好更稳地发展。党的十八大以来，习近平总书记准确把握中国旅游业发展的阶段性特征，深刻阐述了"发展旅游为什么"和"发展旅游依靠什么"的问题，立足实现中华民族复兴"中国梦"的战略需求，深刻阐述了旅游业在五位一体的治国理政中的重要作用，指引着中国旅游业从经济产业向民生服务产业的主题转变。如今的旅游业，与实现"国家富强、民族振兴和人民幸福"的历史使命紧紧相连，已经不再是单纯的经济活动，而是增强国民幸福感、促进社会和谐的重要支柱之一。

第二，指导旅游业高质量发展。我国旅游业的发展方向始终伴随着国家工作重心的转移而不断改变和优化，从新中国成立初期的外事接待型事务到改革开放步入经济产业化发展方向，再到现如今的幸福产业快乐经济的转变，从最初的眼球经济到文旅融合延伸至生态、生产、生活、生命四生和谐发展的转变。党的十九大鲜明提出，把"不断满足人民日益增长的美好生活需要"作为党的使命不懈追求。

第三，提升中国旅游业国际竞争力。旅游竞争力是一个相对的概念，其排名高低取决于旅游地的相对优势。中国入境旅游和国内旅游都具有非常广阔的发展前景，但是，中国旅游业的国际竞争力略显单薄，主要体现在旅游发展的整体效益，旅游基础设施，旅游服务，旅游产品开发等方面，距离建设世界旅游强国仍有很大差距。以习近平关于旅游工作的重要论述为指导，立足资源优势，强化文化创意生产更多的优质旅游产品，不断完善旅游业现代化产业体系，扩大出、入境旅游规模，以新发展理念为指导，全域旅游为引领，补齐短板，促进旅游全要素均衡发展，有助于提升中国旅游业国际竞争力。

四　践行习近平旅游业发展重要论述的青海路径

中国已步入全面建设社会主义现代化新征程，各项发展已经取得了令人瞩目的成就，对旅游建设的要求也达到了一个新的高度，习近平总书记站在治国理政的高度，准确把握了中国旅游业发展的阶段性特征，深刻阐述了"旅游怎样发展的问题"，因地制宜，探索习近平关于旅游工作的重要论述的地方实践路径尤为重要。

2021 年，习近平总书记在参加十三届全国人大四次会议青海代表团审议和在青海考察时赋予青海"打造国际生态旅游目的地"的重大任务和历史使命，这对于肩负"国之大者"责任的青海而言既是"政治要件"，也是青海旅游业发展的根本遵循。

（一）加强文旅融合发展，推动社会主义文化大繁荣

文化是旅游的灵魂，旅游是文化的载体。党的二十大报告提出：坚持以文塑旅、以旅彰文，推进文化和旅游深度融合发展。因为旅游当中最重要的就是文化，文化延伸和扩展了旅游的内容，旅游产业可以增进文化的传承和发扬，文旅融合促进双方互利共赢，成为旅游产业与文化产业结构优化、动能转换和新发展方式的重要载体。

文化旅游产业既是文化产业的重要链条，也是旅游产业的重要组成部分。就旅游业而言，发挥文化资源优势可有效提升旅游产业的品位与档次，促进旅游产业发展方式的转变；对文化产业而言，旅游业是文化产业发展的重要载体，通过对传统文化的再创新与产业化，有利于讲好中国故事，传播社会主义核心价值观的同时，提高国家文化软实力，推动社会主义文化大繁荣。

1. 加强文化旅游产品品牌建设

从生态大省之省情出发，青海通过生态文化建设提升旅游品牌。一方面，立足构建各民族共有精神家园，以中华民族共同体意识为引领，秉持"包容开放、交往融合、多元一体"的思路，推动文旅品牌建设，系统研究体现青海与周边、内地省份文化交流交融、创新发展的相关历史文献资源，凝练张骞、班超、左宗棠等历史人物故事，《大唐西域记》《长春真人西游记》《突厥语大词典》等专著中的事件、遗址景观，从中提炼典型代表性区域文化元素，使之成为青海文旅产品的内核基因，让游客在大美青海"行万里路"中，细品青海之万卷书，提升游客的文化审美观。

另一方面，浓缩提炼宗教、习俗、语言、饮食、服饰、建筑等文化深厚的历史积淀、多彩的区域文化。诸如藏族自然崇拜与生态保护意识的生态文化渊源，利用博大精深的民族文化基因，讲好、讲活人与自然和谐共生的青海故事，增强区域生态文化自信，提升大美青海生态旅游的品牌价值，实现以文化传承促进旅游业发展，以旅游业传播社会主义核心价值观，提高文化软实力，推动社会主义文化大繁荣。

2. 发挥科技创新之内生动力

习近平总书记提出创新是引领发展的第一动力。文化旅游产业化，应以科技创新推动产业融合，助推更丰富的新型业态产生，拓宽拉长旅游产业链，形成现代旅游产业集群；发挥"互联网＋"作用，加强旅游业与大数据、虚拟仿真、人工智能技术的结合，提高旅游产业素质和运行效率；用好传统媒体、新媒体中私域流量和公域流量等宣传推介平台，加深与旅游 OTA（在线旅行社）网站合作强化宣传营，提升青海旅游品牌的知名度、美誉度。

3. 完善文化旅游融合发展环境

政策是文旅产业健康运营需要的前提保障。无论是文化产业和旅游产业深度融合，还是文化旅游产品的开发，都需要大量的资金注入以及相关政策的支持。青海作为经济欠发达的西部地区，一方面可尝试以"生态"为吸力，多方筹集资金。例如，在长江、黄河中下游省份进行资金募集，用于支持青海各地尤其是三江源地区的州、县、乡、村发展生态旅游。另一方面，可推行三江源、青海湖、祁连山国家公园预约游览名额，鼓励居民、游客、志愿者捐赠实物或资金，用于国家公园所在区域的旅游产业化发展，拓宽思路、多种方式鼓励社会资本、民间资本为文化旅游产业化发展注入生机和活力，其中，各区域配套政策也要同步跟进。

（二）加强旅游业生态文明建设，共建美丽中国

生态文明建设是构筑"美丽中国"的出发点。而旅游业是生态文明建设的重要组成部分，加强旅游业生态文明建设，有利于提供更多优质生态产品，让人民群众在绿水青山中共享自然之美、生命之美、生活之美。

1. 推进绿色旅游发展

"我们既要绿水青山，也要金山银山。宁要绿水青山，不要金山银山，而且绿水青山就是金山银山。我们绝不能以牺牲生态环境为代价换取经济的一时发展。"① 习近平总书记的核心观点强调保护与

---

① 中共中央文献研究室：《习近平关于社会主义生态文明建设论述摘编》，中央文献出版社2017 年版，第 21 页。

发展相得益彰，在建设美丽家园的过程中，必须依赖于当地的绿水青山，让老百姓的收益如同金山银山，获得感满满且持久。

第一，培育绿色观念。首先，要以习近平生态文明思想为引领，把马克思关于生态观贯穿至旅游的每一个环节，持之以恒强化旅游者、经营者、管理者以及目的地居民的生态保护理念，增强旅游经营者和游客的生态保护责任感；其次，在旅游活动的开展和旅游资源的开发中要理性地认识旅游目的地的资源和环境承载能力。前瞻性地考虑旅游目的地的人口、社会、环境、经济、产业快速发展，以及当地资源状态对当地环境的一系列影响因素，及时调整或剔除不良影响，实现资源环境的可持续发展。

第二，生产绿色产品。习近平总书记提出，"要加快开发低碳技术，推广高效节能技术，提高新能源和可再生能源比重"[①]。政府应大力支持企业绿色旅游技术研发和基础建设。首先，应该以"游客思维"＋"居民思维"为导向培育生态旅游产业链，最终以需求侧牵引供给侧，通过旅游供给侧结构性改革实现青海生态旅游高质量发展。其次，要立足于"文、体、农"，完善"商、养、学、闲、情、奇"等旅游要素，构建"一环六区两廊多点"的总体空间布局，每个区域都要凸显特色主题，防止碎片化；具体而言，围绕"一环六区两廊"布局，以生态旅游精品线路、风景道、景区等建设为抓手，强化绿色旅游产品供给，如三江源、祁连山、青海湖等生态核心区打造绿色旅游龙头景区，培育野生动植物之旅、自然保护区之旅、森林休憩之旅、湿地公园之旅、民俗文化之旅、历史文化之旅、红色之旅、爱国主义教育基地之旅、乡村休闲之旅等绿色旅游产品。同时，培育绿色旅游衍生的自然教育、生态研学、康养度假、科普考察、文化创意等关联产业，形成具有国际影响力的生态旅游产业

---

① 《携手推进亚洲绿色发展和可持续发展》，《人民日报》2010年4月11日。

体系。

2. 强化旅游业环境保护与治理

众所周知，旅游资源和旅游环境质量是旅游业赖以生存和发展的基础，旅游资源的拥有者应理性思考该资源的共享广度，还要考虑共享深度，即与游客可共享多少资源。面对大自然赋予的自然风景和生态，以及悠久历史传承的传统文化和文化生态，既不破坏脆弱资源的整体性，还要在适度增加资源存量的前提下有序开发，永续利用。必须对所有景区合理规划布局、长期有效治理环境，谨防短期行为，遏制人为对环境的破坏。例如倡导政府主导型发展战略，统一旅游目的地的策划营销、开发保护，在旅游目的地加强形象宣传；通过区域旅游业保护性开发相关制度的制定，做到对开发的不合理性的降低，从而对青海省的旅游资源进行可持续性开发利用。

3. 健全旅游业生态文明的法律制度和管理制度

加强组织领导，建立青海省生态旅游发展工作领导小组和省内生态旅游发展协调会议制度。按照"三个最大"的省情定位和着力建设全国乃至国际生态文明高地的要求，进一步完善旅游绿色规则、全域旅游发展规划等。完善中应该凸显以保护生态环境为前提，促进大众旅游向生态旅游转型发展，以生态旅游战略提升全域旅游高质量发展的思路。在操作层面需重视兼顾重要自然生态系统的原真性、完整性保护和科研、教育、游憩等综合功能发挥，以深化体验为主导，有序提高旅游供给服务能力，改变以游客数量和旅游收入为目标的粗放发展模式。

（三）加强旅游产业体系协同化，推动现代化经济体系建设

"建设现代化经济体系"是习近平新时代中国特色社会主义思想在中国经济建设实践的重要组成部分，协同发展的产业体系是建设现代化经济体系的基础，而现代旅游产业体系是中国现代产业体系

的重要组成部分。因此，建设协同化的旅游产业体系将为现代化经济体系建设的推动注入新的动力。

1. 大力发展旅游制造业

实体经济是建设协同发展的现代产业体系的核心要义，党的十九大报告指出："建设现代化经济体系，必须把发展经济的着力点放在实体经济上。"制造业在实体经济中具有主体地位，是实体经济的骨骼和支撑，也是振兴实体经济的主战场，旅游制造业是制造业在旅游业中的延伸和拓展，是旅游产业与制造业融合发展的产物。当前，无论是全国还是青海，旅游产业结构中实体企业与虚拟企业的比例失调，相当一部分原因是资本偏好轻资产和互联网平台型项目，而轻视能满足人民群众旅游休闲度假需求的旅游实体项目，例如，高档游艇、景区索道、大型游乐设施生产无法自给，严重依赖外部市场，一些高星级宾馆饭店的建筑材料和各类用品都无法实现供给的高质量。当然，发展旅游制造业，需要现代金融、科技创新、专业人才的支撑，这是青海亟须补齐的一块短板。因此，积极推进各高校"旅游管理的学科建设"，培养一批优秀的旅游管理高等教育人才迫在眉睫。

2. 深化旅游产学研协同创新

加快建立高水平的旅游产学研智库，组织各职能部门、高校专家以及援青智囊团队，聚焦青海旅游业发展，尤其是旅游业可持续发展中的制度、规划、战略、痛点、瓶颈等问题进行系统的研究，为青海旅游业高质量发展提供前瞻性、针对性、储备性研究，以智力支撑强化理论对实践的指导作用。

3. 创新旅游实体经济多元融资模式

目前，与全国很多省份一样，青海省的旅游资本市场不发达，旅游金融总体供给不足，缺乏专业化的旅游金融机构（比如旅游银行）。旅游业需要综合运用股市、绿色金融、风险投资、保险等现代金融工具，要鼓励银行等金融机构给予创新型、成长型旅游制造企业更多的资金支持，有效促进其转型升级；依托政府引导基金，联合银行类金融机构、知名创投机构和社会闲置资本等以参股方式共同发起设立旅游创业投资企业，从而发挥财政资金杠杆效应，增强金融服务旅游实体经济能力。

（四）加强乡村旅游引领作用，提高保障和改善民生水平

乡村旅游是巩固脱贫攻坚成效的主导产业之一，乡村旅游是全面实施乡村振兴战略和实现全面建设现代化的重要支撑。

1. 以农（牧）为本，发展农（牧）业主题公园，构思田园综合体

立足青海实际，坚守和体现乡村旅游的农（牧）本色。众所周知，农（牧）业主题公园作为传统农业生态观光园的升级发展形态，在平衡生态效益、经济效益与社会效益过程中有着非常重要的作用，如优化农牧区旅游观光外貌，形成多元化、复合型的生态经济系统。对农（牧）业主题公园的规划，要围绕抓住农（牧）业主题，立足于"农"与"旅"的最佳结合点，突出"人地共生"的理念，根据生态经济学理论，应用景观设计造园的原理和技法，着力塑造"形散神不散"的农（牧）业景区，赋予农业更深层次的生态、经济与社会内涵。公园建设要以现代农（牧）业和生态农（牧）业为基底，充分挖掘传统乡土民俗文化与异域风情，融入时下流行的艺术元素，策划具有生态性、文化性、示范性与体验性的主题产品。以农（牧）业生产为产业支撑，以农（牧）耕文化为底蕴与平台，创新传统主题公园的产品形态与运营模式，为主题公园设计开辟新的发展途径，同时，极大提升农产品附加值和农业文化的产品层次。鉴于农业主题公园是一个具备多种功能的生态农业示范园、观光农业旅游园、有机农业绿色园以及科普教育和农业科技示范园。目前，

建议在西宁市城北区大堡子镇做尝试。让游客既可以观看现代农业生产，欣赏田园风光、纵情青山绿水，还可以了解农业知识，体验农家生活，感受乡土文化，品尝乡村美食。最终使农业的田园景观园林化，农业的生产场所休闲化，农业产品个性化。

2. 多元发展，拓宽和深化乡村旅游的市场领域

积极引导乡村旅游经营者，围绕消费需求，延伸产业链条，逐步形成上下游既分工又协作，农牧业、工业、商贸、旅游等有效对接的乡村旅游产业体系。在模式创新方面，引导农牧民群众通过成立行业协会、合作社、股份制公司，或吸引社会资本形成"公司＋农户""公司＋合作社"等途径，进行乡村旅游的生产经营、组织管理、品牌打造和形象推广，提升乡村旅游的组织化水平。鼓励支持农（牧）民开办家庭旅馆，提供特色餐饮服务，参与设计、开发、销售具有民族、地方特色的服饰、手工艺品、特色食品、旅游纪念品等旅游商品。通过产业链的延伸，提高传统农业和手工业的附加值。要按照转变旅游增长方式的要求，在提高乡村旅游产品的质量和档次的同时，既提高农牧民的收益，又增强游客的获得感。

习近平关于旅游工作的重要论述，站在治国理政、中国梦的高度，在坚定走中国特色社会主义道路中，准确把握中国旅游业发展的阶段性特征，深刻阐述了"发展旅游为什么"和"发展旅游依靠什么"等问题，是马克思主义认识论、实践论、价值论在旅游领域的创新运用和生动诠释，具有丰富的理论内涵和鲜明的时代意义。

中国共产党百年政治仪式在
严肃党内政治生活中的价值探赜

王树亮　李慧杰[*]

摘要：中国共产党自诞生之日起就非常重视通过政治仪式规范党内政治生活，在党的百年征程中积累了丰富的仪式教育经验。梳理中国共产党政治仪式的类型，主要可以将其分为通过仪式、纪念仪式、出征仪式和会议仪式等。政治仪式的开展和严肃党内政治生活在政治性、常态性、规范性、时代性和主题性等方面存在高度的内在契合性，这为以政治仪式严肃党内政治生活提供了理论支撑。政治仪式作为重要的传播社会政治价值观念的群体性活动，强化政治仪式以严肃党内政治生活，要牢牢抓住党员干部主体，着力发挥政治仪式在推动政治认同、思想引领、增强组织凝聚和传承历史等方面的独特作用。

关键词：中国共产党；政治仪式；党内政治生活；党员干部

开展严肃认真的党内政治生活，是中国共产党的优良传统和政

---

* 王树亮，西北师范大学马克思主义学院副教授，法学博士，硕士研究生导师；李慧杰，西北师范大学马克思主义学院硕士研究生。

治优势。"坚持和完善重温入党誓词、党员过'政治生日'等政治仪式，使党内生活庄重、严肃、规范。"① 这表明政治仪式对于严肃党内政治生活具有重要作用和意义。习近平总书记强调："礼仪是宣示价值观、教化人民的有效方式，要有计划地建立和规范一些礼仪制度，如升国旗仪式、成人仪式、入党入团入队仪式等，利用重大纪念日、民族传统节日等契机，组织开展形式多样的纪念庆典活动，传播主流价值，增强人们的认同感和归属感。"② 因此，借助建党一百周年这个重要历史契机，梳理中国共产党的政治仪式类型，探索政治仪式在严肃党内政治生活中的价值，对于营造良好的政治生态，加强党的政治建设具有强烈的理论和实践意义。

一　党内政治生活仪式的类型梳理

人类通过象征来认识世界，政治同样通过象征来表达③，而政治仪式是其具体直观的表现。政治仪式是一种以处理政治生活中的权力关系为主要职责的象征系统④，始终深刻地嵌入在人类政治实践之中，承载着重要的社会政治价值观念。在特定的仪式时空中，政治仪式通过高度结构化和标准化的程序，营造一种庄严的氛围，与日常生活形成"时空隔离"⑤，从政治认知和政治情感两个维度影响参与者对政治活动的认识和态度，进而强化其对政治制度和政治文化的接受和认同，树立牢固的政治意识形态信仰。中国共产党的政治

① 《中共中央关于加强党的政治建设的意见》，《人民日报》2019 年 2 月 28 日。

② 中共中央文献研究室：《习近平关于全面深化改革论述摘编》，中央文献出版社 2014 年版，第 89 页。

③ 参见［美］大卫·科泽《仪式、政治与权力》，王海洲译，江苏人民出版社 2015 年版，第 3 页。

④ 参见王海洲《政治仪式——权力生产和再生产的政治文化分析》，江苏人民出版社 2016 年版，第 21—23 页。

⑤ 参见马敏《政治象征》，中央编译出版社 2012 年版，第 114 页。

仪式实践极为丰富，建立在对政治生活建构上的各类政治仪式的确立。在建党一百周年之际，对中国共产党的政治仪式做一个历史性的考察，根据一定的标准从宏观上对其类型进行梳理，以期能够更加清晰、深入地探索政治仪式在严肃党内政治生活中的价值。根据政治仪式的具体作用，可以将中国共产党的政治仪式分为：通过仪式、纪念仪式、出征仪式和会议仪式等四种类型。

（一）通过仪式

通过仪式也可称为"入会仪式"，它表明仪式的参与者通过某一个时间节点身份发生变化的活动，往往是个体转变为团体组织成员的过程。入会仪式通过一系列象征性的表达，将组织特定的价值观传输给个体，成员对组织的忠诚也通过象征行为表现出来，从而将个体与组织紧密结合在一起。在中国共产党的政治仪式中，最为典型的通过仪式是入党宣誓仪式，这是入会仪式在党内政治实践中的创造性转化。《中国共产党章程》第一章第六条规定："预备党员必须面向党旗进行入党宣誓。"[①] 这是中国共产党在百年建设历程中形成的优良传统。在庄严的场景中，新党员佩戴党徽并举起右手面向党旗集体宣誓，这意味着宣誓者政治身份的转换，政治生命的开启，政治使命的担当，从此对身上所肩负的义务和责任有了更深的认识。在党内政治生活中，重温入党誓词和党员过"政治生日"作为入会仪式的常态化行为，是强化党员党性觉悟的重要途径。此外，中国共产党典型的通过仪式还有作为"关键少数"的国家公职人员就职时进行的宪法宣誓仪式，广泛应用于党内政治生活各个场合的举手表决通过仪式，中国共产党领导下军队的入伍仪式、入团入队仪式、成人仪式以及各类毕业仪式等。通过仪式将转换时刻的意义从抽象

---

① 《中国共产党章程》，人民出版社 2017 年版，第 28 页。

转为具象，使仪式参与者更为深刻地从心理和社会组织层面得到过渡。而究其本质，通过仪式是个体和政治组织对于政治合法性的宣誓，以获得更为广泛的政治认同。

（二）纪念仪式

中国共产党历来重视纪念仪式，纪念仪式主要是为了纪念重要历史事件和重要历史人物，通过丰富的象征符号传递政治记忆所进行的活动。借助纪念仪式中政治记忆所蕴含的强大精神力量，可以将对逝者的牵挂以及对历史的缅怀的群体性情感转化为普遍的现实行动。中国共产党的各种纪念仪式，如庆祝建党建国纪念仪式、庆祝抗日战争胜利纪念仪式、庆祝改革开放纪念仪式、庆祝港澳回归纪念仪式、庆祝抗美援朝胜利纪念仪式、庆祝深圳经济特区成立纪念仪式、重要历史人物诞辰和逝世纪念仪式、历史英烈纪念仪式以及国家公祭仪式等均已深刻地融入国家政治生活。习近平总书记强调："要充分利用我国改革发展的伟大成就、重大历史事件纪念活动、爱国主义教育基地、中华民族传统节庆、国家公祭仪式等来增强人民的爱国主义情怀和意识。"① 在实际开展中，纪念仪式往往和庆典仪式交织在一起，通过两者的合力，可以渲染气氛、强化组织影响力进而增强参与者对于组织的信任感。在庆祝中国共产党成立100周年大会上，国家领袖与人民群众齐聚天安门，共同庆祝中国共产党百年华诞。庆典仪式充分调动仪式参与者的热情和情感，体现出规范党员政治行为，强化党员政治信仰，规范党内政治生活等功能，将党和人民紧紧团结在一起。正如列宁强调："庆祝伟大革命的纪念日，最好的办法是把注意力集中在还没有完成的革命任务

---

① 中共中央文献研究室：《习近平关于社会主义文化建设论述摘编》，中央文献出版社 2017 年版，第 128 页。

上。"① 庆祝活动是全党全军全国各族人民万众一心，朝着第二个百年奋斗目标奋进的一次伟大凝聚。因此，要充分挖掘中国共产党的纪念仪式资源，通过政治仪式用好红色资源、传承好红色基因，弘扬革命优良传统精神以严肃党内政治生活。

（三）出征仪式

出征仪式是一种古老的仪式，一般指军队出征之时举行的思想政治教育仪式，宣誓必胜的决心，以此鼓舞士气。中国共产党是在长期的革命斗争中走过来的，党内政治文化以革命文化为源头。② 在长期的革命斗争中，中国共产党形成了极具政治意义的军事出征仪式，并成为党的队伍在战斗之前关键一环，以强大的精神力量提高战斗力。在和平建设时期，中国共产党仍然十分重视出征仪式所具有的强大动力。最为典型的是集体誓师仪式，在抗击新冠疫情中，誓师仪式作为表达和坚定人们攻坚克难、不畏艰险之心的方式，发挥了重要的作用。广大党员医护人员在出征之时举行简短而庄严的誓师仪式，在以入党誓词为核心内容进行集体宣誓中，对老党员与火线入党的新成员都是一堂生动而富有意义的党课，铮铮誓言写忠诚，紧要关头亮本色，简短有力的仪式使参与者增强信心与责任感。阅兵仪式是和平时期典型的出征仪式，盛大的阅兵仪式一方面是对主权的宣誓，另一方面让官兵在神圣的检阅中感受到集体的力量，增强胜利的决心。对于重大任务，党和国家领导人的出场助阵也是典型的出征仪式，能够迅速调动出征者的情绪进而提升荣誉感。此外，体验型出征仪式的开展，如重走长征路仪式活动的举行，参与者在重现与体验历史的过程中，接受精神的洗礼，激发对于革命先烈与中国共产党的感情，进而增进参与者的政治认同。在党内政治

---

① 《列宁全集》第 42 卷，人民出版社 1987 年版，第 244 页。
② 参见《党的十九大报告辅导读本》，人民出版社 2017 年版，第 431 页。

生活中，出征仪式因其巨大的精神号召力得到了延续和进一步发展，成为党和国家具有日常性的动员与教育仪式。

（四）会议仪式

对于政治合法性建立在民意基础上的政权而言，召开会议是非常重要的政治社会化和政治参与行为。中国共产党敏锐地意识到会议仪式在政治生活中引导情绪、形成共识的政治动员功能。自中国共产党诞生以来，尤其重视通过会议的形式发扬民主集中这一根本组织原则，各种各样的会议成为党解决问题、联系群众的重要载体。从中国政治史实来看，开会往往成为一种仪式化的政治过程，构成了中国共产党独特的党内政治文化。在会议前，与会人员往往经过严格筛选，会场布置庄严。在党的十九大会场，党徽、大会会标、红旗以及标语等，各种代表党内政治文化的符号在开会仪式上以庄严的政治象征形式输送到每一位与会者心中，为大会营造热烈的氛围，并为大会定下基调。具有鲜明共产主义色彩的开幕仪式是中国共产党不管在革命时期还是和平建设时期召开会议的必备环节。全体高唱《国际歌》和向革命先辈默哀等都是其中的常用环节。这些环节都快速调动了会议情绪，营造了庄严的仪式氛围。从党的三大开始，奏唱《国际歌》环节就成为党的全国代表大会闭幕式上延续至今的传统。在肃穆的歌声中，将过去和现在以及将来关联在一起，从而消除了历史和空间，将中国共产党的红色基因传承下来。此外，在党内政治生活中，各类表彰仪式往往和会议仪式相结合，成为会议的重要组成部分，其目的在于确立和重申既定的主流意识形态，抓住关键群体，形成示范效应，既为当下的行为提供规范化的模式，也为将来的行为提供方向指引。总体而言，在党内政治生活中，日常的会议活动充满了大量的仪式实践，各种党内政治文化的符号通过广泛的日常会议仪式传达给每一位共产党员，激励共产党人奋勇前进。

此外，作为日常性的爱国主义教育和集体主义教育的升旗仪式，其开展广泛融入于各类政治仪式当中，在党内政治生活中发挥着潜移默化的作用。中国共产党的政治仪式在长期实践中具有确定的规范形式，但是在象征的意义和社会影响上，政治仪式会发生相应的变化，与时俱进，即对于旧的政治仪式的传承与创新以及新的政治仪式的产生和推广，因此对于其类型的梳理难免有疏漏。在政治仪式的具体开展过程中，虽然政治仪式类别不同，但其均发挥着推动政治认同、思想引领、增强组织凝聚和记忆传承的重要功能，要注重相互之间的融会贯通，发挥其最大合力。

二　政治仪式的开展和严肃党内政治生活的内在理论契合

"党内政治生活、政治生态、政治文化是相辅相成的，政治文化是政治生活的灵魂，对政治生态具有潜移默化的影响。"[①] 政治仪式与政治文化之间具有某种同构性，政治仪式作为一种庞大的象征体系，是塑造和呈现与政治文化相关的态度、情感和理念的重要载体，这些抽象的范畴和意义正是政治仪式输出的主要内容，政治仪式是政治文化的外在显现。中国共产党的政治仪式是深深植根于党内政治文化，经过长期积淀形成的产物，这为通过政治仪式严肃党内政治生活提供了契机与可能的途径，以政治仪式严肃党内政治生活具有内在的理论契合。

---

① 习近平：《在党的十八届六中全会第二次全体会议上的讲话（节选）》，《求是》2017年第1期。

（一）政治仪式与党内政治生活作为政治活动在本质属性上是同一的

政治性是党内政治生活的本质属性，中国共产党作为马克思主义政党，必须旗帜鲜明讲政治。从一般意义上而言，政党作为政治化的组织，政治性是其本质属性的体现。政治活动围绕公共权力而展开，中国共产党作为执政党，最高政治领导力量，其党内政治生活本身就是国家重要政治活动的一部分，自然而然带有强烈的政治属性。列宁强调："一个阶级如果不从政治上正确地看问题，就不能维持它的统治，因而也就不能完成它的生产任务。"[1] 因此，作为无产阶级政党，严肃党内政治生活的首要任务，就应该聚焦党的政治属性持续发力。政治仪式作为仪式的子系统，区别于其他仪式类型的关键之处在于其政治属性。在这个"祛魅"的时代，统治者的合法性已不再依靠彼岸世界的神圣力量，而是依靠现实世界中对于各种政治象征的生产与调控，并往往以政治仪式的形式表现。中国共产党同样通过政治仪式的内容与形式来建构其自身的权力结构与意义系统，其具体实践深刻地嵌入在党内政治生活中。归根结底，两者的政治属性是同一的，它们均源于马克思主义政党的本质要求和特殊使命，这为通过政治仪式突出党内政治生活的政治性留下了巨大的实践空间。

（二）政治仪式与党内政治生活作为常态性的活动均发挥着潜移默化的作用

党内政治生活的政治性意味着其是国家政治活动的重要组成部分，而其"生活"二字，体现了党内政治生活具有长期性和常态性

---

① 《列宁选集》第 4 卷，人民出版社 2002 年版，第 408 页。

的特征。习近平总书记强调："党内政治生活是党组织教育管理党员和党员进行党性锻炼的主要平台，从严治党必须从党内政治生活严起。"① 教育管理党员作为党内的"生活事"，都需要在常态化、规范化的党内政治生活中进行，最终对广大党员群体起到潜移默化的作用。中国共产党成熟的政治仪式表现出较强的规律性和制度性，并深入日常政治生活对广大党员和人民群众进行教育与规训。政治仪式的效果同样不限于特定的仪式空间和时间，而且具有较强的扩散性。从心理角度看，成熟的政治仪式具有记忆刻写功能，渗透在参与者的心理中，对其政治认知和政治情感形成较为深远的影响。从社会角度看，通过媒体宣传和社交传播等途径使得政治仪式内嵌的价值在社会的各个方面通过非仪式的行为进行表达。政治仪式的规律性、制度性以及扩散性使得政治仪式在一定程度上具有常态性，这使得政治仪式作为严肃党内政治生活的重要形式成为可能。

（三）政治仪式与党内政治生活的开展均体现了规范性

原则性指明了党内政治生活的基本遵循，其原则性主要来源于马克思主义政党的高度组织性和严肃纪律性。② 原则性主要表现为规范性，具体而言党组织和党员干部要以党章为根本遵循，在党规党纪的指引和约束下开展党内政治生活，只有增强党内政治生活的原则性，发挥其重要的规范作用，才能保证党内政治生活发挥应有的作用。中国共产党的政治仪式强调规范性。首先，政治仪式的开展需要遵照某种既定形式、规则和标准，其程序、步骤甚至动作等相对固定。其次，正是在各个程序的紧密衔接和递进之中，传达其价值规范。中国共产党的各类政治仪式直观表现为对于党员主体的规

---

① 中共中央文献研究室：《十八大以来重要文献选编（中）》，中央文献出版社 2016 年版，第 95 页。

② 参见韩喜平、巩瑞波《论增强党内政治生活"四个属性"的重大价值》，《马克思主义与现实》2017 年第 3 期。

范、导向和教育。在特定的情境与主题中，营造强烈的情感氛围，引导参与者的情感升华，最终将情感渗透到人们内心的各个方面，形成相对稳定的情感态度和价值取向，从这一方面而言，政治仪式对于广大党员干部具有强烈的约束和规范作用。以马克思主义政党的原则性指导政治仪式的规范性，充分发挥政治仪式严肃党内政治生活的作用具有现实意义。

（四）政治仪式与党内政治生活的内容均坚持与时俱进

党内政治生活表现为稳定性与时代性的统一。一方面，其稳定性来源于中国共产党对初心与使命的坚守，对理想与信念的坚持，党的执政基础没有改变；另一方面，要使得党内政治生活积极健康开展，必须着力增强党内政治生活的时代性，其来源于马克思主义政党坚持的唯物史观和唯物辩证法。党内政治生活的开展要与经济社会的发展相适应，与国内外环境变化相适应，与党自身的发展相适应，始终坚持与时俱进。中国共产党政治仪式的开展也始终顺应时代发展的要求进行传承与创新。党内政治秩序的象征意义一旦被建构起来，会表现出相对的稳定性，以象征为基础的仪式也表现出相对的稳定性。但是党内政治象征也会随着党内政治生活主题的变动，党员主体因素的变化而调整、丰富和发展，政治仪式需要顺应新时代要求，做好传承与创新。政治仪式的与时俱进，为通过政治仪式严肃党内政治生活，突出体现党内政治生活的时代性，确保两者始终同频共振提供了可能。

（五）政治仪式与党内政治生活在主题性上相互吻合

党内政治生活的内涵非常宽泛，在实践中经常表现为各类主题性。从全党的范围而言，党中央各类主题教育的开展，如党的群众路线教育实践活动、"三严三实"专题教育、"不忘初心，牢记使命"主题教育和党史学习教育等。从各级党组织而言，"三会一课"和主题党日活动的开展均要求认真研究并确定主题和内容。就政治仪式而言，主题设置是政治仪式开展中的关键问题。是否设置主题，决定了政治仪式的开展是否具有灵魂，设置什么样的主题则直接影响政治仪式开展的实际效果。政治仪式具有情境性的特点，创设与参与者真实生活相同或相似的场景，为参与者营造身临其境之感，政治仪式的主题性也由此体现。为更好地将这一目的转化为参与者的精神性存在，政治仪式往往借助特定的情景，将主题贯穿于整个仪式活动的始终，并通过语言、文字、动作以及场景的布置等来实现。正是政治仪式的主题性使得政治仪式的开展变得更有意义。中国共产党的政治仪式实践往往是为特定的党内政治生活的主题而服务的，因此两者在主题性上相契合，这为更好地发挥政治仪式严肃党内政治生活的作用提供了基础。

中国共产党丰富的政治仪式实践，以及政治仪式的开展与严肃党内政治生活的内在理论契合，为政治仪式严肃党内政治生活提供了坚实的理论与现实支撑。

三　强化政治仪式严肃党内政治生活的实践路径

党内政治生活的主体是各级党组织和全体党员，而党员则是党组织最基本的组成细胞，离开了党员就无所谓政党，更谈不上党内政治生活。"严肃党内政治生活是每个党员、干部的事。"① 党员是党内政治生活中最为关键的具有实践性和可塑性的要素，作为"关键少数"的领导干部更是党内政治生活的重点人群。因此，严肃党内政治生活一定要牢牢抓住党员干部这个行为和价值主体，坚持从

---

① 中共中央文献研究室：《习近平关于全面从严治党论述摘编》，中央文献出版社 2016 年版，第 33 页。

领导干部做起，形成以上率下的浓厚氛围。政治仪式作为一种公共性的群体活动，大量的参与者是其有机的组成部分，在仪式开展的过程中形成庞大的仪式共同体，使得群体的情感交叉程度大幅提高，有助于一致性的行为选择，这为群体性教育和规范提供了绝佳的契机。强化政治仪式严肃党内政治生活一定要以坚定理想信念、坚持党的基本路线、坚决维护党中央权威、严明党的政治纪律、保持党同人民群众的血肉联系、坚持民主集中制原则、发扬党内民主和保障党员权利、坚持正确选人用人导向、严格党的组织生活制度、开展批评和自我批评、加强对权力运行的制约和监督、保持清正廉洁的政治本色这十二个方面①为根本遵循，着力于全体党员干部提升政治意识、筑牢理想信念、增强组织凝聚，严明政治纪律和政治规矩。

（一）着力发挥政治仪式推动政治认同功能以提升党员干部政治意识

增强政治意识，是党对于广大党员，尤其是领导干部的一贯要求，是政治环境复杂和政治意识多元境况下严肃党内政治生活的前提和重要目的。党员干部要增强政治意识，充分意识到党在社会主义初级阶段的基本路线是党和国家的生命线、人民的幸福线，坚决维护党中央权威。严肃党内政治生活，必须对广大党员干部进行党的基本路线的宣传教育，从而能够保证广大党员干部的基本政治立场正确，始终在思想上政治上行动上同党中央保持高度一致。政治仪式借用一套在听觉和视觉上产生强烈冲击的形式，直观地表达国家意志和执政党主张，引导广大人民朝着既定的方向迈进，增进社会成员的政治认同，中国共产党的各类政治仪式紧紧围绕该功能而

---

①　参见《关于新形势下党内政治生活的若干准则》，人民出版社 2016 年版。

展开。强化政治仪式严肃党内政治生活的作用，要着力发挥政治仪式推动政治认同的功能，增强广大党员干部的政治意识。

推动政治认同的功能的发挥并不是凭空产生的，离开现实世界，政治仪式的功能将不能体现。中国共产党各类政治仪式的开展充分反映时代性，始终扎根于现实生活。在政治仪式的开展中，广大党员干部处在庄严的政治象征和严肃的仪式时空中，其所唤起的强烈情感与现实生活中党带领人民群众取得的成就产生强烈共鸣。比如在庆祝改革开放四十周年的庆典活动上，通过庆典仪式教育，教育引导广大党员干部更加深刻地认识到中国共产党和中国特色社会主义的伟大力量，更加深刻地认识到我们党的理论是正确的，党中央确定的改革开放路线方针和一系列战略部署是正确的，更加深刻地认识到社会主义现代化建设的光明前景，这对于全体党员干部增强政治意识，提高政治站位，坚定跟党走中国特色社会主义道路的信心和决心产生重要影响。在仪式的开展中，共产党人和人民群众融为一体，体现党性和人民性的高度统一，始终保持党同人民的血肉联系，站稳人民立场。因此，在党内政治生活的开展中，要充分利用各类政治仪式，着力挖掘其推动政治认同的功能，以提升党员干部的政治意识，发挥政治仪式在严肃党内政治生活中的重要作用。

（二）着力发挥政治仪式的思想引领功能以筑牢党员的理想信念

理想信念是共产党人的精神之"钙"和安身立命之本，加强理想信念教育，是党内政治生活的首要任务。正如习近平总书记一直强调："理想信念就是共产党人精神上的'钙'，没有理想信念，理想信念不坚定，精神上就会'缺钙'，就会得'软骨病'。现实生活中，一些党员、干部出这样那样的问题，说到底是信仰迷失、精神迷失。"① 中国共产党的理想信念是共产党人的精神支柱和政治灵魂，只有思想基础打牢了，才能严肃党内政治生活，党的事业才能顺利发展。在现实生活中，政治仪式绝不是走过场的行为，仪式是比语言更深层次的实践行为，它通过真实的场景、动作和器物等象征符号，推动抽象的价值理念转化为易被接受的思想信息，让仪式参与者身临其境，思想上产生直观的感受。

在中国共产党即将迎来百年华诞之际，习近平总书记参观"'不忘初心、牢记使命'中国共产党历史展览"并带领党员领导同志探访初心，重温入党誓词，从党的奋斗历史中汲取力量。习近平总书记一行使广大党员干部在思想上产生直观的感受，是最生动的一堂党课。仪式通过让参与者进入一定的阈限和交融状态来发挥功能。阈限即一种过渡状态，其经历和体验让接受者充分体会到自己是同质的、交融的、平等的、没有地位和级别的、无条件服从的。② 而将新获得的价值观融入先前的认识结构中，实现两者的交融与升华。正是由于政治仪式的阈限与交融的特点，有效地包容了参与者的差异性，使不同的参与者在集体凝聚中感受到与他人的同质性，更好地融入政治仪式中，主动地接受思想价值教育。中国共产党的各类政治仪式充分发挥了思想价值引领功能，对党员干部的理想信念、价值取向以及政治行为等方面产生重要影响，使仪式参与者的政治思想与政治行为始终与党保持一致，并对发生偏离的状况进行引导。实践证明，充分发挥政治仪式的思想引领功能，坚定不移地在铸牢党员干部的理想信念方面做好文章，就能为严肃党内政治生活打下坚实基础。

---

① 中共中央党史和文献研究院、中央"不忘初心、牢记使命"主题教育领导小组办公室编：《习近平关于"不忘初心、牢记使命"论述摘编》，党建读物出版社、中央文献出版社 2019 年版，第 73 页。

② 参见［美］维克多·特纳《仪式过程：结构与反结构》，黄建波、柳博赟译，中国人民大学出版社 2006 年版，第 94—96 页。

（三）　着力发挥政治仪式的组织凝聚功能以提升党员干部的政治身份认同感

党的强大力量源自组织，马克思、恩格斯把无产阶级组织成为独立政党作为无产阶级革命的首要条件，强调无产阶级政党必须成为一个统一的整体，必须由最彻底和最坚定的先进分子组成。彰显党的组织力量，必须增强党员干部的政治身份认同感。党内政治生活作为管理和教育全体党员干部的重要平台，严肃党内政治生活要发挥好各级党组织的重要作用，着力增强党员干部的组织和政治身份认同感，为增强党的凝聚力和战斗力提供重要保证。但是组织需要通过象征才能被看见，政治仪式正是构建这些观念以及将人们和组织联系在一起的重要方式。增强党员干部的政治身份认同感绝非一朝一夕之功，要充分利用政治仪式这个重要形式，在日常性政治仪式的开展过程中，让参与者对自身身份和责任产生深刻的认识，提升政治身份认同感，进而增强政治组织的凝聚力和向心力。在党内政治生活中，要充分利用政治仪式把好入党关，庄严的入党宣誓仪式是将党员与组织紧密聚合的重要方式。此外，党员佩戴党徽，这一日常的仪式化行为同样将党员和组织紧密结合。在中国共产党建党一百周年之际，各级党组织要充分利用政治仪式的组织凝聚功能，将其融入主题党日活动、"三会一课"和党员过"政治生日"之中，增进党员干部的政治身份认同感，为严肃党内政治生活提供组织基础。

（四）　着力发挥政治仪式的记忆传承功能以严明党的政治纪律和政治规矩

严明的政治纪律和政治规矩是中国共产党革命胜利、赢得民心的重要原因。从革命年代到和平建设时期所取得的一系列成就，以及抗击新冠疫情的成功实践，历史都强有力地证明，党的发展与壮大一刻也离不开严明的政治纪律和政治规矩。严肃党内政治生活，推进党的事业迈向新的胜利，作为党内政治生活行为主体的党员干部必须将守纪律、讲规矩的优良传统传承下去。政治记忆是力量之源，具有强大的规范作用。政治仪式在规范性和周期性的操演中，会将仪式蕴含的历史记忆一次次地展演出来，营造一定的历史情境，刻写参与者的集体历史记忆。在党内政治生活中，通过政治仪式传承红色基因，有利于弘扬新时代的革命精神，提升党员干部的纪律感和使命感。

在中共中央即将对"不忘初心、牢记使命"主题教育做出部署之际，习近平总书记来到江西省赣州市于都县，向中央红军长征出发纪念碑敬献花篮。在庄严的仪式中，习近平总书记亲手整理花篮上的缎带并深深鞠躬。党和红军在绝境中逢生，凭的是革命理想高于天，历经万里跋涉，深深依靠了严明的政治纪律和政治规矩的优良传统。严明的政治纪律和政治规矩能够在全党上下形成强大的场效应，产生强大的政治感召力和凝聚力，习近平总书记一行向广大党员干部传递出鲜明的信号，必须用铁的纪律严肃党内政治生活。因此，要充分发挥政治仪式传承政治记忆的重要功能，传承红色基因，把严明的政治纪律和政治规矩始终贯穿于党内政治生活。

结　语

综上所述，中国共产党在百年历程中形成了丰富的仪式教育经验，政治仪式在严肃党内政治生活中表现出独特的优势和价值。因此，在严肃党内政治生活的过程中，要充分发挥政治仪式的重要作用。但在积极推动政治仪式规范化和常态化的过程中我们要遵循防止政治仪式泛形式化、突出政治仪式的互动性等原则。党内政治生活的开展需要仪式感，但如果将政治仪式泛形式化，则可能消解其本身的价值和意义。此外，政治仪式的开展存在主持者和接受者之间的双向互动关系，在政治仪式的开展过程中，要充分关注接受者的需求和意见，让接受者真正融入仪式当中，进而发挥政治仪式严肃党内政治生活的最大效果，增强党内政治生活的政治性、时代性、原则性、战斗性，为营造良好的政治生态，加强党的政治建设提供有力支撑。

制度建设

人民政协专门协商机构发挥治理效能的历史考察与基本经验

李莹洁[*]

摘要： 人民政协专门协商机构在参与国家治理实践的不同历史时期，不同程度地发挥了不同形态的治理效能。中国共产党经过 70 多年的协商治理实践探索，业已形成人民政协协商治理新格局，积累了宝贵的经验：始终坚持党对人民政协的全面领导、始终坚持聚焦党和国家的中心任务，始终坚持人民政协为人民的工作思想，始终坚持依法协商治理的重要原则。结合新形势下的世情、国情、党情和民情，这些经验对于推进中国协商治理全局性建设以及全面建设社会主义现代化强国具有重要意义。

关键词： 人民政协；协商治理；治理效能

人民政协作为专门协商机构，在全面发展协商民主和引领中国协商治理实践中发挥了不可替代的示范引领作用，形成了人民政协协商治理的独有模式，积累了独到的治理经验。党的二十大报告中

---

* 李莹洁，甘肃榆中人，法学博士，西北师范大学马克思主义学院讲师，主要从事人民政协与协商民主研究。

对全面发展协商民主做出重要部署，强调要"发挥人民政协作为专门协商机构作用，加强制度化、规范化、程序化等功能建设"①。这就为推进人民政协专门协商机构的优化建设，持续将其制度优势转化为治理效能提供了根本遵循。作为国家治理体系的重要组成部分，人民政协专门协商机构需要凭借自身的独特优势，进一步挖掘自身潜能，彰显其治理价值，为提升国家治理效能贡献力量。

一　新民主主义革命时期：实践探索与基本形成

新民主主义革命时期，中国共产党面临着反对帝国主义、封建主义、官僚资本主义，争取民族独立、人民解放的双重任务。基于这一时期革命任务的艰巨性、中国共产党自身力量的弱小以及中国社会结构的复杂性等具体实际，仅仅靠中国共产党单枪匹马的力量去完成这一任务，是不现实的，也是不符合无产阶级革命运动规律的。所以，必须要在中国共产党的领导下，广泛联合、团结一切可以联合的积极力量，建立最广泛的联盟，即建立统一战线，这是取得无产阶级革命胜利的必然逻辑。为此，中国共产党建立了统一战线，并为统一战线建立了相应的政治组织形式，有"抗日民主政权建设时期的'三三制'，多党合作、建立联合政府主张，人民政治协商会议"② 三种。正是基于前两种形式的初步探索为人民政治协商会议的成立及通过人民政协协商建国奠定了基础。

（一）"三三制"抗日民主政权的建立

抗战时期，为了实现团结抗日的阶段性目标和建立人民共和国

---

① 习近平：《高举中国特色社会主义伟大旗帜　为全面建设社会主义现代化国家而团结奋斗——在中国共产党第二十次全国代表大会上的报告》，人民出版社2022年版，第38页。

② 林尚立、赵宇峰：《中国协商民主的逻辑》，上海人民出版社2016年版，第16—17页。

的主张，中国共产党推动建立了抗日民族统一战线，通过局部执政优势，为其建立了相应的组织形式——"三三制"，这一重要实践被认为是"社会主义协商民主广泛运用于国家治理实践的真正开端"。① 在"三三制"抗日民主政权中，具体人员分配规定为"共产党员占三分之一，非党的左派进步分子占三分之一，不左不右的中间派占三分之一"②。借助这种政权组织形式，中国共产党与各民主党派、无党派人士围绕根据地建设开展了广泛合作，从制度上保障了协商合作的有效性和真实性，初步形成了具有中国特色的协商民主治理逻辑。"三三制"在革命根据地的实践不仅进一步巩固和扩大了抗日民族统一战线，赢得了民心，最终夺取了抗日战争的彻底胜利，最为可贵的是为未来的国家政权建设、组织形式和民主政治的发展思路提供了有益借鉴。

（二）政治协商会议的召开

人民政治协商会议的前身是政治协商会议，称"旧政协"。多党合作、建立联合政府主张是中国共产党为统一战线创造的第二个政治组织形式。③ 伴随抗日战争取得胜利，中国面临着向何处去、建立一个什么样的国家、采取何种方式建国的问题。就这一问题，毛泽东早有思考并提出解决方案，主张结束国民党一党专政，建立民主联合政府。他早在《论联合政府》中就做了详尽的阐述，具体包括建立联合政府的目的、方针、步骤及其性质、施政纲领等。1945 年 8 月 25 日，中共中央发表《对目前时局宣言》，要求国民党政府"立即召开各党派和无党派代表人物会议，商讨……结束训政，成立

---

① 李建：《社会主义协商民主推进国家治理现代化研究》，中国社会科学出版社 2017 年版，第 85 页。

② 《毛泽东选集》第 2 卷，人民出版社 1991 年版，第 742 页。

③ 林尚立、赵宇峰：《中国协商民主的逻辑》，上海人民出版社 2016 年版，第 17 页。

举国一致的民主的联合政府，并筹备自由无拘束的国民大会"①。

然而，国民党却不顾民心所向，违背民意，坚持维持其一党独裁统治，积极准备内战，为了争取时间和国内舆论支持，蒋介石电邀三次，请毛泽东赴重庆进行和平谈判。这也就有了为期 43 天的重庆谈判，经过激烈斗争，国共双方最终签订了《双十协定》。《双十协定》规定："由国民政府召开政治协商会议，邀集各党派代表及社会贤达协商国是，讨论和平建国方案及召开国民大会各项问题。"②其中，在谈判过程中，国民党方面在会议名称上不同意使用中共所提的"党派会议"或"政治会议"，在"政治会议"上加了"协商"，最后在名称上确定为"政治协商会议"。这就是政治协商会议这一名称的来历，史称"旧政治协商会议"，简称"旧政协"。

1946 年 1 月 10 日，政治协商会议在重庆召开，会议通过 5 项决议。中国共产党表示全力拥护和履行。而国民党却单方面撕毁决议，始终不愿意放弃独裁统治并发动内战。中国共产党顺势而为，继续团结带领中国人民进行人民解放战争，并建立了人民民主统一战线。需要指出的是，旧政协的召开，并不认为它是新政协的发源，而是肯定了旧政协作为各党派协商国是的政治平台价值。虽然旧政协会议失败了，但是这一政治形式值得肯定，为新政协的创建及其担负建立新政权、新中国的历史使命提供了经验借鉴。

（三）中国人民政治协商会议的召开

伴随解放战争胜利在即，中共中央发布"五一口号"，再次呼吁，"各民主党派、各人民团体、各社会贤达迅速召开政治协商会议，讨论并实行召集人民代表大会，成立民主联合政府"③。"五一

---

① 《毛泽东文集》第 4 卷，人民出版社 1996 年版，第 11 页。

② 中共中央文献研究室、中央档案馆：《建党以来重要文献选编（1921—1949）》第 22 册，中央文献出版社 2011 年版，第 729 页。

③ 《人民政协重要文献选编（上）》，中国文史出版社 2009 年版，第 1 页。

口号"发布后，各民主党派、无党派民主人士热烈响应号召。一年之后，中国人民政治协商会议第一届全体会议成功召开，完成协商建国的历史使命。至此，中国共产党为统一战线创造的三种政治组织形式全部呈现。

由此可见，新民主主义革命时期，中国共产党通过推动"三三制"抗日民主政权的建立与旧政协会议的召开，为人民政协的创建以及运用人民政协这一重要政治协商平台完成建立新政权、建立中华人民共和国的历史使命，为新中国成立后人民政协参与国家治理，推进国家治理现代化提供了有益借鉴。

二 社会主义革命和建设时期：初步显现与逐步式微

社会主义革命和建设时期，人民政协协商治理效能呈现初步显现和逐步式微的特殊状态。在政协代行人大职权期间，得益于人民政协在国家治理体系中的特殊定位和《中国人民政治协商会议共同纲领》（简称《共同纲领》）宪法效力的保障，政协协商治理效能在初步显现阶段却体现出了权力性。随后，全国人民代表大会的召开与政协制度的曲折发展使得人民协商治理效能总体上呈现出逐步式微的倾向。

（一）初步显现：政协代行人大职权期间

1949 年 9 月 21 日至 29 日，中国人民政治协商会议第一届全体会议召开，标志着人民政协正式成立、人民政协制度正式确立。这次会议代行全国人民代表大会的职权，宣告了中华人民共和国的成立。从此，"中国的历史进入了一个完全新的时代——人民民主时代"①，开启了现代化国家建设的第一页。

中国共产党和各民主党派以政治协商这一重要形式完成了协商建国的重要使命，政治协商天然地成为人民政协的首要职能，为人民政协发挥协商治理效能提供了重要依据。中国共产党和各民主党派不仅以政治协商这一重要形式完成了协商建国的重要使命，而且在新中国成立之后继续自觉地开发人民政协这一协商治理平台潜能，充分发挥政治协商职能，将政治协商渗透于国家治理的各方面、各领域，使协商效能在国家政治生活中得以充分释放。

人民政协在代行人大职权期间，在国际外交问题、社会改革问题（尤其是土地改革）、政协内部问题、党派合作、统一战线等协商实践中充分发挥了其治理效能。虽然这一时期人民政协协商治理效能处于初步显现阶段，但是因人民政协代行人大职权的特殊性而凸显出高效性。正是得益于中国共产党对人民政协政治协商职能的高度重视以及《共同纲领》的宪法效力，人民政协充分发挥了协商治理效能。

（二）逐步式微：全国人民代表大会的召开与政协制度的曲折发展

第一届全国人民代表大会召开，宣告了人民政协不再代行人民代表大会的职权，从此，政协开启依章治理，政协第二届全国委员会第一次会议制定了《中国人民政治协商会议章程》（简称《政协章程》）。《政协章程》规定："中国人民政治协商会议全体会议代行全国人民代表大会职权的任务已经结束。"② 但这并不意味着人民政

---

① 朱训、郑万通：《中国人民政协全书》（上卷），中国文史出版社 1999 年版，第 40 页。

② 中共中央文献研究室：《人民政协重要文献选编（上）》，中国文史出版社 2009 年版，第 211—212 页。

协没有存在的必要了，而是需要对其进行重新定位。

全国人民代表大会制度确立后，人民政协该如何定位，其作为统战组织和咨政机构得到初步的确定。首先，人民政协作为统战组织的归位。对此，周恩来讲得非常明白："人大既开，政协代行人大职权的政权机关作用已经失去，但政协本身的统一战线的作用仍然存在。"① 基于人民政协统一战线组织的归位，为了更好地发挥其统战作用，人民政协组织机构进行了相应的调整，政协就改为由民主党派、人民团体和无党派人士构成的统一战线组织。其次，人民政协作为咨政机构的确定。尽管人大代表选举制确立并得以运行，但是中国共产党对政治协商的特殊价值仍然予以高度重视并具有清晰的认识，"人民代表大会并不妨碍政协进行政治协商。大家一起来协商新中国的大事非常重要"②。这样一来，保留了政治协商的职能，成为"协商咨议机构"③。

在这一时期，人民政协的协商治理效能集中体现在围绕贯彻执行过渡时期的总路线和总任务，充分运用人民政协这一协商平台，协商中共中央提出的一系列草案，并就社会主义改造中的困难和问题开展座谈进行充分交流讨论，不仅推动完成社会主义改造任务，还借助这一平台起到调整阶级关系的积极作用，凝聚了社会主义改造共识和力量。具体而言，主要对有关调整公私关系的方针政策和法规进行了协商。例如《公私合营工业企业暂行条例（草案）》《国务院关于对公私合营企业推行定息办法的决定（草案）》《国务院关于私营企业实行公私合营的时候对财产清理估价几项主要问题的规定（草案）》，为协助政府制定正确的方针政策做出了重要贡献。另

---

① 中共中央文献研究室：《人民政协重要文献选编（上）》，中国文史出版社 2009 年版，第205—206 页。

② 中共中央文献研究室：《建国以来毛泽东文稿》第 4 册，中央文献出版社 1990 年版，第633 页。

③ 李维汉：《回忆与研究（下）》，中共党史出版社 2013 年版，第 636 页。

外，在政协第二届全国委员会期间，在政协协商了有关农业社会主义改造和其他方面的重大措施。例如《农业生产合作社示范章程（试行草案）》《一九五六年到一九六七年全国农业发展纲要（修正草案）》《中华人民共和国农业税条例（草案）》《关于处理城市反革命分子的办法（草案）》《汉语拼音方案（草案）》等问题，对于活跃国家政治生活、促进社会经济建设和提高文化教育水平具有重要意义。

人民政协的协商治理效能相比代行人大职权期间，一方面由于缺乏法律的强力支撑而明显式微。虽然有政协章程的软法规范，但还是缺乏详细的程序设计，导致协商发展到后来只重形式，不重结果。有些人"感到安排政协委员只是政治待遇，平时无事可做，批评'开会轰轰烈烈，闭会冷冷清清'，'政协成了座谈的组织，举手的机构'"[1]。另一方面，政协在这一阶段更大程度上成为各界人士思想改造的场所[2]。之后，由于受到"左"倾错误思想的影响，人民政协制度在曲折中发展，政协工作受到影响，协商效能更为弱化。到 1966 年，政协全国委员会被迫停止办公，地方政协组织也相继停止活动，人民政协处于停滞状态。

三　改革开放和社会主义现代化建设新时期：恢复发展与优化充实

进入改革开放和社会主义现代化建设新时期，国家现代化建设迎来新的发展契机，为人民政协参与国家建设开辟了广阔空间。人民政协以改革创新精神积极适应国家建设新需求，在制度、组织和功能等方面进一步完善发展，尤其是人民政协职能得到扩充和完善，

---

① 胡筱秀：《人民政协制度的功能变迁研究》，上海人民出版社 2010 年版，第 78 页。

② 胡筱秀：《人民政协制度的功能变迁研究》，上海人民出版社 2010 年版，第 61 页。

政治协商职能被赋予新的时代内涵，民主监督和参政议政职能得以确立，为新时期人民政协治理效能的优化充实提供了重要依据。

（一）人民政协在国家治理体系中定位的逐步提升

进入改革开放和社会主义现代化建设新时期，党和国家的工作重点转移到经济建设上来，这就需要调动一切积极因素凝心聚力，通过全方位的改革来解放生产力、发展生产力，同生产力发展不适应的生产关系和上层建筑也必然包含在内，要"改变一切不适应的管理方式、活动方式和思想方式"①。正是顺应这一时代要求，中国共产党依然高度重视人民政协服务于党和国家中心任务的重要价值，极力推动人民政协恢复重建，在这一过程中，人民政协制度因此也得以重构与完善，人民政协在国家治理体系中的定位得以逐步提升，人民政协的制度效能依托其自身制度的完善得以进一步释放。

在这一时期，人民政协在国家治理体系中定位的逐步提升主要体现在以下三个方面。一是人民政协作为统一战线组织的性质转变。改革开放之后，人民政协作为统一战线的组织，由于社会阶级状况的根本变化与党和国家中心任务的转变，由人民民主统一战线转变为爱国统一战线，随之，人民政协转变为中国人民爱国统一战线的组织，政协组织的包容性与广泛性进一步提升，为凝聚改革共识拉长了半径，为人民政协协商治理奠定了更加坚实的政治基础。二是人民政协作为多党合作组织机构在制度层面的正式确立。改革开放之后，邓小平同志明确指出："人民政协是在共产党领导下实现各党派和无党派人士团结合作的重要组织。"② 伴随中国政党制度的确立与发展，鉴于历史传统与多党合作在人民政协平台的规范化、制度

---

① 中共中央文献研究室：《三中全会以来重要文献选编》，中央文献出版社 2011 年版，第 4 页。

② 中共中央文献研究室：《人民政协重要文献选编（中）》，中国文史出版社 2009 年版，第 369 页。

化运行发展，人民政协定位为"中国共产党领导的多党合作和政治协商的重要机构"①。三是人民政协在社会主义民主政治发展中重要地位的确立。改革开放以后，随着社会经济的发展、社会主义民主政治发展需求以及人民政协在实践协商民主方面的引领示范作用，人民政协进一步成为"我国政治生活中发扬社会主义民主的重要形式"②。

以上是对这一时期人民政协在国家治理体系中的定位逐步提升的状况进行了说明，主要是以《政协章程》中的具体、完整表述为准，从而更加直观地体现人民政协协商治理效能因人民政协定位的提升而优化充实（见下表）。

人民政协的性质定位

1954 年政协章程	中国人民民主统一战线的组织
1994 年政协章程	1. 中国人民爱国统一战线的组织 2. 中国共产党领导的多党合作和政治协商的重要机构
2004 年政协章程	1. 中国人民爱国统一战线的组织 2. 中国共产党领导的多党合作和政治协商的重要机构 3. 我国政治生活中发扬社会主义民主的重要形式

资料来源：依据《政协章程》整理而成。

由此可见，改革开放和社会主义现代化建设新时期，人民政协在国家治理中的定位得以逐步提升，为发挥协商治理效能开辟了广阔空间，协商治理效能也更加彰显出人民性。

---

① 中共中央文献研究室：《人民政协重要文献选编（中)》，中国文史出版社 2009 年版，第 538 页。

② 中共中央文献研究室：《人民政协重要文献选编（中)》，中国文史出版社 2009 年版，第 407 页。

（二）人民政协基本职能的丰富完善

人民政协基本职能是人民政协发挥协商治理效能的基本途径，人民政协协商治理效能是人民政协基本职能的外在表达。政协委员作为人民政协工作的主体力量主要通过履行政治协商、民主监督和参政议政的职能进行协商治理实践活动。进入改革开放和社会主义现代化建设新时期，随着党和国家工作重点转移到社会主义现代化建设上来，为适应经济社会的快速发展，人民政协在继承历史传统和既有实践优势的基础上，不断地丰富和完善人民政协三大职能，促使其实现规范化、制度化、程序化发展，为人民政协发挥协商治理效能提供了重要依据。

人民政协职能不是预先设计而来，而是伴随着政协参与国家治理的广度和深度的实践需求逐步演变而来，具体体现为由政治协商单一职能向政治协商、民主监督、参政议政三大职能依次产生和逐步拓展的过程。在人民政协职能体系中，政治协商是最早得以确立的一项主要职能，并居于首要地位。人民政协自成立起，不仅完成了协商建国的历史使命，还在新中国成立之后，以协商为主责主业，围绕具体规定的协商内容，发挥着重要的治理效能，虽未明确"政治协商职能"，实则履行着政治协商的应尽职能，始终是人民政协发挥协商治理效能的重要依据。改革开放之后，中国共产党依然高度重视人民政协服务于国家治理的重要作用，在重建政协组织与恢复政治协商职能的基础上，更加注重协商治理的实际效能。为保障协商治理效能，一方面，中共中央不断地推进政治协商的制度化、规范化发展；另一方面，在原有的政治协商职能基础上延伸出民主监督职能，将原来在政治协商系统中处于边缘位置的民主监督职能赋予其制度定位，对此，1982 年《政协章程》中规定："对国家的大政方针和群众生活的重要问题进行政治协商，并通过建议和批评发挥民主监督作用。"① 至此，政治协商和民主监督职能得以体现。为了进一步强化政治协商和民主监督的治理实效，1989 年《政协全国委员会关于政治协商、民主监督的暂行规定》首次明确了政治协商、民主监督的目的、主要内容和主要方式。之后，1994 年《政协章程》首次明确政治协商和民主监督是人民政协的主要职能，值得注意的是，"参政议政"被列入这两项职能之后，就意味着"参政议政"也成为政协的主要职能。但是，此时的参政议政还不足以与政治协商职能、民主监督职能相并列，因为"这是对于协商监督职能的延伸说明"②，是为了更好地激发政协履职活力，为确保协商治理效能添助力。1995 年《政协全国委员会关于政治协商、民主监督、参政议政的规定》详细阐释了这三项职能的主要内容与主要形式。直到 2004 年《政协章程》中将政治协商、民主监督、参政议政以并列形式明确为人民政协的主要职能。至此，人民政协三大职能得以完整呈现，为人民政协协商治理的广泛、充分实践提供了重要依据，治理效能进一步夯实。2006 年，中共中央颁布了《关于加强人民政协工作的意见》，成为这一时期指导政协工作的纲领性文献，为人民政协协商治理提供了理论基础、政策依据和法治化保障，激发人民政协制度效能进一步释放。

这一时期，随着经济社会的不断发展和社会主义民主政治的发展需求，人民政协的政治定位不断提升，人民政协职能体系更加开放，由最初的政治协商单一职能逐步拓展为民主监督、参政议政三大职能，由此政协委员的履职内容与履职规范进一步得到提升，人民政协制度也因其职能内容的拓展及制度化、规范化发展而不断完善，人民政协协商治理的制度化水平不断提高，人民政协协商治理

① 中共中央文献研究室：《人民政协重要文献选编（中）》，中国文史出版社 2009 年版，第408 页。
② 中共中央文献研究室：《人民政协重要文献选编（中）》，中国文史出版社 2009 年版，第553 页。

的民主效能更加凸显，从而确保了人民群众广泛参与国家事务和社会事务的民主权利，凸显了人民政协协商治理的人民性。

（三）协商、参与、监督：人民政协治理效能的优化充实

改革开放以来，随着高度集中的计划经济体制向充满活力的社会主义市场经济体制的历史性转变，而由此带来了社会经济结构的多样化、利益主体的多元化、利益诉求的多元化，打破了原来整齐划一的发展格局。国家治理迎来前所未有的挑战和机遇，治理层级的下沉、治理主体的多元化、治理任务的具体化、治理对象的精细化等，新的社会阶层、社会群体涌现，利益代表、政治行为的广泛性，迫使人民政协参与国家治理的广度和深度不断拓展和加深。这一时期，人民政协治理效能的发挥主要得益于人民政协职能的不断丰富发展，从而使其治理效能随之不断拓展，人民政协协商治理实践由政治协商向社会协商再到协商民主深化发展，协商效能向广泛化、深层次转化，公民有序参与效能激活和不断高涨，监督效能向群众监督开放和深化，呈现出协商、参与、监督三位一体的新形态，同时人民政协治理效能更加凸显出社会性。

四　中国特色社会主义新时代：走向成熟与全面彰显

中国特色社会主义进入新时代，人民政协推进国家治理现代化的理论与实践进入全面深化时期，人民政协制度优势越发彰显，国家治理效能得以全面彰显。

（一）专门协商机构：人民政协在国家治理体系中的新定位

中国特色社会主义进入新时代，人民政协迎来新的发展契机，

以专门协商机构的新定位成为国家治理体系的重要组成部分，在国家治理体系中的地位得到全面提升。习近平总书记首次提出了"人民政协要发挥作为专门协商机构的作用"① 这一重要论断。随后，习近平总书记指出，推动人民政协这一具有中国特色的制度安排更加成熟更加定型、发挥好专门协商机构的作用是人民政协在新时代的新方位新使命。② 这一论断表明，新时代要求人民政协要以专门协商机构的新定位通过推动人民政协制度更加成熟更加定型从而推进国家治理现代化。由此可见，人民政协作为专门协商机构是适应国家治理现代化任务提出的，人民政协是国家治理体系的重要组成部分，人民政协专门协商机构的提出完善了国家治理体系链条，在国家层面确立了人民政协是专门协商机构，是独特的治理平台。基于人民政协专门协商机构的独特优势在国家治理中发挥了无与伦比的国家治理效能。

（二）专职、全程、全覆盖：政协协商治理格局的全面形成

人民政协从"各党派的协商机关"到"民主协商机构"再到"专门协商机构"，反映了人民政协在国家治理体系中"协商"专职地位的毫不动摇和专门协商的机构属性。其一，人民政协是以协商为专职的机构。在中国，协商民主广泛多层制度化发展运行在各领域、各方面，政党、人大、政府、政协、人民团体、基层组织、社会组织都涉及具体协商事务，都属于协商渠道。但是，作为专门协商机构唯有政协一家，协商对其他主体来说最多称得上为工作方法，但不是专职和专长，更没有专门机构的保驾护航。其二，协商民主贯穿履行职能全过程。人民政协作为专门协商机构，在参与国家治

---

① 习近平：《在庆祝中国人民政治协商会议成立 65 周年大会上的讲话》，人民出版社 2014 年版，第 8 页。

② 张庆黎：《新时代人民政协工作的行动指南》，《中国政协理论研究》2019 年第 2 期。

理实践中始终把协商民主贯穿履行职能的全过程和各方面，这就要求人民政协的各项职能在履行过程中都要充分遵循协商民主的原则和精神，政治协商是主责主业，民主监督是协商式监督，参政议政是协商式议政，保证了协商民主贯穿于人民政协协商治理的全过程。其三，人民政协作为专门协商机构的新定位保证了政协协商治理在国家、地方、基层的全面覆盖。观其政协协商治理实践在不同层面的具体状况，政协协商治理在国家层面的实践展现出完善的制度形态、成熟的组织形态、完备的人才支撑、充足的经费保障等优势。但是，在地方和基层实践层面实际上存在着"边际效应递减"的现实情况。正是得益于人民政协作为专门协商机构的新定位，明确了协商是政协组织的主责主业，"搭台"是政协工作的主要方式，"建言咨政和凝聚共识双向发力"是政协工作主旨，为地方和基层政协参与治理实践廓清了工作思路和工作指南，人民政协协商治理格局全面形成。

（三）协商、参与、监督、共识：政协治理效能的全面彰显

中国特色社会主义进入新时代，中国经济发展进入高质量发展阶段，社会经济高质量发展向政治发展提出新的更高要求，人民政协作为国家治理体系的重要组成部分，为适应社会经济的高质量发展进行创新发展势在必行。新时代面临新的发展机遇和挑战，人民政协工作仍需要进一步加强和改进，加强和改进工作何以可能、何以实现是人民政协亟待回答的问题。

在中国共产党的坚强领导下，以习近平同志为核心的中共中央，立足于党和国家事业发展全局，胸怀"两个大局"，审时度势、因时而变、顺势而为，结合时代要求，秉承政协历史传统，对人民政协做出精准的时代定位和使命任务，提出要发挥好人民政协专门协商机构作用，把人民政协制度优势更好地转化为治理效能，推动人民

政协制度更加成熟、更加定型，这是新时代赋予人民政协的新方位新使命。由此可见，发挥好专门协商机构作用是人民政协回答好新时代进一步加强和改进工作的突破口和重要抓手。

人民政协协商治理作为中国协商治理的重要实践形式和治理机制，基于新时代的时代背景、"两个大局"的宏阔视野、人民政协自身性质定位的日益精准完善、人民政协制度体系的基本定型、新方位新使命的现实驱动、建言咨政和凝聚共识双向发力的职能完善等等合力效应，全面激发了人民政协制度优势向治理效能更好转化，以协商贯穿于政协履行职能全过程，协商、参与、监督、共识效能全面彰显，并产生了合力效应，推动人民政协协商治理效能迭代式跃升，实现了人民政协协商治理效能对国家治理效能的跃迁式充实和提升。

总而言之，人民政协协商治理效能从初步显现发展到今天的全面彰显，其表现为一个厚积薄发的演进过程。人民政协协商治理效能在不同历史阶段展现出不同的效能形态并顺应实践发展需要不断演进升华，但始终以"协商"为手段，以"共识"为目的，协商贯穿于人民政协参与国家治理各项活动和任务的全过程，凝聚共识是协商的最终归宿。通过历史考察也印证了人民政协参与国家治理实践的内生性和实践性，以及人民政协制度实现自身建构继而推动构建国家治理体系实现社会主义国家的自主性发展。只有认识到这一点，我们才能够更加自觉地在中国共产党的领导下，坚持好、发展好、完善好人民政协制度，增强制度认同与制度自信，坚持和完善中国特色社会主义，凝聚起中华民族伟大复兴中国梦的历史伟力。

五　人民政协专门协商机构发挥治理效能的基本经验

"知之愈明，则行之愈笃；行之愈笃，则知之益明。"70 多年来，人民政协协商治理在继承优良传统的基础上不断开拓创新，积累了丰富经验。这些经验弥足珍贵，必须长期坚持并不断完善。

（一）坚持党对人民政协的全面领导

正是得益于中国共产党的坚强领导，为人民政协协商治理提供了正确的价值引领、理论指引、方法指导，确保人民政协协商治理沿着正确的方向发展。

第一，中国共产党的领导为人民政协协商治理提供了正确的价值引领，确保其始终坚持人民主体的价值取向。作为马克思主义政党，中国共产党自成立之日起，一切治国理政活动都坚持人民主体地位，治理为了人民、治理依靠人民、治理成果由人民共享，以体现好、维护好、保障好人民根本利益为本质追求。正是得益于中国共产党的这一价值所向，把坚持人民主体地位落实于每一项其领导下的活动之中。人民政协协商治理作为党领导人民有效治理国家的重要形式，不仅满足了人民群众的参与权利，还实现了人民根本利益，更是凸显了人民主体地位。

第二，中国共产党为人民政协协商治理提供了正确的理论指引，以党的创新理论为人民政协协商治理提供根本遵循和行动指南。"马克思主义是我们立党立国、兴党兴国的根本指导思想。"① 中国共产党把马克思主义与中国实际相结合，在马克思列宁主义统一战线理论、政党理论和民主政治理论的基础之上创立了人民政协理论，为不同时期人民政协参与国家治理提供了根本遵循和行动指南。特别是进入新时代以来，以习近平同志为主要代表的中国共产党人继续秉承坚持理论创新的优良传统，高度重视党的人民政协理论创新发展，不仅在党的历史上首次召开人民政协工作会议，习近平总书记

---

① 《中共中央关于党的百年奋斗重大成就和历史经验的决议》，人民出版社 2021 年版，第 66 页。

还就新时代人民政协工作发表了一系列重要讲话，阐明了关于"人民政协的新方位新使命""人民政协是国家治理体系的重要组成部分""人民政协是具有中国特色的制度安排"等诸多新思想、新论断，形成了关于新时代加强和改进人民政协工作的重要思想，为新时代把人民政协事业推向新高度提供了根本遵循、指明了前进方向。

第三，中国共产党的领导为人民政协协商治理提供了正确的方法指导，确保其始终坚持践行群众路线的工作路线。"社会主义协商民主是中国共产党的群众路线在政治领域的重要体现。"[1] 这是中国共产党领导和推进社会主义协商民主发展取得的重要理论成果和宝贵经验，为人民政协协商治理提供了正确的方法指导。得益于中国共产党对群众路线重要性的深刻认识和实践体悟，开创了人民政协协商治理这一党领导人民治理国家的重要方式。人民政协协商治理不仅是党的群众路线的智慧凝练和集中表达，还为党的群众路线提供了坚实保障，优化了党群关系，夯实了党治国理政的根基。"人民群众是社会主义协商民主的重点。涉及人民群众利益的大量决策和工作，主要发生在基层。"[2] 由此，群众路线的工作方法在人民政协协商治理实践中的重要性和必要性愈加凸显，人民政协主动回应治理和人民需求，积极探索建立与基层协商有效衔接的工作机制，把工作延伸到基层群众中去。坚持走好群众路线，到群众中去，问需于民、问计于民，从群众中来，为党和政府建言献策，为国家治理凝聚伟力。

（二）坚持聚焦党和国家的中心任务

70 多年来，在中国共产党领导下，人民政协坚持围绕中心、服

---

① 习近平：《在庆祝中国人民政治协商会议成立 65 周年大会上的讲话》，人民出版社 2014 年版，第 16 页。

② 习近平：《在庆祝中国人民政治协商会议成立 65 周年大会上的讲话》，人民出版社 2014 年版，第 20 页。

务大局这一重要原则，把各方面的智慧和力量凝聚到党和国家的中心任务上来，为发展中国特色社会主义伟大事业做出了重大贡献。

人民政协自成立以来，就始终遵循围绕中心服务大局的重要原则，这一重要原则是人民政协在长期履职实践中基于经验积累而形成的履职规则和标准，在不同历史发展阶段被赋予了不同的时代内涵和具体任务，为人民政协履职尽责提供了方向指引和实践遵循。中国人民政治协商会议成立前夕，为恢复和发展国民经济，巩固新生人民政权，《中国人民政治协商会议组织法》第一章总则中明确规定了人民政协的基本任务："建立及巩固由工人阶级领导的以工农联盟为基础的人民民主专政的独立、民主、和平、统一及富强的中华人民共和国。"[①]

改革开放以后，1979 年邓小平同志在全国政协五届二次会议上指出："新时期统一战线和人民政协的任务，就是要调动一切积极因素，……团结一切可以团结的力量……为把我国建设成现代化的社会主义强国而奋斗。"[②] 随后，全国政协 1982 年制定的政协章程中对人民政协的总任务作以重新规定。之后，江泽民同志明确提出了："围绕中心、服务大局，是人民政协履行职能必须遵循的原则。"[③]这是江泽民同志对人民政协工作内涵和实践经验的高度概括。正是得益于围绕中心服务大局这一履职原则的精准凝练和总结，为人民政协在不同历史时期找准发力点、开创新局面奠定了重要基础。此后，围绕中心服务大局是人民政协履行职能必须遵循的原则出现在中共中央关于政协工作的各项文件中。2015 年，中共中央印发了

---

① 中共中央文献研究室：《人民政协重要文献选编（上）》，中国文史出版社 2009 年版，第 56 页。

② 中共中央文献研究室：《人民政协重要文献选编（中）》，中央文献出版社 2009 年版，第 354 页。

③ 江泽民：《在庆祝中国人民政治协商会议成立五十周年大会上的讲话》，《人民日报》1999 年 9 月 23 日。

《关于加强人民政协协商民主建设的实施意见》中，再次强调"始终围绕中心、服务大局"① 是加强人民政协协商民主建设的重要原则之一，这就为人民政协围绕中心、服务大局履行职能这一重要原则奠定了理论依据和政策支撑。

进入新时代以来，习近平总书记在总结人民政协70多年工作经验和提出新要求时，把"聚焦党和国家中心任务履职尽责"列入其中并做出深刻阐释："人民政协要紧紧围绕大局……深入协商集中议政，强化监督助推落实。"② 十三届政协会议以来，全国政协每年都将脱贫攻坚工作作为协商议政的重点，通过多种方式，围绕其重点问题深入开展协商议政。参与的部门之多，程度之深，是近年来协商议政其他议题所没有的。许多意见建议转化为政策举措，在此基础上，又强化专项监督，最终取得了脱贫攻坚重大成就。③ 可以说，这就是人民政协聚焦党和国家中心任务履行职能的生动实践和具体体现。

总体而言，每一届全国政协在中国共产党的领导下薪火相传、接续奋斗，既秉承优良传统，又反映时代特征，始终践行围绕中心、服务大局这一重要的履职原则，在研究新情况、解决新问题的实践中，创造了新鲜经验，形成了规律性认识，谱写了政协工作的辉煌篇章。

（三）坚持人民政协为人民的工作思想

人民政协协商治理作为党领导人民有效治理国家的独特创造，坚持人民政协为人民的工作思想贯穿于人民政协协商治理实践的发

---

① 《关于加强社会主义协商民主建设的意见》，人民出版社2015年版，第4页。
② 习近平：《在中央政协工作会议暨庆祝中国人民政治协商会议成立70周年大会上的讲话》，人民出版社2019年版，第5页。
③ 新华社中央新闻采访中心：《2021全国两会记者会实录》，人民出版社2021年版，第83页。

展史，是人民政协协商治理实践获得治理效能的重要经验。经过 70 余年的实践发展，习近平总书记在中央政协工作会议上首次提出"坚持人民政协为人民"的工作思想，具体指出："人民政协要把不断满足人民对美好生活的需要作为重要着力点，……协助党和政府增进人民福祉。"① 这是新时代人民政协开展协商治理实践的逻辑起点和最终目标，这是人民政协协商治理在不同历史时期都始终坚持的重要理念。特别是进入新时代以来，中国社会主要矛盾发生转变，人民对美好生活的需要体现出多样化、多层次、多方面的更高要求，这就为人民政协协商治理提出更大挑战。中国是一个超大规模的发展中国家，各地区、各领域、各方面的发展呈现出不平衡性与不充分性，人民群众对美好生活的需要体现在多样化、多层次、多方面。人民政协提高了对各项经常性工作的要求，为缓解社会主要矛盾，人民政协高度重视调查研究工作，全国政协组织大规模调查研究工作，组织调研团队奔赴全国各地，致力于对美好生活需要进行深层次、精准化、具体化剖析和破题，实事求是地深入群众、联系群众，了解群众当前亟待解决的问题，把促进民生改善作为工作目标，始终关注民生领域的实际问题，协助党和政府全面增进人民福祉。

（四）坚持依法协商治理的重要原则

人民政协协商治理作为一种民主治理形式，必须在法治化轨道上运行，是全面推进依法治国战略布局的题中应有之义。人民政协作为具有中国特色的制度安排，被宪法明确规定"将长期存在和发展"，这就在宪法层面为人民政协提供了法律保障。同时，2018 年《政协章程》规定："中国人民政治协商会议的一切活动以中华人民

---

① 习近平：《在中央政协工作会议暨庆祝中国人民政治协商会议成立 70 周年大会上的讲话》，人民出版社 2019 年版，第 5—6 页。

共和国宪法为根本的准则。"① 这就要求人民政协参与国家治理的一
切活动都要以宪法为根本准则，要把宪法要求贯穿于人民政协工作
各方面和全过程。法律不仅为人民政协协商治理提供了行为规范和
价值准则，也规范了所有在人民政协这一治理平台上参与协商活动
的主体行为，保障了协商活动的权威性、有序性和公平性。这是中
国共产党带领各参与人民政协协商治理主体在长期实践中积累的宝
贵经验。

在中华人民共和国成立之初，中国共产党就已经意识到依法治
国的重要性，推动人民政协协商治理活动在法律框架下开展。在还
未具备制定中华人民共和国宪法的条件下，制定了具有临时宪法作
用的《共同纲领》。这不仅填补了新中国成立时宪法缺失的空白，还
为人民政协协商治理提供了法律依据。在这一特殊时期，正是由于
《共同纲领》的临时宪法作用，保障了人民政协的每一项协商成果都
基本得到了有效践行和落实，使其治理效能得以充分实现，具有高
效性。之后，人民政协协商治理的法制保障大多以章程、意见等软
法形式而存在，并在不同的历史时期出台了一系列指导意见，政协
章程也经历了几番修订，保证了政协协商治理实践活动有法可依、
有章可循、有序可遵。例如，1982 年全国政协五届五中全会通过的
《中国人民政治协商会议章程》（现行章程，之后于 1994 年、2000
年、2004 年、2018 年做过四次修订）、2006 年颁发的《中共中央关
于加强人民政协工作的意见》、2015 年颁发的《中共中央关于加强
社会主义协商民主建设的意见》、2015 年颁发的《中共中央关于加
强人民政协协商民主建设的实施意见》、2017 年颁发的《中共中央
关于加强和改进人民政协民主监督工作的意见》、2018 年颁发的
《中共中央关于加强新时代人民政协党的建设工作的若干意见》、

---

① 《中国人民政治协商会议章程》，人民出版社 2018 年版，第 15 页。

2019 年颁发的《中共中央关于坚持和完善中国特色社会主义制度推进国家治理体系和治理能力现代化若干重大问题的决定》、2019年颁发的《中共中央关于新时代加强和改进人民政协工作的意见》、2022 年颁发的《中国共产党政治协商工作条例》等，全面系统地规范了人民政协依法开展协商治理活动的具体要求和可操作性方案，不断推进人民政协协商治理朝着制度化、规范化、程序化、法治化方向发展，为人民政协协商治理效能提供了法治保障。

　　实践证明，坚持依法协商是人民政协制度优势成功转化为治理效能的坚实保障，是人民政协发挥协商治理效能的宝贵经验，为长期以来人民政协协商治理的可持续发展与深入发展提供了基本的法律依据。

马克思学说民主制对全过程人民民主的指导意义：缘起、内涵、现状、启迪

郭海龙[*]

摘要： 马克思学说在实践中发生了偏离，这是现实逻辑发展的历史轨迹。对这种偏离在认识上存在的模糊，曾经使得社会主义国家在发展政治民主方面走了弯路。因此，有必要对马克思学说和后来附着于马克思主义名下的偏离进行区分。马克思学说中存在丰富的民主制内涵，且与经济制度的设计共同构成一个完整的体系；马克思学说民主制具有系统性、实践性、针对性等特点。在现实社会主义国家，发展政治民主还存在着一些政治、经济、文化等方面的不利因素，这些因素的存在有一定的历史合理性。中国现代化的发展将使得这些不利因素失去存在依据，而要适应这种未来的变化，就需要挖掘马克思学说民主制的合理内容，并与现实条件相结合尝试从马克思学说里面寻找可行的答案。同时，在运用马克思学说民主制的过程中要避免两种误区。

关键词： 马克思学说；民主制；不利因素；历史合理性；误区

---

* 郭海龙，中央党史和文献研究院（中央编译局）助理研究员，北京大学政治学类博士。

认真研读马克思的经典著作时，会发现，马克思的本原主张与作为意识形态的马克思主义存在一定的区别。这种情形下，"把马克思的本人的主张称作马克思学说"①的主张引起了一定范围内的共鸣。这对于我们认识马克思主义原典中的民主制思想，用于发展全过程人民民主，具有重要的指导价值。

一　缘起：现实社会主义实践对马克思学说偏离的来龙去脉

在马克思在世时，就有人曲解马克思学说，当马克思听说后，回敬了对方"我只知道我不是马克思主义者"②。马克思去世后，在恩格斯的努力下，马克思学说没有遇到太大的曲解。而恩格斯去世后，在以伯恩施坦为代表的修正主义企图全面否定马克思的学说时，为了反击修正主义者，坚持马克思学说的队伍中却出现了对马克思的学说进行割裂并对部分进行教条化理解的毛病。当然，由于普列汉诺夫、考茨基、梅林等第二代马克思主义者的努力，马克思学说在整体上得到了捍卫。

但是，历史的发展往往出乎预料，马克思和恩格斯曾经认为社会主义革命在西方各国同时胜利，之后帮助俄国跨越卡夫丁峡谷的预想没有实现，而落后的俄国却首先获得十月革命的政治胜利。

列宁主张的"一国首先胜利"论，只是在个别论述上突破了马克思的设想，保持了马克思学说的基本立场、基本原则、基本方法。但是，使得"一国首先胜利"论实现的组织原则——集中制，却是对马克思学说的偏离，"只要一个政党承认某些个人的权威，那末，

---

①　王清涛：《"马克思学说"概念的历史省察与当代启示》，《当代世界社会主义问题》2011年第3期。

②　《马克思恩格斯选集》第4卷，人民出版社2012年版，第595页。

这个党就会失去民主的基础。因为信仰权威、盲目服从、个人崇拜本身就是不民主的"①。这一点不仅引起了西方国家社会民主党的批评，甚至引起了与布尔什维克党处于同一战线的罗莎·卢森堡等人的担忧。现在看来，集中制是列宁在俄国没有议会民主、只有警察恐怖统治的恶劣环境下，对主张革命家密谋组织的特卡乔夫的观点和布朗基主义的一种嫁接，意在挖掘俄国革命的所有潜力，并最终成功。

当然，出于理论自觉，列宁在推行集中制的时候，还往往心怀歉意地说：这都是迫不得已的临时措施，一旦形势好转，将立即解除禁令！但是，现实的政治逻辑，却使得"形势好转"的可能性几乎没有，反而在革命成功后在遇到社会革命党人不合作、党内派别活动不利于开展工作的情形时，通过解散立宪会议形成了权力集中于俄共（布）的一党制；而后禁止党内派别活动，则在制度逻辑下，使得党内民主受到限制、权力越来越集中于党中央、中央的权力集中于政治局、政治局的权力集中于党的领袖。作为自觉的政治家，列宁对于这种局面深感忧虑，在晚年不停地思索如何克服官僚化，避免党的决策脱离人民、听命于老近卫军②，提出了改组工农检察院、延长党员预备期等设想，并进行了清党。

但是，列宁的逝世中断了联共（布）的这一探索。在列宁去世后，联共（布）居然以对列宁的哀思为号召迅速扩招党员，直接抹去了列宁清党的效果。但是，更可怕的是，经过权力斗争对各个反对派清洗之后获得至高无上地位的斯大林，已经没有了列宁的理论自觉和政治自觉，把一些片面理解的东西附着到马克思主义的名下，上升为党的最高意识形态，凝固化、教条化、神圣化。并作为样板，在二战后推广到各个社会主义国家。

---

① 《国际共产主义运动史文献史料选编》第 2 卷，中国人民大学出版社 1983 年版，第42 页。

② 张光明：《社会主义由西方到东方的演进》，云南人民出版社 2006 年版，第 167 页。

这样，历史的阴差阳错，使得作为意识形态的马克思主义与马克思学说出现了一定的差别。而在社会主义发展中，固守旧有模式，已经使得苏联、东欧现实社会主义国家产生了既得利益集团——苏联、东欧社会主义制度的掘墓人。

在当今的社会主义国家，如何避免重蹈苏东剧变的覆辙，仍然是一个严肃的政治考验。经济改革开放并没有为解决这个问题提供充分的依据，反而激化了不少矛盾。

面对这一难题，继续沿着旧有模式走下去，显然是老路、死路一条；抛弃马克思学说，走自由化之路，是自毁江山、邪路一条。这种两难的困境，迫使我们探索符合马克思学说基本原理、基本立场、基本方法，又摆脱旧有模式负面影响的路，简而言之，就是通过马克思学说民主制引申的答案来发展社会主义民主政治，走出一条既不违背马克思学说基本原理、又符合现实条件的民主新路。

二　内涵：马克思学说民主制的内容与评析

马克思是在对黑格尔国家理论批判中开始阐述的民主理论。马克思在民主思想形成以后，又进一步在经济学上进行了理论论证，并根据巴黎公社无产阶级解放斗争实践做了总结，深化和发展了其理论。

（一）马克思学说民主制的主要内容概述

1. 无产阶级专政和国有制——过渡时期的政治需要

马克思在《哥达纲领批判》中，首次提到过渡时期政权形式是无产阶级专政。但是，马克思所主张的无产阶级专政，不是苏联模式所实行的无产阶级政党代表无产阶级、广大劳动人民进行治理，而是无产阶级和广大劳动人民通过自治实行民主所体现的状态。

关于国有制，马克思和恩格斯认为，国有制作为所有制的一种实现形式，不但可以为社会主义所用，而且可以作为几乎所有"最先进的国家"在社会主义革命胜利后消灭资本主义私有制、建立社会主义公有制的重要手段。① 鉴于马克思主张在社会革命胜利后的国家立即开始消亡，同时，无产阶级专政会立即开始向"自由人的联合体"转化、国有制也立即开始向社会所有制——重建的个人所有制转化。

2. 公社原则下的政治规则——无产阶级专政的本质要求

在《法兰西内战》一文中，马克思认为："公社的真正秘密就在于：它实质上是工人阶级的政府，是生产者阶级同占有者阶级斗争的产物，是终于发现的可以使劳动在经济上获得解放的政治形式。"② "公社体制会把靠社会供养而又阻碍社会自由发展的国家这个寄生赘瘤迄今所夺去的一切力量，归还给社会机体。"③

（1）直接参与式民主——公社侧重的民主实现方式

马克思认为，巴黎公社突出表现了直接参与民主的特点。"组织本身完全是民主的，它的各委员会由选举产生并随时可以罢免，仅这一点就已堵塞了任何要求独裁的密谋狂的道路……现在一切都按这样的民主制度进行。"④ 巴黎公社通过这样一种自治的直接参与民主方式，人民逐渐扩大对社会公共事务的管理范围，人民的管理能力增强，逐步实现政治国家向市民社会的复归。

"公社是由巴黎各区通过普选选出的市政委员会组成的。这些委员对选民负责，随时可以罢免。其中大多数自然都是工人或公认的工人阶级代表。"⑤ 公社普选成了无产阶级民主的重要实现形式，普

---

① 《马克思恩格斯选集》第1卷，人民出版社2012年版，第421、397页。
② 《马克思恩格斯选集》第3卷，人民出版社2012年版，第102页。
③ 《马克思恩格斯选集》第3卷，人民出版社2012年版，第101页。
④ 《马克思恩格斯选集》第3卷，人民出版社2012年版，第207页。
⑤ 《马克思恩格斯选集》第3卷，人民出版社2012年版，第98页。

选出来的代表在最大程度上代表了人民群众的利益，并且随时受到人民的监督和罢免。

巴黎公社直接代表制克服了一次投票不能完全保证人民观点得到充分表达，无疑是代议制民主。[①] 但是"议行合一"又体现了直接民主的特征。公社委员会兼有立法和行政的两种职能，"议行合一"是新政治形式的集中表现。在这种体制中，委员应该亲自工作，亲自执行通过的法律，亲自检查在实际生活执行的结果，对选民负责。"议行合一"也为人民参与民主政治提供了新的可能性途径。

简而言之，马克思学说民主制的实现形式是直接民主和间接民主的统一，但更倾向于直接民主，注重人民对政治生活的参与。它隶属于"公社原则"。

（2）党派合作——公社蕴含的内在主张

马克思在《法兰西内战》一文中，对处于公社主要派别布朗基派和蒲鲁东派做了分析，认为这两派虽然理论上存在错误，但是在现实面前，都采取了突破自身理论的措施，从而破除了门户之见，实现了合作。从这一点上可以看出，马克思赞成不同派别之间的合作，不在乎公社社员的派别，意在通过合作发挥公社的整体功能。不过，《共产党宣言》也指出，共产党是各种无产阶级团体和政党中最先进和最坚决的部分，因此，共产党在多党合作中应当起先锋队的作用。

3. 普选权——工人阶级获得解放的第一步和夺取革命胜利的重要武器

《共产党宣言》指出："工人革命的第一步就是使无产阶级上升为统治阶级，争得民主。"[②] 可以看出，马克思认为获得普选权是无产阶级获得解放的最基本的步骤。

---

① 王国宏：《马克思民主思想的形成和发展》，硕士学位论文，中共中央党校，2004 年。

② 《马克思恩格斯选集》第 1 卷，人民出版社 2012 年版，第 421 页。

在恩格斯晚年，在被称作"恩格斯政治遗嘱"的《〈1848—1850 年法兰西阶级斗争〉一书导言》一文中，恩格斯认为，资产阶级害怕工人阶级利用普选权更甚于害怕暴力革命，主张充分利用普选权取得胜利，使得资产阶级在普选面前陷入被动，为革命性变革创造条件。

4. 自由人的联合体——社会发展趋势

《共产党宣言》通过"代替那存在着阶级和阶级对立的资产阶级旧社会的，将是这样一个联合体，在那里，每个人的自由发展是一切人的自由发展的条件"①，宣示了自由人的联合体的目标，这在《资本论》第一卷中进行了深化。恩格斯在后来回答别人关于未来社会的主张时，总是用上面所引的《共产党宣言》那句话。可见，自由人的联合体是马克思、恩格斯思想为共产主义设想的核心内容和共产党努力的目标。

在《黑格尔法哲学批判》中，马克思提出"在真正的民主制中政治国家就消失了"的观点。在他看来，要达到这一目的就必须实行"无限制的选举权和被选举权……自由就在于把国家由一个高踞社会之上的机关变成完全服从这个社会的机关"，"而且取消了政治国家，也就等于取消了市民社会"②。

同样，对于党组织，马克思也主张完全的民主。同盟"组织本身是完全民主的，它的各委员会由选举产生并随时可以罢免，……现在一切都按这样的民主制度进行"③。

马克思对基层民主监督特别感兴趣，他在《共产主义者同盟中央委员会告同盟书》中说："为实现这一切，他们需要有一种能使他们及其同盟者农民占多数的民主的——不论是立宪的或共和的——

---

① 《马克思恩格斯选集》第 1 卷，人民出版社 2012 年版，第 422 页。
② 《马克思恩格斯全集》第 1 卷，人民出版社 1956 年版，第 396 页。
③ 《马克思恩格斯选集》第 4 卷，人民出版社 2012 年版，第 207 页。

政体，并且需要有一种能把乡镇财产的直接监督权以及目前由官僚行使的许多职能转归他们掌握的民主的乡镇制度。"① 这里就直接谈到对乡镇政府的民主监督，对于我们今天发展基层民主政治有着重要启发。

5. 社会所有制——自由人联合体的经济基础

马克思认为："不是人们的意识决定人们的存在，相反，是人们的社会存在决定人们的意识。……随着经济基础的变更，全部庞大的上层建筑也或慢或快地发生变革。"② "对市民社会的解剖应该到政治经济学中去寻求……这些生产关系的总和构成社会的经济结构，即有法律的和政治的上层建筑竖立其上并有一定的社会意识形态与之相对应的现实基础。物质生活的生产方式制约着整个社会生活、政治生活和精神生活的过程。"③

马克思看到，即使国家取消了选举权和被选举权的财产资格，它"还是任凭私有财产、文化程度、职业来表现其特殊的本质……国家远远没有废除所有这些实际差别，相反地，只有在这些差别存在的条件下，它才能存在"④。社会所有制，即"重建了的个人所有制"，实际上是以集体占有的形式实现的股份合作制。这种对所有制的设计是对资本主义私人所有制的扬弃。正因为自由主义民主立足于资本主义私人所有制，从而无法避免资本对政权的控制；社会所有制才在经济根源上为突破自由主义民主的局限提供了一条路径，从而打破了自由主义民主的局限。

（二）对马克思学说民主制的简评

与自由主义民主相对立，马克思的民主被萨托利称为"另一种

---

① 《马克思恩格斯选集》第1卷，人民出版社2012年版，第557页。
② 《马克思恩格斯选集》第2卷，人民出版社2012年版，第23页。
③ 《马克思恩格斯选集》第2卷，人民出版社2012年版，第2页。
④ 《马克思恩格斯全集》第1卷，人民出版社1956年版，第427页。

民主"，但同时他还认为这是"最原始、最简单、田园诗般的管理方式"①。对此，可以列宁的论述进行回击："在社会主义下，'原始'民主的许多东西都必然会复活起来……社会主义将……使大多数居民无一例外地人人都来执行'国家职能'"②。当代政治理论家戴维·赫尔德把马克思的民主列为古典民主模式中的一种，即所谓"政治终结"社会的民主模式。③马克思学说民主制具有系统性、针对性、实践性等特征。

第一，系统性：马克思学说的民主制涉及民主的价值理念、制度涉及、经济基础、历史条件等方方面面，虽然分散于不同著作中，但是概括起来，却构成了严密的体系。

第二，针对性：马克思学说的民主制立足于西欧当时的社会发展阶段，具有粗线条轮廓特征，提供了方向性的指导价值，但没有详细的制度机制安排；是对社会主义和共产主义社会未作区分，并非对东方现实社会主义的直接指导。

第三，实践性：马克思从物质生产方式出发研究民主，让民主从虚幻回归现实，他认为民主"要求完全能感触得到的物质的条件"④。马克思对阶级社会民主的论述，提醒我们，在考察民主制度时，不能脱离当时的经济基础和阶级关系。否则，就会陷入抽象的主观臆断，就容易被西方所谓的全民党、全民民主论所蒙蔽。"只有在现实的世界中并使用现实的手段才能实现真正的解放；没有蒸汽机和珍妮走锭精纺机就不能消灭奴隶制；没有改良的农业就不能消灭农奴制；当人们还不能使自己的吃喝住穿在质和量方面得到充分

① ［美］萨托利：《民主新论》，冯克利、阎克文译，东方出版社1998年版，第513页。
② 《列宁选集》第3卷，人民出版社2012年版，第217—218页。
③ ［英］戴维·赫尔德：《民主的模式》，燕继荣等译，中央编译出版社1998年版，第155页。
④ 《马克思恩格斯全集》第2卷，人民出版社1957年版，第121页。

保证的时候，人们就根本不能获得解放。"①

因此，民主与人民的现实利益息息相关，民主的实现只能依赖于现实的手段，大力发展社会生产力，创造更多的物质文化财富，从而为民主政治奠定坚实的物质基础。

三　现状：不发达条件下社会主义民主政治的限制因素解析

正如尼科斯·普兰查斯（Nicos Poulantzas）在《国家、权力和社会主义》中所表达的那样，民主的社会主义是社会主义的唯一可能形式。社会主义要么将是民主的，要么就不是社会主义。理论上这一点固然无懈可击，但是，现实条件下，不可能抽象地谈民主，而陷入空洞无物状态；必须立足于现实，这也是马克思学说的基本方法论。

（一）不发达条件下对社会主义民主政治的限制因素

1. 高度集中制

俄国十月革命后，马克思对巴黎公社的民主本质的强调在苏联逐渐被遮蔽，就这一历史，蒙蒂·约翰斯顿在《社会主义、民主和一党体系》中，彼特·宾斯（Peter Binns）等作者在《从工人的国家到国家资本主义》中，都描述了苏联所经历的复杂转变。

十月革命之后、苏俄建立初期多党合作仅昙花一现，对马克思学说稔熟的列宁过早去世，都不利于发展民主。最终，斯大林模式得以形成，高度集中的一党制也成为社会主义国家的模板。

虽然二战结束后，东欧波兰、匈牙利等国，以及中国形成了多

---

① 《马克思恩格斯选集》第 1 卷，人民出版社 2012 年版，第 154 页。

党合作的局面。但这种一党领导的多党合作，仍然属于高度集权的一党领导制范畴。

对此，邓小平同志曾指出，"加强党的领导，变成了党去包办一切、干预一切；实行一元化领导，变成了党政不分、以党代政；坚持中央的统一领导，变成了'一切统一口径'"，"许多重大问题往往是一两个人说了算，别人只能奉命行事"①。社会主义民主，很容易在这种高度集中制的观念下发生异化。

2. 二元制议会

二元制议会，原意是指二元制议会君主制国家，议会由王室钦定议员和民选议员按照一定比例组成议会。这是借指执政党指定议员和民选议员混合组成国家权力机关的情形。

在不能普选基层官员的情形下，权力机关的选举成为社会向国家授权的重要方式，然而，现实中，这种重要的授权方式也由部分人大代表被内定等做法给冲淡了。从以往上访不断、群体性事件大量出现可以看出，这种权力授受机制还存在民意表达机制方面的不足。

3. 国有制

在生产力不够发达的条件下，国有制有时会带有一定的统制即政权垄断的色彩，而这种情形下的经济基础所决定的上层建筑，就难免会带有些许封建残余。马克思曾说："生产者只有在占有生产资料之后才能获得自由。"② 这指出了资本主义民主的症结所在，从中也看出国有制的不足——生产者仍然不直接占有生产资料，就不容易充分调动积极性、创造性。国有制和马克思强调的"重建的个人所有制"的社会所有制还有一定的差距。

---

① 《邓小平文选》第 2 卷，人民出版社 1994 年版，第 142 页。
② 《马克思恩格斯全集》第 19 卷，人民出版社 1963 年版，第 264 页。

（二）上述限制因素存在的合理性

现在个别人头脑中存在着民主狂躁，这种狂躁，感情上不负责任，学理上更站不住脚：中国如果一夜间失去了权威的领导核心，会像泰国、韩国那样出现族群对立，甚至在相信"有枪就是草头王"的中国会出现民国那种大小军阀盘踞各地、不断混战的闹剧，那样的话，真的会陷入霍布斯所说的"一切人反对一切人的战争"① 之中。甚至在自由主义民主的西方，民粹主义的泛滥，也使得民主失去了昔日"灯塔"的光芒，历史远远没有终结于自由主义民主，人类政治民主的发展正处于探索之中。

以上分析由中国的特殊国情得出。对比一下美国——一个没有封建传统、有着清教徒理性克制的政治文化、没有强邻窥伺、有着亨廷顿认为的斯图亚特王朝制衡体制传统的这样一个得天独厚的"上帝选民""山巅之国"的国度，实行自由主义民主则容易得多。相形之下，中国在上述各方面对于民主的发展都不利。作为经济文化相对落后、各地区发展不平衡、处于现代化进程中的大国，中国客观上需要一个统揽全局、协调各方的领导核心来推进现代化，这个领导核心只能是中国共产党。亨廷顿认为，一个现代化之中的国家，首要的任务是集中所有的资源致力于现代化；现代化之后，才需要考虑分权。② 这种看法比较符合当前中国现状。

同样的道理，在经济层面上，容纳市场经济资源配置机制的中国模式也能够在改革开放之后，虽然存在着这样那样的毛病，但总体上比较适应中国生产力的发展状况，因而促进了社会经济不断迈上新台阶。不再排斥私有制的公有制为主体，也较好地兼顾了各地

---

① ［英］霍布斯：《利维坦》，黎思复、黎廷弼译，商务印书馆 1985 年版，第 94 页。
② ［美］亨廷顿：《变化世界中的政治秩序》，王冠华等译，生活·读书·新知三联书店 1989 年版，第 393 页。

发展阶段不平衡的现实，调动了生产力发展。

物竞天择、适者生存，同样也反映出一个社会对某种政治体制的可承受度。中国现行的体制，就基本面而言，还相当适合中国国情和现代化发展需要。

四　启迪：马克思学说民主制对发展全过程 人民民主的简要启示

马克思指出，真正的民主，每个人都希望单独参与立法权无非就是一切人都希望成为真正的（积极的）国家成员，希望获得政治存在或者希望表明和积极确定自己的存在是政治的存在。[①]　熊彼特说："民主的方式是为了达成政治决定的一种制度安排，在这些安排中，某些人透过竞逐人民的选票而获得决策的权利。"[②]　马克思学说民主制对发展社会主义民主政治有着一些简要启示。

（一）马克思学说民主制对发展全过程人民民主的直接启示

随着中国特色社会主义进入新时代，中国的国情将随着中国现代化的进程和中华民族伟大复兴的前进步伐而逐步改善。国情变化前景就是中国社会由"两头大、中间小"的哑铃型结构向"两头小、中间大"的橄榄型、纺锤型社会转变。中产阶级将成为整个社会的中坚力量。这就对比较传统的现行政治体制形成一定的张力。

在这样的背景下，我们能否从马克思学说民主制中，引申出一些思想资源来舒缓张力呢？之所以用"引申"二字，就在于，马克思学说民主制针对的是西方已经实现自由主义民主的前提下，如何由代议制间接民主向直接参与式民主转变。而当前，我们面对的问

---

① 参见《马克思恩格斯全集》第 3 卷，人民出版社 2002 年版，第 147 页。

② Schumpeter Joseph, *Capitalism, Socialism and Democracy*, New York：Harper, 1976, p. 269.

题是去除旧有模式中的专断因素、使我们国家的社会主义代议制民主走向完备的问题。在这个过程中，坚持党的集中统一领导，坚持四项基本原则是重要的前提。

首先，基层自治应通过试点逐步扩展到通常所说的基层即乡镇和区县。对于马克思学说民主制侧重的直接民主，不可能一蹴而就，但这并不意味着不能在有限的范围内实现直选，现在基层自治已经成为中国直接民主的重要制度。但是，基层自治不应仅限于村级和社区，还应该扩展到通常所说的基层即乡镇和区县，通过试点，逐渐实现孙中山先生所倡导的"县自治"。当然，尽管基层自治存在着贿选、黑恶势力、家族势力、上级指派等消极现象，不过方法总比问题多，这些问题会有良好对策的。况且社会主义民主政治发展前进的步伐岂能因噎废食？

其次，扩大选民在选举人民代表时的权重、力行差额选举。马克思学说民主制主张的普选权。不妨用来减少对人民代表的内定，要在民主政治发展上也要"相信人民，依靠人民"，扩大选民对人民代表的推荐，积极稳妥地实现由选民决定人民代表的人选。同时，也应当逐步扩大领导人差额选举比例，在适当的条件下，在必要的领域展开适度的竞争。就实质而言，竞选是由选民决定统治者，这正是马克思学说公社原则的体现。在这一点上，越南的尝试值得研究。

再次，探索多党合作中"共识政治"和"协商民主"的新模式。马克思学说民主制内在的"多党派之间平等合作、共产党只是在思想上看得更远"的思想。也预示着在党派合作上，共产党多注重思想上的先进性，以此来作为团结各个政党的基础。多党合作中可探索"共识政治"和"协商民主"的新模式，以避免西方民主的窠臼。这一点已经在党的十九大报告"大力发展社会主义协商民主"的表述中有所体现，还需要深化理论认知，并进行具体的落实。

最后，积极推动集体所有制、股份合作制等更能体现社会所有制实质的所有制形式。在马克思学说中，社会所有制是继短暂过渡时期实行国有制之后，生产资料归全社会所有的经济制度设想。虽然国有制的股份制改革，是去除统制色彩向社会占有开放的尝试，为消解国有制对发展民主在经济基础上的限制提供了思路。在实践中，集体所有制、股份合作制都在一定程度上呈现出社会所有制的些许特征，这些正是发展民主政治在经济基础上值得尝试的地方。但是，受生产力发展水平所限，现实社会主义国家全面实行社会所有制主客观条件都还不具备，如果过早全面实行，就会出现误区，如苏俄初期工人管理工厂、南斯拉夫自治社会主义出现的种种混乱。

中国特色社会主义最本质的特征是中国共产党的领导，社会主义民主政治是党的领导、人民当家作主与依法治国的有机结合。面临着党的集中统一领导与基层自治如何有机结合的重大考验。

列宁曾有过相关论述。列宁认为，"无产阶级革命的任务是：'打碎'这个机器（资产阶级国家机器——笔者注），即摧毁这个机器，在下面即地方上实行最完全的自治，而在上面用武装的无产阶级的直接政权即无产阶级专政来代替（资产阶级国家机器）"①。这从侧面显示了在高层实行集中统一，在基层实行自治的思路。这也是在国际范围内仍然存在阶级对立，国家尚未消亡时，而且后发现代化对集权体制仍然存在客观需求之时，能最大限度体现"自由人联合体"设想的一种顶层设计。类似的，孙中山的县自治设想②，就是在县级及以下层面实行自治。而当代世界最重要的参与式民主政治理论家之一、加拿大人麦克弗森提出的"金字塔委员会模式"认

---

① 《列宁全集》第 31 卷，人民出版社 2017 年版，第 147 页。
② 《孙中山全集》第 9 卷，中华书局 1986 年版，第 35—36 页。

为，可将"直接民主机制与政党体制相结合"①，对高层与基层分别进行制度设计。

在实行中央集权的发达国家，也存在高层集中兼容基层自治的实际案例。比如，英国、日本、法国等国在实现现代化后，都实行了中央集权下的地方自治②，适应了现代化变革对治理体系和治理能力现代化的客观需求。这方面也有学者对中国现代化过程中的制度设计进行了探索。③

（二）运用马克思学说民主制发展全过程人民民主需要避免的误区

上述只是对马克思学说民主制与中国发展趋势相结合的一种展望。我们的理论自信应该源于对理论中有价值的成分所指示道路的主动觉悟。马克思学说"自由人联合体"既是马克思、恩格斯两位导师本人自认为思想最核心的部分，也正是我们化解传统高度集权体制弊端、超越西方名为普世价值实为资本所绑架的多党制议会民主制内在缺陷的一种宝贵的思想资源，虽然现实条件下，我们还不可能完全达到"自由人联合体"所需要的各种条件。但我们应当脚踏实地的同时，志存高远，在迈进坚实步伐的同时不时"仰望星空"，其目的正在于朝向理想的方向前进，确认我们前进的方向正是北斗星所显示的正确方向，而不是像斯大林主义那样，在很多方面

---

① C. B. Macpherson, *The Life and Times of Liberal Democracy*, Oxford University Press, 1977, p. 112.

② 杨山鸽：《后福利国家背景下的中央与地方关系》，博士学位论文，复旦大学，2006 年；熊达云：《战后日本中央集权下的地方自治》，《政治学研究》1987 年第 5 期；杨光斌：《中央集权与大众自治：英国中央—地方的新型关系——以财政变革为中心的分析》，《欧洲》1995 年第 4 期；上官莉娜：《法国地方自治的宪政原则》，《武汉大学学报》（哲学社会科学版）2012 年第 5 期。

③ 储建国：《有限集权·社会自治·地方民主——温饱后阶段的政治调适》，《江苏社会科学》2001 年第 1 期；郑功成：《从政府集权管理到多元自治管理——中国社会保险组织管理模式的未来发展》，《中国人民大学学报》2004 年第 5 期；吴玉敏：《创新社会管理中的社会自治能力增强问题》，《社会主义研究》2011 年第 4 期。

南辕北辙。这也是马克思学说民主制在价值上具有现实可行性之所在。当然，历史不是一条直线，而是在不断地否定自我中发展，如今自由主义民主在西方所面临政党衰落①和选民对政党的政治冷漠等危机，马克思学说民主制所构建的社会体系倒是也为其提供了一条可以参考的重要路径。作为后发国家，我们既要大胆借鉴西方文明在内的一切文明成果，同时也应当避免西方政治社会的危机，在马克思学说民主制指引下，找到适合自己的新路，从而发挥后发优势。

在还原马克思学说的过程中，要避免容易出现的两种误区。一方面要避免陷入南斯拉夫社会主义时期的那种误区。在南斯拉夫社会主义时期，其领导人当年不顾实情，对马克思学说生吞活剥，过分反对集中制、过早地一味强调自治导致分散主义的教条化误区。另一方面要避免苏联的误区。当年在实践中，苏联领导人，特别是斯大林发现实践与理论差别太大时，向现实靠拢，却严重偏离了正确的方向，偏离了马克思学说民主制，甚至出现了南辕北辙，产生了很多附着在马克思主义名下的错误。上述两种误区，都不可避免地会误国误民、贻误战略机遇期，因此，应该极力避免。如何在理论避免上述两种误区，则是我们马克思学说研究者不可推卸的责任。

只有融会贯通马克思学说民主制的实质，充分吸取苏联和南斯拉夫这两种社会主义模式的教训，才能在社会主义民主政治发展过程中，避免苏联的专断和南斯拉夫的分散，在民主的基础上实现集中，维护集中统一局面，从而为全过程人民民主创造条件。在发展全过程人民民主过程中，我们既要植根马克思主义，立足实际，吸收苏、南教训，又要善于借鉴并超越中央集权制国家基层自治的经验，从而博采众长、为我所用，走出一条中国特色的全过程人民民主道路。

---

① 刘长江：《政党的转型还是政党的衰落》，《江苏行政学院学报》2008 年第 6 期。

小议产权制度的刚性

李全宏*

摘要："刚性"因哲学社会科学的频繁而大量的使用成为一种理论抽象和学术提炼。特定产权制度有基于建构心中理想国而精心编织的"理想刚性"，代表着凝聚起来的"共同价值观"；同时，也有因时间日久自然而然暴露出的"负面刚性"。本文分析了产权制度的理想刚性和负面刚性，以期让产权制度的演进遵循明白是非曲直、减少利益冲突和推进人类文明的正确路径。

关键词：产权制度；刚性

一　刚性之义

刚性（rigidity）的概念，因在哲学社会科学中频繁而大量的使用形成了特有的历史沉淀，是一种理论抽象和学术提炼。借用韦伯的术语，刚性是"理想类型"（ideal types），不是现实生活中的事物，但有助于我们对事物全面而系统的认识。

中国传统文化中，"刚"与"阳"密切相连，"阳刚"代表着力

---

* 李全宏，西北师范大学马克思主义学院副教授。

量、勇猛和彪悍。《论语·公冶长》中讲："刚，谓质直而理者也。"在这里，"刚"表达了事物坚硬、质地正而有条理的特性。《左传·昭公六年》中讲："刚，谓情无私。"这又表达了"刚"即行动中的坚强、正直、果敢或者没有私心。

西方学术研究中，"刚性"最初是一个物理学概念，指在外界环境不变条件下物体保持不变的特性。哲学社会科学领域引入"刚性"概念，代表着凝聚起来的"共同价值观"，以及由此形成的"惯性系统"。

共同价值观包括了高度共享的信仰、价值取向、言语表达和行为方式，是特定人群相互认可及相关组织获得高度认同的关键，其所产生的刚性是建构者维系心中理想国的手段，是精心编制的"理想藩篱"，又称为"理想刚性"。

内含共同价值观的"刚性"以其特有的权威性、程序性、严格性、排他性形成"惯性系统"，也就是形成连续和持久的价值链，拥有不竭的向前的动力、不断排斥异己的魄力和持续消除可预见的不确定性和风险的能力，以强大的排斥力产生强大的约束力，成功实现事前预见和定向管控，长久规范着人们的行为和社会的运转，产生了可称之为"刚性稳定"的状态。

刚性最重要的价值在于"刚性稳定"，产生了自信，形成屏障，代表着一种模式、一套规则确定下来。刚性稳定是以固定、明确、统一的甚至是量化的准绳和尺度形成特定的价值观导引和特别的氛围，不可不遵守，不可不照办，从而使事物遵循预计中的轨迹按部就班地运行，在排斥异质价值观的过程中保持固定不变的行为模式、思维模式、决策模式，形成共识、默契与连贯。刚性稳定强调标准化，支持相近的行事方式，持久、稳定和内隐地使某一特定环境下绝大多数人形成相对一致的预期行为和预期结果，以期有效减少相关的对立冲突和交易成本，形成事半功倍的效果。

刚性代表着硬性要求的形成并嵌入社会生活和组织架构，关乎社会与组织的生存、稳定与发展，由此具有了权威性、严肃性和指导性甚至指令性。因此，刚性代表着不折不扣的执行，严格依法的行事，认真照章的操作，尽可能剔除个人的意志、情感、主观判断等因素的影响，无通融、无含糊、无潜规则，包括了强制性、无偿性等，内含着对品格和能力的殷切期待，最终凝结为"刚性原则"。

刚性原则可以简要地概括为，"有了不一定行，但缺少了绝对不行，只要达到启动的条件就一定发挥应有的作用"。刚性原则一旦形成不易剥落，会自动生成自我保护系统。围绕着刚性原则会形成一整套正式和非正式的约束和惩罚机制，这使得刚性包含了价值判断、原则立场、法纪规范、定性定量、监管监控、绩效考核等，标志着新的秩序体系的成熟，体现为"核心刚性"。

核心刚性是以刚性原则为中心形成的核心能力。核心刚性之中沉淀着历史，有经验也有教训，是累积性共识，从中可以很好地看出持续性、韧性和效能等。核心刚性形成于确定的目标、自发的强化、对风险的厌恶、认知惯性，具有独特性和不易模仿性，一旦形成，会以既定规则的方式产生强大的影响力。核心刚性追求行动的理性，不讲情面以实现人人平等，从而成就最大最好的"情面"。核心刚性针对的是人的自私、惰性、贪婪等，在相当大的程度上影响甚至"塑造"着所有人的思想、观点和行为，会形成集体性的心理预期，约束每个人的行为，使人们自然而然遵守一定的准则和规范，使整个社会秩序井然。核心刚性有明确的惩罚机制，并通过"说教千遍，不如惩罚一次"充分彰显出价值，契合了理想刚性，内含着建规立制工作的完成、有效有序运转的形成以及"核心能力"的形成。其中，严格的规章制度、严密的科层结构、物化和理性的管理风格、既定的管理目标以及集中的权力和直线式领导构成了"刚性管理"。

但核心刚性一旦形成，事态也将发生变化，"负面刚性"随之而来，表现为"过度刚性"和"刚性不足"。过度刚性源自过高的认同度或盲目自信，代表着"路径依赖"的形成并由此产生的对变革的抗拒心理和抗拒力，执着于完全不变化、不可变或者不易变，形成极端强硬的氛围，可称为"固执"甚至是"偏执"。过度刚性以强烈的惯性明确或隐含的限制和阻挠相关人独立思考和"离经叛道"式的创新，导致断裂和滞后，带来危险。过度刚性是对风俗、习惯及先例的过分遵循，或对固有的秩序和规则充满依赖，会产生长期的既得利益，形成可见的价值和行为方式的围栏，拒绝拓展，抵制变革，将组织"锁定"于某种僵化状态，对外部环境的变化缺乏必需的回应能力，也缺乏韧性、延展性和缓冲地带，可能导致刚性的维护者时刻处于高度紧张状态，最终因不能承受递增的压力与成本而导致秩序的失范和规则的崩溃。

刚性不足源自最初认识的不足、设计的缺陷及其后"任意的偏离"。最初认识的不足和设计缺陷导致没有形成"刚性原则"和"核心刚性"，或者形成的"刚性原则"和"核心刚性"有所欠缺，无法形成"刚性稳定"，刚性效能无法得到应有的发挥。"任意的偏离"是或强或弱的刚性原则丧失的过程，为谋求或者保证小团体和个人利益，照搬、敷衍、歪曲、篡改、抵触、双标、表面化、认识浅薄、监督不力、传递偏差、选择性执行、象征式行为（做表面、走过场），试图突破边界或底线，出现减损、失灵、偏离、迟滞、变异、失真、走样等状况。刚性不足会加大维持正确合理刚性的难度，过于灵活，带来随意性，甚至最终让必需的刚性形同虚设，结果是组织纪律涣散，行动效果减损，机构运转不灵。

二　产权制度的理想刚性

产权（property rights）是源自近代西方的理论概念，是一个外来词。众多学者对产权有着自己的定义和解读，甚至由此获得诺贝尔经济学奖，从而使产权成为一个"大视野"的概念。也就是说，概念重要且内涵宽泛，受到争议也并未形成单一的共识，这反而促成了对产权问题理论研究和实践探索的广度和深度。

产权属于在哲学社会科学诸多研究领域中都有存在价值的理论概念。在学者们看来，人类文明始于产权，或者更准确地讲，始于产权概念所包含的"理想刚性"。比如，同人类文明一同诞生的古老的财产（继承）权意识，就包含"理想刚性"，即试图追求从国家和法律层面上强有力的尊重和保障个人和家庭合法地获取和积累财富，并由此实现自我发展和寻找到幸福。也因此，财产权被大多数西方思想家视为人类的"第一权利"，是人类被自然法则赋予的一切的天然核心与基础。于是无论哪种社会制度，主流的政治和经济思想总是围绕着实践、运转、维护和完善财产权而展开，从而形成了一整套的产权制度，并成为整个制度存在与发展的基础。

时至今日，法学范畴里的产权还主要指向物权，集中于财产权，认为产权的实质性内涵首先是针对人与物之间的关系而确立的经济权属，即财产归属关系，是基于稀缺性而引发的人对物的占有、使用和处置等行为，是人与物之间形成的一束可支配、可选择、可保护的权利。而更深入的探讨认为财产权针对个体和微观，所有制则将产权的研究视域上升到宏观层面，是国家在产权资源管理方面的制度安排，是关于生产资料归属的经济范畴和"政府角色"，构成了"制度阀"，带有浓厚的行政和管制色彩，形成集体的思想习惯和理性行动，以"自上而下"的力量驱动方式和特有强度、深度和广度对资源配置和公平正义产生影响。马克思高度重视所有制问题，认为对产权范畴的界定不能超出反映社会经济关系的所有制范畴，所有制是社会经济关系和社会制度的决定性因素，研究产权问题首先要考虑既定的所有制关系，因为"所有制关系的意志或法律硬化形式即为一个社会的产权制度"①。

　　理论上讲，所有制的种类是无限的，不同的历史情境、制度背景和生产生活实践可以孕育出千差万别的所有制形式。在人类历史上，奴隶社会、封建社会和资本主义社会所形成的私有产权制度与社会主义社会所形成的公有产权制度，被认为是人类社会最基本的两种所有制形式，其所包含的"理想刚性"是不同的，即在产权制度上有着不同的偏好、追求和设定，这在产权制度理想刚性的解读中极为重要与关键，难以绕开。

　　以生产资料私人所有权为基础的私有产权制度的"理想刚性"无疑崇尚绝对个人所有权，从而使财富和生产资料的占有、积累和增殖成为其所有者发财致富的源泉。之后是凭借国家权威宣称私有财产的神圣不可侵犯性，力图建立一种"排他性使用资产"的环境，将稀缺资源的使用、转让以及收益的权利界定给了一个特定的人或者阶级。私有产权制度还从"自私是人的永恒本性"的经济人假设出发，认定私有产权制度是永恒的。这样的理念尤其在资本主义社会得到的体现，认为只要产权界定清晰，市场机制就会自动让资源得到最优配置，而私有产权无疑是最清晰的，因此私有产权制度是市场经济高效运行的持久前提条件。

　　私有产权制度包括了小私有制和剥削阶级私有制。小私有制的产权属于小私有者自己，主要通过自己的劳动获益和致富。剥削阶级私有制是剥削阶级扬弃了等价交换原则，通过从生产到交换的一系列制度设计无偿占有了劳动者创造的剩余价值。剥削阶级私有制具有极强的政治职能，建构带有强烈的暴力特征，成为维护剥削阶级对劳动者压迫的制度工具。

　　但私有产权制度只是人类产权制度库中的一个典型类型，在人

---

① 王宗田：《马克思主义制度经济理论研究》，人民出版社 2014 年版，第 52 页。

类认知践行的历史长河中，对产权制度"理想刚性"的设想不单单考虑经济效益和个人私利，还包含着政治、社会、文化等角度基于集体安危、生存需要、公平公正的考量，为对抗外界压力和风险产生的联合，公有产权制度由此孕育而生。

原始社会、奴隶社会、封建社会和资本主义社会都有公有制、共有制或国有制，最具典型意义的社会主义公有产权制度在 20 世纪形成，是社会主义国家为主体的全社会范围的公有制，以国家权威和法律规定为基石，产权物（生产资料和产品）是社会公共财产，归社会共同体或局部共同体支配，相应产生的收益归于劳动者联合体。

社会主义公有产权制度是人类历史上在产权制度上最大的进步，把占有社会化推进到一个新的历史高度，是新型的"自由人联合体"的社会所有制。在这里，产权不再是任何人去剥削他人和占有社会产品的权力[①]，而是掌握在"联合起来的个人手里"[②]，成为人们的共同财产，由联合起来的个人共同支配和使用，从而推动劳动者与生产资料的直接联合与关系和谐，保证社会财富和资源，特别是生产资料占有与配置长久的相对公平。这是一种充满大爱和洞悉未来的产权制度设计，关注点超越狭隘的私人利益和局部效率。相应地，财产的社会性质发生了根本改变，不再具有剥削他人劳动的阶级性质，让最广大劳动者免受生产资料私有者的奴役，追求在诸多分工基础上既自主又彼此制约的社会共同占有资料、共同劳动与平等合作互利，保证其在产权制度建构完善及其改革之中的主导地位。在这里，社会主义公有产权制度真正适合社会化大生产模式，充分凸显了劳动者的主人翁地位，有了拒绝剥削与不劳而获进而排斥剥削阶级腐朽思想的厚重实力，劳动者有机会掌握自己的命运，真正当

---

① 《马克思恩格斯文集》第 2 卷，人民出版社 2009 年版，第 47 页。
② 《马克思恩格斯文集》第 2 卷，人民出版社 2009 年版，第 53 页。

家作主，为整个社会所有人普遍满足需要和实现全面发展提供条件，最终实现"每一个人的自由发展"和"一切人的自由发展"。

马克思、恩格斯在《共产党宣言》中把所有制问题归结为革命运动的基本问题①，并且把无产阶级的历史使命浓缩为一句话——消灭资本主义私有制②。现如今我们继承这一思想，强调公有产权制度是超越历史以往诸多私有产权制度的新型产权制度。马克思还对共产主义社会公有制下的社会终极性质进行了期望和判断，即"自由人联合体"的社会。其产权制度"理想刚性"的要点是重建个人所有制，即人们将通过自由的协作和联合而实现对生产资料的共同占有，实现所有权形式与占有权形式的相互适应，全民所有权、社会共有权与个人占有权的真正统一。

三　产权制度的负面刚性

产权制度理想刚性的建构目标在于"立"，是在综合权衡各相关方利益得失后设计和创立最符合自身信仰的产权制度。相应地，以理想刚性建构的产权制度构成了解决产权问题的"环境"约束，使既定产权制度拥有规范的运行及合理的预期，也使某一特定产权制度的相关利益者产生相对一致的符合制度创立本质精神的判断和理性行为。

但基于理想刚性建构起来的产权制度，只给予最初设想与建构者满意的初始产权界定。随着这种产权制度在全社会范围内被确立、被适应并左右人们的日常，时间日久，自然而然暴露出"负面刚性"。

与西方流行的古典自由主义乃至新自由主义所内含的利己主义

---

① 《马克思恩格斯全集》第2卷，人民出版社2009年版，第47页。
② 《马克思恩格斯文集》第2卷，人民出版社2009年版，第47页。

相对应，在私有产权制度拥护者眼里，私有产权制度是人类利己的自然本性造成的必然结果，是超越历史的人类社会永恒不变的自然规律。因此，私有产权制度的"理想刚性"就是"拥有受保护的私有产权，从而使产权主体利益得到完全实现"。于是乎，产生了产权资源配置不公与利益固化等关键的负面刚性，表现为强势要素力量（如资本主义社会的资本力量）完全渗透于涉及产权的方方面面，使掌控强势要素的既得利益集团和富人阶层通过产权制度不断强化倾斜性明显的既得利益格局，产生了强大而长期的非公平"负面刚性"。

资产阶级和既得利益集团是希望维持强势要素的绝对统治地位，希望永久地拥有产权界定与产权安排的特权，持续地享有超额的强势要素租值和剩余价值。因此，我们看到了整个资本主义世界对私有产权制度不惜余力地美化和偏袒以及对产权失衡问题的极力掩盖。

对私有产权制度的美化表现为花样繁多地论述其效率、永久性和优越性，刻意回避每个个体实际是否拥有财产、是否占有生产资料的问题，一味地宣扬资本与劳动之间所订立的契约在形式上的平等，忽略强势的资本对弱势的劳动力产权无处不在、无时不在的侵害，抹杀了阶级分化和对立的事实，对资产阶级贪婪牟取私利活动通过普遍化、唯心化的抽象表达为其披上公正外衣。

对私有产权制度的偏袒，表现为刻意回避产权配置效率与产权初始界定的关系，极力掩盖剥削的本质，允许极少数人拥有大量的生产资料和财富并且对刻意神化的市场自由竞争所造成的贫富分化等问题无能为力之后视而不见。

而对产权失衡问题的极力掩盖则随处可见。比如研究企业产权问题时只研究股东与管理者之间的产权关系和产权问题，完全回避这两者与雇佣工人之间的产权问题。比如，从不提及被剥削阶级除了对自身劳动力拥有所有权之外就别无他物。在私有产权制度问题上，我们永远不能忘记马克思对资本家敲骨吸髓式剥削现象的描述与本质的揭露，以及相应提出的"无产阶级必有一刻超过容忍的临界点而从被奴役走向反抗"①。私有产权制度包含着阶级对抗关系、人的劳动私有化、人的片面发展以及普通民众公平价值诉求的难以实现，《共产党宣言》因此而发出"消灭私有制"的呐喊。

这样的美化、偏袒以及掩盖所产生的错觉，让私有产权制度的拥护者自我感觉之好到了彻底自我麻醉乃至陶醉的地步，这才有了日裔美籍学者福山（Francis Fukuyama）在 1993 年提出的"历史终结论"。

马克思认为，从唯物辩证法出发，资本主义私有制的产生、发展及其消亡的趋势是一个自然历史过程，是任何人都无法抗拒的且不以人的意志为转移的客观规律。同时，在资本主义社会，私有产权制度在宏观层面，从长期和根本上来讲是没有效率的②。我们需要超越"纯粹效率视角"，这是在私有产权制度优劣判断中容易陷入的泥潭，结果会以一个极狭隘的效率标准一味主张私有化。这样的思路仅仅是从资本角度考虑产权制度的效率和自身的既得利益，刻意忽略劳动选择自由、平等劳动关系和平等协调关系等问题，是政治性的而非学理性的，带有强烈的西方主流学术教条，推崇的是抽象的政治权利和仅仅是处在形式的消极自由。其完全不考虑"成本—收益"在不同阶级与阶层乃至个体中的承受差异，不考虑私有产权制度下劳动分工具有的狭隘性和对人的价值的贬低，更会选择性忽视现代社会日益重视、诸多阶级与阶层乃至个人应得的发展权和经济平等权，无视弱势群体的应有权利，最终也造就了对市场自由竞争产生的贫富分化等问题的无能为力。

---

① 杨森：《经济效率与国企改革——从马克思产权理论谈起》，《党政干部学刊》2012 年第 5 期。

② 杨森：《经济效率与国企改革——从马克思产权理论谈起》，《党政干部学刊》2012 年第 5 期。

　　私有权制度是由最稀缺紧要资源掌控者制定，基于利益最大化追求和狭小眼界无情放弃对社会利益的考虑，甚至对社会利益有意侵占，初始设定绕不开自私和贪婪。建立了公有产权制度的社会主义国家历史性超越了包括资本主义产权制度在内的一切私有产权制度，塑造出具有社会主义特质的新型产权结构和产权关系，力图在一个更高层面上有效解决之前一系列私有产权制度无法解决的深层矛盾难题，努力保证人民群众当家作主的政治权益和共享全部建设发展成果、安居乐业的经济权益。

　　但任何产权制度也不可能是永恒不变、随时公平合理、完美无瑕的，先进的社会主义公有产权制度不等于已经是严密、成熟和完美的产权制度。纵观社会主义国家的风雨历程，最初所设想的产权制度方面的巨大优势并没有很好地表现出来，"理想刚性"和实际运作之间存在"堕距"，心之所托、理所当然的设计发生了位移，诸多领域之中暴露出显性或者隐性的"负面刚性"，表现为产权失衡、产权残缺和产权锁定等。

　　产权制度可以理解为所有人之间的产权稳定对策，产权失衡打破了产权稳定，包括了结构上的不合理和权能划分上的不公平，是产权权利配置上的不平衡。产权残缺是因外部力量干预所导致的无法拥有权利束中的某些重要权能。产权锁定是既得利益者力图维持和强化对其有利的产权制度安排，抗拒调整和安排，结果是产权制度革新的滞后性和顽疾的不易剥落性。"革新的滞后性"就是已形成的产权制度具有路径依赖，意味着产权形式的过分单一、僵化、更新速率慢于社会发展的进程等。"顽疾的不易剥落性"意味着产权现有安排中既得利益集团在获得了巨大利益后对改变的拒绝态度和故步自封。

　　"负面刚性"会导致的运行低效率，造成产权制度的扭曲。比如产生大量租值，形成巨大的隐性收入，降低了人们对现有产权制度的信心，不满足或不满意，国有还是私有、集权还是分权的争论始终不止。也曾经表现为一味追求"一大二公三纯"，把社会主义公有产权制度与单一全民所有制画等号，只偏好于"国有国营官办"的产权模式，将集体所有制视为低级产权占有形式，匆忙"穷过渡"。

这些"负面刚性"的产生，或者源自最初认识的不足、最初设计过于理想化且缺乏实践检验；或源自特定时空环境下人们理论水平的欠缺和认识能力的不足，或源自不完全信息、机会主义等因素干涉而导致的错误判断；或源自故步自封，时过境迁后的不合时宜；或源自私欲，行政部门、派系力量和特定利益集团为谋取额外利益的自私自利而对规则的篡改；或源于产权制度与国家多元化发展目标不相适应。但无论哪种原因产生的"负面刚性"，我们都没有理由回避，在始终坚信所追求的"理想刚性"要我们维护什么又坚决拒绝什么的前提下，重新审视公有产权制度存在的弊端和面临的挑战，解析与重置更完备的产权秩序是最好的选择，这便是产权制度改革，是结合国家性质、社会制度、发展水平、人文环境、具体形势等，对产权制度具有本土化特色的全覆盖多层次的柔性完善。这是公有产权制度的自我完善和自我优化，牵扯错综复杂的利益博弈，需要政治上的睿智、策略上的严谨和实践中的创新，使社会主义产权制度能日渐与国情相匹配、走向成熟并拥有长久的生命力。

四　结语

现实中的产权制度是一个国家漫长发展过程中各个社会阶层、各种利益集团长期动态博弈的结果。不同性质的资源要有不同的产权形式与之匹配，只有合适的产权安排，才是生产资源得以有效使用和优化配置的先决条件，才是有效的产权制度。我们不能因发达资本主义所表现出的较高生产力水平和较为有效的自我调节能力而否定社会主义公有产权制度的"理想刚性"、艰辛探索与成长空间，我们对公有产权制度的自信是超越一切旧有的产权制度的。70 余年的社会主义建设，中国已经建立起符合社会主义特质和国情的现代产权制度主体框架，包括较为完善的产权制度，较为清晰牢固的产权观念，理性的"维护公产"和"尊重私产"，能有效防止公产被侵吞，又合法保护公民财产，公有产权和私有产权在既有原则又充满弹性的新公有产权制度下并存互鉴。正因如此，历史不允许我们在产权制度问题上裹足不前，需要我们长久保持清醒的头脑，及时辨析现有产权制度的"理想刚性"和"负面刚性"，让产权制度的演进始终遵循明白是非曲直、减少利益冲突和推进人类文明的正确路径。

观察与思考

建设具有强大凝聚力和引领力的
社会主义意识形态学理探析*

马　娜　徐国民**

摘要： 意识形态工作是党的一项极端重要的工作，事关国家的前途和命运、民族长久的凝聚力和向心力、社会发展前进的动力和指向。建设具有强大凝聚力和引领力的社会主义意识形态，必须在马克思主义指导前提下，认清社会主义意识形态的内涵、特征与功能，挖掘社会主义意识形态建设的学理基础，明确当前中国社会主义意识形态建设面临的风险和挑战，不断增强社会主义意识形态的凝聚力和引领力。正确把握社会主义意识形态建设中，关于经济基础和意识形态之间、意识形态和社会意识之间以及意识形态一元主导与多样发展之间的关系，将社会主义意识形态制度体系建设贯穿于加强社会主义意识形态科学性建设、加强社会主义意识形态工作队伍建设、加强社会主义意识形态的阵地建设之中。

---

* 上海市哲学社会科学基金一般项目"智能时代文明交流互鉴与人类共同价值研究"（2019BKS006）的阶段性成果。

** 马娜，华东师范大学马克思主义学院博士研究生，主要从事马克思主义基本理论及其中国化研究。徐国民，华东理工大学马克思主义学院副院长，教授，博士生导师，主要从事马克思主义基本理论及其中国化研究。

关键词：社会主义意识形态建设；学理基础；实践路径

习近平总书记在党的二十大报告中强调"建设具有强大凝聚力和引领力的社会主义意识形态"时指出："意识形态工作是为国家立心、为民族立魂的工作。牢牢掌握党对意识形态工作领导权，全面落实意识形态工作责任制，巩固壮大奋进新时代的主流思想舆论。"① 可以说，这为新时代中国社会主义意识形态建设进一步指明了方向。建设具有强大凝聚力和引领力的社会主义意识形态，这是新征程上摆在中国共产党人面前的一个重大战略任务。就目前来看，社会主义意识形态建设形势依然严峻，仍然面临着不少风险和挑战，"泛意识形态化""去意识形态化"等错误论调，以及"中国威胁论""中国经济渗透论"等意识形态话语挑战仍旧存在。为此，深入研究社会主义意识形态的特征和功能，厘清经济基础、社会意识与意识形态之间的关系，明确加强社会主义意识形态的学理基础和实践路径，对于新征程上加强社会主义意识形态建设，有着重要的价值和实践意义。

一　建设具有强大凝聚力和引领力的社会主义意识形态的目标指向

建设具有强大凝聚力和引领力的社会主义意识形态，是新征程上全党面临的一项重大战略任务和时代课题。顺利完成这一重大战略任务和时代课题，必须重视对社会主义意识形态的内涵、特征和功能做出深入研究和全面掌握。

---

① 习近平：《高举中国特色社会主义伟大旗帜　为全面建设社会主义现代化国家而团结奋斗——在中国共产党第二十次全国代表大会上的报告》，人民出版社2022年版，第43页。

（一）"科学的意识形态"是社会主义意识形态的本质要求

科学的理论基底是社会主义意识形态作为"科学的意识形态"的首要体现。马克思早在《德意志意识形态》中通过唯物史观的视角，揭示和批判了资产阶级意识形态的根源和实质，从而建立了马克思主义意识形态理论。马克思认为，人类社会在经历不同社会形态发展阶段的同时，必将形成与该社会形态相对应的社会意识形态。而后，社会主义意识形态建设是以列宁最先提出的"科学的意识形态"理念和意识形态灌输理论为出发点的，这也是社会主义意识形态的理论精髓。同时，列宁对"社会主义意识形态"这一概念的提出，也代表了社会主义意识形态学说开始逐步确立，"无产阶级文化""社会主义文化"等概念也开始被使用，在此基础上，列宁还将前人的研究与时代现实相结合，首创了"科学的意识形态"这一说法，系统阐明了以马克思主义为前提的社会主义意识形态是科学的意识形态，认为其满足科学的意识形态所应具备的条件，即符合自然、人类社会及人类思想发展的客观规律并正确指导社会的具体实践。

科学的生成理路是社会主义意识形态作为"科学的意识形态"的重要证明。列宁在建立第一个社会主义国家的过程中，通过俄国十月革命的成功实践，明确表明了社会主义社会是共产主义社会的第一阶段社会形态，必然建立社会主义意识形态，当社会主义运动以科学的马克思主义理论为指导时，意识形态的"虚假性"就不适合仅仅以抽象的方式被讨论，而是应该坚定地树起社会主义意识形态的旗帜，明晰社会主义意识形态的本质内涵、特征功能及其与资本主义意识形态的对立和区别。由此得出，社会主义意识形态是经历了一个从对一般意识形态的否定—到经过革命建设改革实践中整合了马克思主义与意识形态的统一性—再到对资本主义意识形态的批判—最后发展到社会主义意识形态确立的发展过程。这也是一个长期摸索经过实践检验的一个符合历史发展规律的过程。总而言之，社会主义意识形态是一个以社会主义经济建设为基础的、以社会主义制度为依托、以马克思主义为指导的，代表了无产阶级和广大人民群众的根本利益和思想诉求的思想观念上层建筑。

（二）"阶级性、批判性"是社会主义意识形态的基本特征

社会主义意识形态作为马克思主义意识形态体系中的当代发展形态，社会主义的本质规定性决定了社会主义意识形态的基本特征。

社会主义意识形态具有鲜明的阶级性。就像马克思在《德意志意识形态》中所描述的那样："统治阶级的思想在每一时代都是占统治地位的思想。这就是说，一个阶级是社会上占统治地位的物质力量，同时也是社会上占统治地位的精神力量。支配着物质生产资料的阶级，同时也支配着精神生产资料。"① 处在阶级社会中的人们之间的关系，是以阶级为主要区分标准的，整个阶级社会中的主要思想，就是统治阶级的意识形态，因此，意识形态具有鲜明的阶级性。诚然，无产阶级在阶级社会的发展过程中，是以无产阶级解放为主要任务，代表着长期处于被统治被压迫的无产阶级的阶级意识，并以解放全人类为发展目标，无产阶级的阶级利益以及崇高理想符合人类社会的发展趋势，是科学意识形态的现实表达。社会主义意识形态是在无产阶级革命运动基础上产生的，它不仅是无产阶级关乎于观念改革和认识论局限的命题，最主要的是蕴藏着生产力进步、社会发展的现实命题以及对人类最终实现自由而全面发展的终极目标命题。从价值体系来看，社会主义意识形态也是站在无产阶级的立场上，为无产阶级维护自身利益的集中反映，为无产阶级追求人

① 《马克思恩格斯文集》第 1 卷，人民出版社 2009 年版，第 550 页。

的解放和发展指明了方向。因此，以马克思主义为前提的社会主义意识形态，在实践过程中实现意识形态和科学之间具体的历史的统一还将经过系统的意识形态灌输来完成，与较为成熟的资产阶级思想体系相比，无产阶级只有通过意识灌输才能使年轻的社会主义意识形态与错误的思想相抗衡，科学的社会主义才能更加深入人心。

　　社会主义意识形态具有强烈的批判性。"批判的武器当然不能代替武器的批判，物质力量只能用物质力量来摧毁；但是理论一经掌握群众，也会变成物质力量。"① 批判性促使社会主义意识形态通过实践来实现发展目的，也只有通过实践，批判才能有力量。批判性始终贯穿着社会主义意识形态建设始终，在无产阶级革命运动中，具有科学性和革命性的马克思主义一直作为无产阶级重要的思想武器和革命行动的指南，通过现实社会的具体实践作为思想的出发点，来批判旧的腐朽的思想，消除以往以旧的幻想为出发点的意识形态的虚幻性，挖掘现实社会的本真面目，并通过科学的意识形态加以替代。社会主义意识形态是对马克思主义这一科学意识形态的继承和发展，"马克思认为他的理论的全部价值在于这个理论'按其本质来说，它是批判的和革命的'"②。正是因为马克思主义批判性地揭示了资本主义制度的真实面目和无产阶级悲惨处境的深层原因，揭示了"两个必然"和无产阶级的历史使命，才得以一方面保持冷静客观的态度，对现实形势进行客观的分析；另一方面又使得先进的无产阶级以坚定的革命意志和饱满的革命热情积极投身实践发展，从而推动无产阶级革命运动的前进。马克思早在《德意志意识形态》中通过唯物史观的视角，揭示和批判了资产阶级意识形态的根源和实质，从而建立了马克思主义意识形态理论。马克思认为，人类社会在经历不同社会形态发展阶段的同时，必将形成与该社会形态相

---

① 《马克思恩格斯文集》第 1 卷，人民出版社 2009 年版，第 11 页。
② 《列宁选集》第 1 卷，人民出版社 2012 年版，第 82 页。

对应的社会意识形态。而后，列宁在领导俄国社会主义革命的实践中，立场鲜明地继承了马克思关于对意识形态问题的认识，进一步对资产阶级意识形态和宗教意识形态为代表的形形色色"非科学"的意识形态加以批判，并在此基础上旗帜鲜明地指出："或者是资产阶级的意识形态，或者是社会主义的意识形态。这里中间的东西是没有的（因为人类没有创造过任何'第三种'意识形态，而且在为阶级矛盾所分裂的社会中，任何时候也不可能有非阶级的或超阶级的意识形态）。"① 可以说，社会主义意识形态是在历史唯物主义基础上，站在无产阶级和广大人民群众利益的根本立场，通过自觉的、系统的思想认知而构成的意识观念体系，是关于社会主义本质属性和共产主义学说，为社会主义革命建设改革实践证明了的科学理论体系。

（三）"凝聚力、引领力"是社会主义意识形态的核心要义

社会主义意识形态的阶级性首先决定了其作为一种思想上的国家机器，具有其应有的社会政治功能，这种社会政治功能可以为政治稳定提供合理的保障，诚然，这份保障是否能长久且满足民众的需求和认可，就需要在社会主义意识形态建设基础上形成强大的凝聚力和引领力。同时，这既可以为我们所要坚持的科学意识形态保驾护航，也可以明辨对错误意识形态的批判。比如马克思在《德意志意识形态》中对虚幻、臆想等错误的意识形态的批判中讲的那样："他们脑海中想象的某些事物完全不受自己的支配，而且创造出来的物品都属于创造者自己。受某些思想的束缚，他们生活在臆想的枷锁中，而且逐渐的萎靡。因此我们需要把这些人解放出来，不能再让其受精神统治。"②

---

① 《列宁选集》第 1 卷，人民出版社 2012 年版，第 326 页。
② 马克思：《德意志意识形态》，人民出版社 2003 年版，第 45 页。

　　社会主义意识形态引领力的核心之要，在于引导功能的充分发挥。无论是对当下社会主义发展的现实掌握还是对未来社会发展的趋势判断中，社会主义意识形态的导向作用都不容小觑，从过去社会主义意识形态对革命斗争的导向到现在对社会主义建设发展中经济、政治、文化等的导向和预测中来看，面对传统与现实以及当今社会飞速发展和变化，社会主义意识形态都在发挥着联结过去、把握现在、判断未来的作用，遵循着社会发展规律、揭示着事物发展的客观规律，掌握着社会发展变化中的必然的内在联系。科学的理论一旦被群众掌握，成为群众自觉的活动来指导实践，就会变为改造世界和推动社会进步的巨大物质力量。社会主义意识形态在社会主义发展建设进程中一直发挥着主要的思想导向功能，并成为社会主义社会成员推动社会进步的重要推动力量，是引导社会成员坚定社会主义远大目标理想和前进方向的主要能量，为社会主义的建设和发展提供了强有力的思想保障。

　　社会主义意识形态凝聚力的关键所在，在于整合功能的充分展现。社会主义意识形态是社会主义国家、社会主义社会共同成员的根本利益的真实反映，是对人们以聚合心理为基础的共同的发展方向、共同奋斗目标和共同理想信念的整合反映。如何在分化的社会发展基础上强化社会主义意识形态的整合作用，采用何种整合方式是对社会主义意识形态一直以来的总体要求和强大考验。面对经济、政治、文化等多领域的社会多样化发展，社会主义意识形态的整合功能是社会整合的重点，是对社会主义性质、观念、信念等进行整合的思想观念上层建筑，保持社会主义意识形态的社会主义性质以及批判能力，更加强化社会主义意识形态的说服性、影响力和教化力。在《关于正确处理人民内部矛盾的问题》中，毛泽东就明确指出：我国的上层建筑不仅包括了"人民民主专政的国家制度和法律"，同时也包括了"以马克思列宁主义为指导的社会主义意识形态"。① 由此可以说，建设具有强大凝聚力和引领力的社会主义意识形态建设，指导引领推动我国经济社会的高质量发展，需充分发挥社会主义意识形态整合功能。

二　建设具有强大凝聚力和引领力的社会主义意识形态的学理基础

唯物史观认为，物质资料的生产方式决定着人类社会发展，生产力和生产关系、经济基础和上层建筑之间的关系对人类社会发展存在着至关重要的影响。新征程上，建设具有强大凝聚力和引领力的社会主义意识形态，必须充分重视唯物史观的这一基本观点，并在此基础之上，进一步厘清经济基础和意识形态、意识形态与社会意识、一元主导与多样发展等种种复杂关系。

（一）正确处理经济基础和意识形态之间的关系

马克思主义意识形态理论很早就开始对经济基础和意识形态之间的关系非常关注，马克思早在《德意志意识形态》中就界定了经济基础对社会意识形态起着决定性作用，同时也非常重视意识形态对经济基础能动的反作用。《德意志意识形态》中指出："不是意识决定生活，而是生活决定意识"②，《〈政治经济学批判〉序言》中指出："物质生活的生产方式制约着整个社会生活、政治生活和精神生活的过程。不是人们的意识决定人们的存在，相反，是人们的社会存在决定人们的意识。"③ 列宁是马克思主义的继承者，也是世界上

① 《毛泽东文集》第 7 卷，人民出版社 1999 年版，第 215 页。
② 《马克思恩格斯文集》第 1 卷，人民出版社 2009 年版，第 525 页。
③ 《马克思恩格斯文集》第 2 卷，人民出版社 2009 年版，第 591 页。

第一个社会主义国家的领导者，他强调经济基础是社会发展最重要的基本因素，社会发展中最根本的活动就是经济活动，尤其是要正确认识并高度重视经济基础和意识形态之间的关系，并在长期的革命实践中正确处理好社会存在和社会意识之间的关系。

在中国的革命战争年代，毛泽东就全党上下对经济基础和意识形态之间的关系做出了明确强调："思想和政治又是统帅，是灵魂。只要我们的思想工作和政治工作稍为放松，经济工作和技术工作就一定会走到邪路上去。"[1] 随着生产力的不断推进，毛泽东对生产力和生产关系以及经济基础和意识形态之间关系也有了进一步认识，并不是一味地先不断充分发展新的生产力，然后才改造相对落后的生产关系，而是进行革命革新，消灭旧的落后的生产关系，确立新的符合生产力发展的生产关系，这样才能更好更稳定地为生产力的发展不断开辟道路，要意识到意识形态对革命和建设以及生产力发展的重要作用，更加准确地认识、科学地把握经济基础和意识形态之间的关系。由于只重视经济发展而忽视意识形态建设这种错误观点，加之新自由主义等错误思潮在中国长期受到一些人的追捧，使一些地区对经济战略和决策受到了误导，从而导致信仰丧失、社会主义意识形态受到不小的冲击。在改革开放时期，西方资本主义国家并没有减轻对中国渗透的力度，一些资产阶级自由化分子趁着改革开放的热潮，挂着改革派的旗号，大肆在中国传播"非意识形态化""去意识形态化""彻底私有化""共同富裕是亡国之道"等错误思想，甚至认为改革开放就应该完全打破传统的保守思想，甚至提出彻底告别僵化教条的马克思主义，宣扬意识形态多元化，这股思潮的影响使得拜金主义、享乐主义等错误思想泛滥，对社会乃至党内的风气建设都有着极大的危害，在这种只顾着埋头干经济却忽

---

[1] 《毛泽东文集》第 7 卷，人民出版社 1999 年版，第 351 页。

视轻视意识形态工作的窘迫环境下，邓小平同志为使全党对此问题引起注意和重视，提出了警示和批评，经济建设取得骄人成绩的同时，如果在风气上败坏、变质，那经济的发展成功也将变得毫无意义。

2013年8月，习近平总书记在全国宣传思想工作会议上强调"经济建设是党的中心工作，意识形态工作是党的一项极端重要的工作"，经济建设发展得好，人民群众的物质生活条件得到了实质的改善和提高，马克思主义对意识形态领域的指导地位才能得以巩固，意识形态工作才得以拥有说服力和实践效果。同时，随着我国经济的不断发展，物质文明走向丰富，意识形态建设也要跟得上经济建设的脚步，为经济建设提供强大的精神支撑和动力保障，在社会矛盾已经发生转变的新时代，科学地处理好经济建设与意识形态建设之间的关系仍旧是值得被关注的问题，意识形态领域依旧面临着比较严峻的挑战，党对意识形态工作的重视不仅不能停下脚步，还要不断地提升到一个新的水平、新的高度。党的十八大以来，面对新的复杂多变的世界形势，生产力和生产关系之间、经济基础和上层建筑之间的关系随着具体实践的变化而变化，在马克思主义理论与中国实践不断结合发展的基础上，改革开放也随之上升到了一个更科学的定位，当面临着仍旧复杂的国际环境，同时兼具着改革发展的重大任务，既要不断坚持社会主义市场经济的改革方向，又要推进意识形态的顶层设计，社会主义基本制度与市场经济更好的结合是中国经济改革的正确方向，始终坚持社会主义的道路自信、理论自信、制度自信和文化自信，坚定不移坚持马克思主义以人民为中心的政治立场和科学社会主义的基本原则为保障，才能为全面深化改革提供强有力的科学的思想根基。

（二）正确处理社会意识和意识形态之间的关系

社会是由人构成的，人的意识就是社会意识的发源地，人们在从事劳动和社会交往的过程中形成了一定的社群并产生了一定的社会关系，随着社会关系的发展和生产生活方式的变革，又产生了一定的政治关系。社会关系和政治关系在观念形态上，就表现为社会意识，一切具有社会形态的意识都属于社会意识，意识形态也是一种社会意识，但需要明确的一点是，社会意识不一定就是意识形态，社会意识和意识形态有着千丝万缕的联系。意识形态可以通过各种各样的社会意识形式来展现和表达，但社会意识怎么才能上升为意识形态，意识形态最终是否要还原于社会意识，等等。对于这些问题，我们还需要细细斟酌，在把握二者之间联系和区别的基础之上，才能深化对社会主义意识形态建设规律的认知。

人们在生产实践中产生自我意识，并在社会交往中产生了协同关系、组织和群体，人与人之间通过相互需求，产生利益共鸣和互相协作，来更好地保障相互之间的利益，越发地意识到了集体的优势和协作的益处，因此也产生了更加明确的去维护社会的意识形态，试图超越个人来感受社会性的问题，这是物质生产作为社会意识上升为意识形态基本点的重要表现；然而在物质生产的基础上，人是在社会实践中活动着的，活动的基本前提是交往，在交往中不断充斥并完善着群体意识，当生产力发展到更高层次的水平，生产开始出现剩余产品，出现了社会分工，出现了私有制，意识开始逐渐从单一世界解脱出来，开启了多样化的文化形式，社会意识进一步上升为意识形态；国家成为了一个为了调和阶级利益矛盾的产物，国家的群体意识上升为意识形态，恩格斯在《路德维希·费尔巴哈和德国古典哲学的终结》中指出："国家作为第一个支配人的意识形态力量出现在我们面前，社会创立一个机关来保护自己的共同利益，免遭内部和外部的侵犯，这种机关就是国家政权。"① 社会意识不断

---

① 《马克思恩格斯选集》第 4 卷，人民出版社 2012 年版，第 259 页。

上升为意识形态的过程，最主要是依靠生产力不断前进发展的结果，而国家意识形态不仅是统治阶级为了维护自身利益的需求，同时也是人们维护人类社会平稳健康运转的必要存在。

马克思认为，意识形态最终会随着国家的消亡、阶级的消亡和政党的消亡而灭亡，任何一种思想的产生归根结底是以现实世界的物质存在为第一性的。一个时期占统治地位的思想并非仅仅是一种由统治阶级随意提出并给其定位为占统治地位的思想，它就能够占据统治地位并随意支配着其他思想的，而是依托经济基础和生产关系基础上通过由意识形态的各种意识表现形式构成的，是意识形态最终回归为社会意识为人们所认知。在社会变革过程中，人们借助那些法律的、政治的、宗教的或哲学的意识形态形式来把握对意识形态的认识。意识形态隐藏于这些社会意识之中。比如：法律中隐藏着意识形态具有的严谨的政治倾向性，是对统治阶级或者社会成员的利益进行强制保障的重要形式；政治实践活动毋庸置疑是使得意识形态在结构和内容上必然体现出政治思想性，是统治阶级为了利益保障而建立的与之配套的意识形态，也是意识形态得以运作的有效路径；宗教也同样是意识形态的一种重要形式，通过宗教和神学使被剥削压迫的人们获得一种心理的慰藉和寄托，来获取一种以宗教为意识形态的社会意识；哲学作为意识形态形式中较为突出的表现形式，是阶级斗争中十分重要的意识形态武器。马克思指出："哲学把无产阶级当做自己的物质武器，同样，无产阶级也把哲学当做自己的精神武器。"① 由此可以看出，对一个时期社会意识的考察，是以这个时期的意识形态形式情况为基础展开的。改革开放以来，社会主义意识形态形式呈现出从保守单一向开放多元转化、从经验教条向求真务实转变的趋势，同时也面对着西方资本主义国家意识

---

① 《马克思恩格斯文集》第 1 卷，人民出版社 2009 年版，第 17 页。

形态的传播和挑战。意识形态形式的变化带来了社会意识的变化，也为中国特色社会主义意识形态建设工作带来了新的进步和挑战。中国特色社会主义进入新时代，为社会主义意识形态建设构建了新的历史方位。随着中国社会主要矛盾的转变，社会主义意识形态形式也发生了转变，推动着社会主义意识形态建设上升到了新的发展高度。

（三）正确处理意识形态一元主导与多样发展之间的关系

唯物史观认为，无论是自然界，还是人类社会，都统一于物质的客观实在，这种统一是寓于多样性中的统一，意识形态的一元主导和多样发展之间的辩证关系正是基于世界统一性和多样性的辩证关系原理基础上发展的。意识形态的一元主导体现了世界的统一性，意识形态的多样发展反映了世界的多样性，既要保障意识形态的一元主导地位，又要充分发挥意识形态的多样性，才能使意识形态的建设更全面地发展，充分发挥意识形态的作用和价值。世界上并不存在单一的社会意识，也没有多元的社会意识，存在着的只是"一元"主导的"意识形态"和多种发展的"社会意识"，也就是说"一元主导，多种并存"。

作为主导意识形态，拥有主导地位首先是源自于它自身的合理性及合法性，意识形态的阶级属性特征决定了意识形态作为一种观念上层建筑，集中反映着统治阶级的意志，是社会上各种各样思想的集合区间，是对经济基础有高度的统一性和合力的先导意识，恩格斯指出，"经济对于意识形态的支配作用是无疑的，但是这种支配作用是发生在该领域本身所限定的条件范围之内，这种作用就是各种经济影响（这些经济影响多半又只是在它的政治等等外衣下起作用）对先驱者所提供的现有哲学资料发生的作用"①。其次，主导意识形态以坚定的政治信念为核心，以政治理想为依托，增强主导意识形态的凝聚力和吸引力，承担着社会发展中个人的生活目标和理想信念的任务，使人们在自我意识和社会政治理想中达成共识因子，巩固自身的理论系统性及权威原则性。同样，作为多样化社会意识的存在，当主导意识和非主导意识处于相互依存却又互相冲突的复杂环境中时，没有多样化的批判因素的存在，甚至就不可能存在所谓的主导性，当影响政治合理，社会前进，导致一元绝对化甚至唯心主义等错误形式的意识形态独霸一方，禁锢思想时，正如萨义德所言："如果每个人都要坚持自己声音的纯粹性和至上性，我们得到的将仅仅是无休止的争斗声和血腥的政治混乱。"②

　　社会主义意识形态建设和发展也一直面临着如何正确处理意识形态一元主导与社会意识多样发展之间的关系。中国坚持以公有制为主体，多种经济成分共同发展，这一现实的经济基础决定了作为观念上层建筑的意识形态也必然是以马克思主义一元主导为主体，以其他社会意识多样发展并存的模式，意识形态建设发展是主流意识形态的主导作用和多样性社会意识共同起作用的结果，一元主导是意识形态建设的大局，多样发展的社会意识使得意识形态建设过程中不断吸收积极能量和新鲜活力。意识形态的一元主导和社会意识的多样发展共同作用和避免混乱，是建立在意识形态的一元主导对社会意识多样发展的包容性以及多样发展被一元主导所整合的基础上的，社会主义意识形态的包容性是在多样化社会意识的科学合理存在的前提下展开的，吸取多样化意识形态中对社会主义建设的有利成分精华，扬弃对社会主义建设的不利因素，多样化社会意识

---

① 《马克思恩格斯文集》第10卷，人民出版社2009年版，第600页。
② ［美］萨义德：《文化与帝国主义》，李琨译，生活·读书·新知三联书店2003年版，第15页。

相对复杂、参差不齐，不论是从内容上还是形式上抑或是传播途径来说，通过一元主导意识形态来整合多样化社会意识的过程都是充满艰巨性和挑战性的。中国化的马克思主义是不断发展的理论，指导着当代意识形态的一元主导和多样化社会意识发展的指导思想，把握科学理解马克思主义一元化不是绝对、僵化、教条的，把握社会意识的多样化不是自由、激进、完全的，通过科学的认知，掌握正确的策略，是处理好一元主导意识形态的指引和发挥好多样化社会意识生命力的重要理论前提和实践基础。

三　建设具有强大凝聚力和引领力的社会主义意识形态的实践路径

改革开放以来，在这个越来越开放包容发展的社会中，社会主义意识形态的形式是复杂多样的，社会思潮也呈现出各方涌动的态势，人们价值取向的多样化导致意识形态面对多样社会意识的冲击。新时代加强社会主义意识形态建设，增强社会主义意识形态的凝聚力和引领力，是加强意识形态建设的战略任务，也是筑牢全党和全国人民共同思想基础的重要内容，更是不断提升中国话语权，让世界更了解中国，更加理解、支持并响应中国智慧、中国方案的有力保障。因此，不断探索新时代加强社会主义意识形态建设的实践路径是十分必要的。

（一）不断加强社会主义意识形态理论科学性建设

中国共产党自建党到立党再到兴党的理论根基和重要法宝，就是坚持马克思主义指导思想，巩固马克思主义在中国社会主义革命建设改革中的重要地位，坚持马克思主义在意识形态领域指导地位的根本制度，并进一步研究制定将这一根本制度落到实处的体制和机制。马克思主义是全党全国人民共同团结奋斗的思想根基，不断加强学习马克思主义理论，用这一理论强化社会主义意识形态的科学性，就必须积极推进理论创新。科学的理论源于伟大的实践，不断推进马克思主义中国化，坚持马克思主义基本原理与中国具体实际相结合，坚持发展马克思主义，推动马克思主义与时俱进，运用马克思主义解决当前中国在意识形态领域出现的问题和挑战，吸取苏联解体这一社会主义意识形态动摇这一惨痛的历史教训。美国前总统尼克松指出，美国与苏联不仅仅是在经济、政治和军事上的竞争，从本质意义来讲，是一场关于意识形态的争夺。需要强调的是，社会主义意识形态建设根本制度的建立，必须始终坚持以科学的马克思主义为指导，同时，进一步研究制定具体制度的过程，必须始终紧紧围绕中国特色社会主义理论体系来展开。因此，只有充分发挥社会主义意识形态的比较优势，使人民群众通过对社会主义意识形态指导下建设的社会主义优良成果的科学认识，进而使社会主义意识形态更加充分地发挥推动社会各方面利益平衡发展的思想武器，形成助推社会主义革命建设改革稳定发展的指导地位不动摇制度体系。

　　始终站在最广大人民群众的政治立场上，始终坚持全心全意为人民服务，我们党只有保持这样的初心和立场，才能在充满困难和挑战的意识形态建设中聚民心，筑同心，强信心。党的十八大以来，面对国内外形势的发展和变化，坚持解放思想、实事求是、与时俱进等系列工作取得了一些成就，推动了中国特色社会主义迈向新时代。新时代面临着新的历史课题，围绕着发展什么样的中国特色社会主义，怎样发展中国特色社会主义这一课题，习近平新时代中国特色社会主义思想做出了新的实践探索。牢牢掌握党对意识形态工作领导权，稳固树立社会主义意识形态的科学性建设，要求我们扎实地学习习近平新时代中国特色社会主义思想，真正地领悟习近平新时代中国特色社会主义思想对意识形态领域的理论指引，坚持不懈用习近平新时代中国特色社会主义思想凝心铸魂，稳固社会主义意识形态阵地，建设强大的社会主义意识形态。

习近平总书记强调，要把坚定"四个自信"作为建设社会主义意识形态的关键，中国特色社会主义理论体系是在坚持了科学社会主义的基本原则下，与中国具体国情紧密结合的马克思主义中国化的科学理论成果。中国特色社会主义理论体系作为党和人民的行动指南，指引中国开辟出了一条中国特色社会主义美好的康庄大道，这一科学的理论体系在历史和现实的理论深化和实践进程中始终释放着强大的解释力、凝聚力和引领力。中国特色社会主义制度强大优势始终根植于中国特色社会主义伟大实践中，中华文化在文明型国家中铸就辉煌篇章，为我们坚定对中国特色社会主义道路自信、理论自信、制度自信和文化自信提供了保障。我们必须增强社会主义意识形态自信，凝聚中华民族意识形态软实力，努力推进习近平新时代中国特色社会主义思想深入人心，同时做好加强马克思主义宣传教育工作，坚持用科学的理论来指导人们认识世界和改造世界，讲清楚成就背后的理论逻辑、制度原因，传播好中国声音，讲好中国人民努力追求中国梦的故事，切实努力提升当代社会主义意识形态话语权，当代中国的话语权。

（二）不断加强社会主义意识形态工作队伍建设

中国共产党通过不断的自我革命和加强自身建设，最终成为建设中国特色社会主义事业中坚强的领导核心，而加强党员干部队伍的自身建设又是加强党的自身建设的重中之重，首先，党员干部队伍是社会主义意识形态的重要传承者和主力军。广大党员干部自身要树立坚定而又稳定的政治信念，坚持理论学习来不断提升自身的理论修养，要及时把理论学习的成果转变为做好自身本职工作的强大精神动力。通过理论与实践相结合，身体力行地大力助推社会主义意识形态的宣传工作，增强立党为公、执政为民的正确的政绩观念和权力观念，加强党对社会主义意识形态工作的全面领导及意识形态工作建设，增强党员干部对中国特色社会主义的信心和底气，始终把凝聚民心作为建设意识形态凝聚力的出发点和落脚点，强信心、聚民心、暖人心、筑同心。

其次，加强思想政治教育工作者对社会主义意识形态的整合和引导也是至关重要的。习近平总书记在思想政治教育工作座谈会上强调，思想政治教育工作者首先自身政治素质要过硬，以科学的理论来内化于心，从而更好地引导教育对象对社会主义意识形态的科学认识和精准把握，提升和增强思想教育工作者的引领力，以凝聚精神动力为目标，以实践推动为促进手段，使思想政治教育工作者在政治责任和引领责任的驱动力下，将理想信念、价值理念和道德观念上紧紧团结在一起。我们党领导下的思想政治教育工作，是中国特色社会主义的思想政治教育工作，要始终坚持学习和传播马克思主义理论，全面贯彻党的思想教育方针，结合现代多种教育手段和方式来调动广大受教育者的学习热情，加大对社会主义意识形态的教育力度和宣传力度，发挥好社会主义意识形态建设桥梁作用。

最后，社会主义意识形态的建设工作，需要关注社会阶层分化和社会结构多样所导致的思想认知和观念价值存在差别的问题。经济成分的多样化、社会阶层的分化、社会结构的多样性必然导致价值观和社会意识的差异化和多元化。因此，在满足先进性要求的同时，也要根据不同社会实践环境中的不同社会群体所占有的社会资源情况的不同、层次需求的不同，划出重点区域，找准重点群体。一方面，社会主义意识形态的建设要集中力量抓好党员干部和思想政治教育工作者这两大重点群体，把学习掌握马克思主义理论作为看家本领，做到学有所得，思有所悟，真正做到对马克思主义"虔诚而执着、至信而深厚。"① 另一方面，社会主义意识形态的传播不是孤立状态也不是静态发展的，是要广大人民群众共同努力发展完善的，务必统筹思考各类社会群体的不同认知和需求，及时对人民群众在意识形态领域出现的问题进行教育和引导，促进社会主义意识形态与群众路线相统一。

（三） 不断加强社会主义意识形态传播阵地建设

加强意识形态阵地建设和管理，是新时代加强社会主义意识形态建设的关键保证。意识形态领域的斗争，从根本上讲就是习近平总书记讲的"争夺阵地、争夺人心、争夺群众"的斗争。需要旗帜鲜明地抵制各种错误观点，需要明确区分政治原则问题、思想认识问题以及学术观点问题等意识形态领域的关键问题，加强社会主义意识形态建设，建设具有强大凝聚力和引领力的社会主义意识形态，最关键的是严格落实意识形态工作责任制，做到守土有责、守土负责、守土尽责，牢牢守住思想舆论阵地。

首先，加快构建中国特色哲学社会科学学科体系、学术体系、话语体系是加强中国话语体系建设的重要环节。习近平总书记在哲学社会科学工作座谈会上强调，哲学社会科学是人们认识世界和改造世界的重要工具，是推动历史发展和社会进步的重要力量，具有鲜明的意识形态的特征和属性。当代中国的哲学社会科学区别于其他哲学社会科学的根本标志是在马克思主义的指导下坚持社会主义理论体系，是具有中国特色、中国风格、中国气派的哲学社会科学；中国的哲学社会科学是代表着人民群众的根本利益的科学，是在社会主义意识思想理论体系指导下的理论观点，"坚持用中国的理论、中国的学术解读中国的奇迹，充分展示中国特色社会主义道路的独

---

① 《习近平关于社会主义文化建设论述摘编》，中央文献出版社 2017 年版，第 62 页。

特创造、理论的独特贡献、制度的独特优势"①。只有坚持了意识形态性的哲学社会科学才能引导我们树立正确的学术方向，坚持了党的领导和科学的马克思主义理论指导下的哲学社会科学学术成果，才更具有说服力和引领力，从而为新时代增强社会主义意识形态的凝聚力和引领力而努力。意识形态的学术传播途径是社会主义意识形态的前沿思想阵地，要科学把握正确引导学术方向，严格遵守宣传出版纪律，坚持政治家办刊、办报、办新闻网站原则，通过对各类学术平台的管理和建设来加强社会主义意识形态建设。加快制定"把坚持以马克思主义为指导全面落实到思想理论建设、哲学社会科学研究、教育教学各方面"的相关配套制度建设；不仅要将坚持以马克思主义为指导落实到社会主义意识形态制度体系主体建设中，还要将坚持以马克思主义为指导落实到思想理论建设、哲学社会科学研究以及教育教学各方面的配套制度建设中。

其次，我们要做好高校意识形态工作，坚定强化高校社会主义意识形态前沿。要把高校作为指导社会主义发展的基本理论学习、熏陶、研究、深化的重要平台。高校社会主义意识形态阵地建设的基础性工程就是进行理论的学习，为此，要发挥课堂作为社会主义意识形态传播主要渠道的作用，切实推进中国特色社会主义理论体系进教材、进课堂、进头脑的"三进"工作。习近平总书记在全国高校思想政治工作会议上强调，"高校思想政治工作关系高校培养什么样的人、如何培养人以及为谁培养人这个根本问题"②，建立全员、全程、全方位育人体制机制仍然是加强学校思想政治教育的重要保障。党的二十大报告指出："用社会主义核心价值观铸魂育人，完善

---

①　葛彦东：《中国共产党领导意识形态建设的历史经验研究》，人民出版社 2021 年版，第 45 页。

②　习近平：《把思想政治工作贯穿教育教学全过程　开创我国高等教育事业发展新局面》，《人民日报》2016 年 12 月 9 日第 1 版。

思想政治工作体系，推进大中小学思想政治教育一体化建设。"①高校社会主义意识形态建设承担着高校的党建工作和思想政治工作的双重任务，强化高校社会主义意识形态建设的话语权，使青年学生增强社会主义核心价值观念，增强青年学生对社会主义意识形态的认知和认可，随着世界信息化的迅猛发展，西方发达国家意图凭借自身技术优势将中国高校当作西方强势信息文化的输出地，宣传输入一些与中国主流意识形态相冲突的错误思潮，西方"普世价值""历史虚无主义""拜金主义""享乐主义"等错误意识形态的传播对青少年学生的价值观产生冲击，冲淡了一些学生的理想信念。因此，高校社会主义意识形态阵地建设重点要强化价值观引领，通过思想教育引导、文化教育熏陶、实践行为养成等，搭建健康的社会主义意识形态教育平台，塑造良好的意识形态教育环境，加强网络舆情监管和引导力度，扩大主流意识形态宣传影响力度，根据新媒体的聚群效应，打造社会主义意识形态领域斗争的新阵地，将社会主义核心价值观融入课堂教学和校园文化教育的方方面面。

最后，拓展社会主义意识形态网络阵地建设，弥补意识形态话语价值导向的缺失问题是巩固意识形态话语主导地位的重点区域建设问题。党的二十大报告在建设具有强大凝聚力和引领力的社会主义意识形态中提出，要牢牢掌握党对意识形态工作的领导权，这需要"加强全媒体传播体系建设，塑造主流舆论新格局。健全网络综合治理体系，推动形成良好网络生态"②。进一步使社会主义意识形态得到大众的普遍认同，就要重视意识形态的宣传力度，利用新时代新媒体现代网络传播技术技巧，来不断增强宣传工作的吸引力和引领力。习近平总书记在中央网络安全和信息化领导小组第一次会

---

① 习近平：《高举中国特色社会主义伟大旗帜　为全面建设社会主义现代化国家而团结奋斗——在中国共产党第二十次全国代表大会上的报告》，人民出版社 2022 年版，第 44 页。

② 习近平：《高举中国特色社会主义伟大旗帜　为全面建设社会主义现代化国家而团结奋斗——在中国共产党第二十次全国代表大会上的报告》，人民出版社 2022 年版，第 44 页。

议中指出："做好网上舆论工作是一项长期任务，要创新和改进网上宣传，运用网络传播规律，弘扬主旋律，激发正能量，大力培育和践行社会主义核心价值观，把握好网上舆论引导的时、度、效，使网络空间清朗起来。"① 中国社会主义意识形态建设以及意识形态的安全维护需要网络信息化，现阶段，我们政府正在主动把握网络宣传的发展趋势，加强网络媒体为传播形式的社会主义舆论宣传，同时也要加强党管宣传工作，党管意识形态，党管新闻媒体，用马克思主义新闻观教育、引领新闻工作者自觉抵制西方新闻观等错误观点。充分利用互联网空间的优质资源，进一步巩固和加强社会主义意识形态建设，提升中国社会主义意识形态在国际社会中的话语权和公信力，让作为顺应时代发展变化要求而出现的新媒体，成为积极凝聚和引领全国人民的社会主义核心价值观的强有力的武器，为建设具有强大凝聚力和引领力的社会主义意识形态保驾护航。

---

① 习近平：《在中央网络安全和信息化领导小组第一次会议上的讲话》，2014 年 2 月 27 日，新华网。

共同体记忆与历史叙事：民族文化遗产中的中华文化认同价值蕴含

闪兰靖　王　静[*]

摘要：民族共同体记忆是民族发展过程中历史和现实要素结合的产物，民族文化遗产是民族共同体创造并贮存于民族共同体记忆，物质文化遗产与非物质文化遗产一同构成各民族共同创造中华文化的历史叙事的集体记忆内容。传承和保护民族文化遗产就是在增进共同性、尊重和包容差异性基础上增强时代性的价值蕴含的表达和中华文化认同的集体记忆的书写。

关键词：民族文化遗产；民族记忆；中华文化认同；价值蕴含

文化遗产作为各民族共同体记忆的贮存器，内存了具有民族特质且丰富的文化内容，是不同民族在各自不同的自然环境生态下通过长期生活实践而创造出的智慧结晶。各民族在历史上创造的绘画、雕刻、歌谣、故事、舞蹈、仪式、工艺、居所、建筑、文化遗迹以

　＊ 闪兰靖，西北师范大学马克思主义学院副教授；王静，西北师范大学马克思主义学院研究生。本文系国家社会科学基金项目"改革开放以来西北民族地区乡村社会治理的创新发展历程和经验研究"（19XKS004）。

及文化空间等具象化的文化遗产，凭借各民族作为文化遗产的持有者贯穿于整个心理过程的集体记忆，历经历史变迁和社会发展被留存至今。文化遗产所体现的"从文化多元一体到国家一统多元"历史记忆，见证了中国自古以来就是一个统一的多民族国家不断演进、发展、增强至今的文化根脉，沉淀了中华民族共同体成员归聚、情感相依、团结共融的心理认同基础。文化遗产所具有的文化历史性使各民族在中华文化认同过程中产生影响、发挥作用。作为各民族共同体记忆的文化遗产，在充分尊重各民族文化传统的基础上力求文化创新，充分发挥各民族共同体记忆是铸牢中华民族共同体意识，增强中国各民族对中华文化的认同，推进中华民族共同体建设的时代要求。

一　民族文化遗产：民族性与时代性的表达

文化遗产是各民族历史上创造的物质、非物质文化并由各种文物、历史建筑、艺术品、历史遗址以及知识、经验、技术、工艺、艺术等要素积累的智慧集合体，具有历史性、民族性、科学性、审美性、纪念性、传承性、时代性等特征，映射出文化遗产是民族共同体记忆内存的内容，反映了各民族间的生活及其长期得以流传的文化活动，体现各民族发展的集体历史记忆。从文化遗产作为民族共同体记忆内存内容的理解出发，基于文化遗产的历史特性，可从样态丰富、多元化的文化遗产中提炼出其民族性特征，面向未来保护和传承文化遗产则彰显了其时代性价值与特征，从而进一步体察民族文化遗产在一个与过去有因果联系的脉络中其民族性的时代表达。

民族作为人类社会发展中的客观存在，中外学者对民族这个人们共同体的认识构成话语边界并形成各自学派。无论是认为民族是

"真实的""发明的""想象的"，还是民族是一个"建构的"结果，民族乃是"最大的共同体"和"命运共同体"，以及马克思主义经典作家认为民族是"历史上形成的具有共同地域、共同经济生活、共同文化、共同心理素质的稳定的共同体"①，迄今产生的定义与解释超过百余种。不过，对于民族的认识和理解的共识性话语是，民族是历史上形成的稳定的共同体。德国社会学家斐迪南·滕尼斯最先提出"共同体"概念，滕尼斯将共同体划分为三种基本形式，即血缘共同体、地缘共同体和精神共同体。但是需要指明的是，中国的 56 个民族的民族（minzu）概念与西方民族（nation）、族群（race）等有着显著的区别，用西方关于民族概念的解释话语来解答中华民族形成的历史与现实凸显其缺陷性。更不能搬用滕尼斯的"共同体"概念观照和解读中华民族共同体。因为，中华民族已经不是一个由血缘凝聚的共同体，也不仅仅是生活在中国地理疆域内的地缘共同体。在长期的历史发展过程中，各民族创造了"多彩一体"的中华文化，共同表达了一个共享的和协调的意义系统，这一系统是由各民族通过阐释经验和产生行为而习得并付诸实践的知识经验所获知的，更加体现在文化共同体的表达与呈现上。中华民族是 56 个民族组成的共同体，多元一体是中华民族最显著的特征。从中华民族历史发展脉络可以清晰厘定，各民族作为共同疆域的开拓者、共同历史的书写者、共同文化的创造者、共同精神的培育者，证实了中华民族"是一个享有共同文化、共同利益，处于同一政治屋檐下的民族共同体"②，凸显了中华民族的"整体性、共同性和有机性"。文化遗产所包含的国家认同、中华民族认同、中华文化认同、共同经济生活认同以及民族交往、交流、交融关系认同等记忆内容

---

① 金炳镐：《民族学通论》，中央民族大学出版社 1997 年版，第 244 页。
② 王宗礼：《国家建构视域下铸牢中华民族共同体意识研究》，《西北师范大学学报》（社会科学版）2021 年第 3 期。

是可以不断生产、运用和增强的。

在社会生活中，民族共同体的历史记忆与现实记忆不断相互滋长，彼此影响，强化共同体认同，因此，对物质文化遗产进行有目的的选择对民族共同体记忆重新编码是十分必要和重要的。例如，中国历史上修建的伏羲庙、孔林、万里长城、故宫等建筑遗存就是特定记忆的最好例证，从而使历史上留存至今关涉民族共同体的重要事件或者重要人物通过先前的记忆经验所带来的视角被观察，并且那些先前的经验会帮助决定新经验将以怎样的方式被解释、理解和塑造，直至不会导致"集体失忆"，从而达成集体记忆的重构。因为"记忆的场所对于声言真实、认同和人的生活的许多方面都是非常重要的"①。随着社会发展，现实生活中物质文化遗产与民族共同体记忆的维持，以及与此有关的历史记忆的变异、衰减、选择、强化等，随时都有可能发生。因此，体察一个民族共同体的本质，以及历史记忆如何凝聚一个民族共同体，饱含民族情感意志和精神价值，必将有助于理解物质文化遗产所蕴含的"过去"的本质，以及许多物质文化遗产彰显的民族共同体特性。因此，作为民族物质文化遗产的民族共同体记忆就与社会发展产生一个交集，民族共同体根据社会发展的现实取向来共同遗忘、追寻和创造过去，物质文化遗产特定的文化意涵与价值受时代文化价值力量的统辖被重新诠释，通过整合民族共同体的历史记忆，实现新的记忆编码并存储于民族共同体记忆中，进而促使民族物质文化遗产具有了新的强烈的时代性特征。

非物质文化遗产是民众的、行为的、非物质的，它是文化遗产的一种分类，"是民众创造、享用，并以活态形式世代传承的生活、

---

① ［法］莫里斯·哈布瓦赫：《论集体记忆》，毕然、郭金华译，上海人民出版社2002年版，第40页。

艺术和文化"①，包含着不同人类群体"为了维持和创造幸福生活过程中积累起来的经验、智慧的象征符号以及所代表的价值、理想和信念"②，成为人类共存的文明成果。对于民族共同体来说，非物质文化遗产与一定地域环境、气候、经济文化等条件下民族共同体的生活紧密相关联。例如，维吾尔族模制法土陶烧制技艺、蒙古族长调民歌等，其独特性的表现更多体现在民族性特征上。非物质文化之所以被定义为非物质文化，其存在的形式不以物质作为依附载体，主要以人的身体化实践作为传承方式，比如口传心授、身体动作等，在传承过程中流变的发生使其活态性特征更加突出。从历史中创造再到存续至今的非物质文化遗产不仅是对集体的历史经验的反映，同时，随着社会发展，这种反映具有选择性并被赋予新的价值诠释，是为了更好地促进民族共同体生存、进步与发展的时代性表达，而且在现实生活的不断操演中传送和保持。例如，作为国家级非物质文化遗产白族的"三月三"（又称作"三月街"），"它始于唐代永徽年间，系由庙会演变而成，其产生与佛教在大理的传播有着密切的关系"③，三月街街期为七天，从农历三月十五日开始，至二十一日结束。每年赶赴三月街的人数以百万计，全国各地及海外都有人参加。"三月街"作为非物质文化遗产的一种表现形式，现如今已发展成为白族人民的传统节日，成为集白族民俗、各民族经济文化交流于一体的重要平台，体现了各民族情感交流、文化互鉴、增强团结合作、促进共同发展的强烈的时代特征与价值蕴含。

　　民族历史记忆的选择决定了民族文化遗产不仅具有历史性特征，而且在持续民族性特征的基础上更呈现了时代性特征。"一个特定的

---

　　① 黄永林：《破圈与聚焦：非物质文化遗产学发展的现实选择》，《民俗研究》2022 年第 4 期。

　　② 徐黎丽：《民族学原理》，人民出版社 2014 年版，第 192 页。

　　③ 《中国非物质文化遗产数字博物馆》，2022 年 11 月 1 日，中国非物质文化遗产网（https：//www. ihchina. cn/project_details/15246/）。

社会群体之成员共享往事的过程和结果，保证集体记忆传承的条件是社会交往及群体意识需要提取该记忆的延续性。"① 集体记忆是民族成员所共同享有、选择、重整、强化、延续的，受其所处历史、政治、经济、文化等外部因素不断建构的，也是记忆主体民族共同体主动进行组织、调整、重构编码内容的结果。在当今的现实生活中，民族文化遗产重获新生既是其包含民族性历史经验维护民族发展的现实需要，更是响应现代统一的多民族国家发展的必然要求，而中华文化认同是各民族文化繁荣发展载体建设的重要心理基础。中华民族文化遗产中的记忆密码程序的规制源于"各民族共同开创中华民族的"历史、各民族铸牢中华民族共同体意识、"构筑中华民族共有精神家园"的现实、以实现各民族现代化推进中华民族伟大复兴的未来。

二　民族共同体记忆：历史叙事与现实呈现

记忆的开启来自人的社会实践活动，人对过去的实践活动通过人的感知、思考、体验等心理活动并以印象的形式保留和积累在人脑，同时，对所积累的信息、经验进行选择、编码、储存和提取并加以保持和应用过程。文化作为人们生产生活实践的产物，其产生也是人们的生理条件即记忆功能的体现，同时，人生活在一定的社会文化共同体中，人的记忆在对其接收到的信息进行选择、分类、排序、存留，甚至对信息再加工、再认识以及提取的过程必然受人们共同体共享的文化模式的影响，从而对人的实践活动产生影响。人在辨识"我"者与"他"者以及如何调适、平衡二者关系等诸多方面的问题时，过去的经验成为必然依据的基础。人们对生存所仰

---

① ［法］莫里斯·哈布瓦赫：《论集体记忆》，毕然、郭金华译，上海人民出版社 2002 年版，第 40 页。

赖的自然生态环境的认知、生计方式的确定、自身与自然关系的调整等问题的理解，对个人与共同体关系以及与不同人们组成的共同体之间互动关系的确认都离不开记忆。因为，"记忆是自我以及生活的基础。我们依靠记忆赋予我们生活以意义，告诉我们是谁，我们需要做什么，怎么做，我们属于哪里以及我们如何与其他人相处"①。

　　人们的记忆并非是对过去社会生活经验简单地在头脑中的反映，或者说在一定条件下的重新再现。现实社会中的每个个体的人所经历的事情都不可能全部成为自己记忆的内容加以保存，因为人的记忆具有选择性或刻意性保存的特征，人对过去发生和经历的事情，可能在其记忆中隐瞒、忽略一部分，而对那些不断反复出现和受外部其他因素刺激产生印象的事情就会在其记忆中隐藏和潜伏，在以后的社会生活中对此进行一种重新编码再储存。另外，尽管处在不同生活环境下，人的生理、成长过程的差异性以及所经历事情的独特性，不可能与他人的记忆内容保持完全的一致，但是，每一个个体的人的记忆内容基于与其他人共同积累并共享的经验等要素影响，在不同生活环境下的人们的记忆具有了相似性、相近性、共同性。例如，西北地区的陕康藏茶马古道和西南地区的川藏茶马古道等历史文化遗存，真实地叙写了西北、西南地区等不同地域的人们在经济、文化等方面进行相互交往、交流、理解和合作的历史史实，这些历史文化遗存背后所蕴含的历史叙事留存于这些地区人们共同的记忆中。

　　现实社会生活中，由人构成的社会关系网络中，血缘共同体的亲属关系、居住格局差别下的社区关系、不同生产关系下的社会阶层关系、民族共同体关系以及国家制度等都会对人的记忆产生重要

①　Maria G. Cattle and Jacob J. Climo, "Introduction: Meaning in Social Memory and History: Anthropological Perspectives", see Maria G. Cattell and Jocob J. Climo, eds., *Social Memory and History: Anthropological Perspectives*, Altamzia Press, 2002, p. 1.

影响。对于人的记忆来说，不仅是个体对过去的事件和事物有因果关系的脉络中的体验和经验的存储，而记忆更多是一种集体社会行为，因为每一个人都生活在一定的社会群体中，每一种社会群体在其形成和发展过程中皆有其对应的集体记忆。关于这里的"集体"概念的认识，可以被理解为家庭、家族、某种社会阶层、宗教团体、不同地域形成共同体，也可以是一个民族共同体或者是一个包含全体民众的国家政治共同体。民族共同体记忆作为一种集体记忆，是一个具有文化特质的民族对其过去发展、延续过程中所发生的各种关系的记忆。同时，任何一个民族的集体记忆不可能一成不变，会随着环境条件的变化和顺应时代发展需要不断发生，不断对过去所积累的经验记忆做出集体性调适甚至集体记忆编码的重构。由此，作为人们的集体出现的民族共同体记忆构成民族成员共享集体记忆，一方面，一个民族共同体需要强调不同时期发生的事件的集体记忆，例如民族共同起源的追溯，借此共同体成员心理得到归属，身份得以找回，成员得以凝聚，文化得以延续，共同体得以发展；另一方面，根据社会发展变迁与现实发展的需要，民族共同体会调整集体记忆，以遗忘另一些记忆，并重组记忆内容来创造新的记忆编码，并不断向民族成员传递，使之合理化地被巩固和强化。

民族作为人们共同体的客观存在，在自身历史的发展中形成和发展起来的文化成为一个民族的重要标志。民族作为文化共同体，记忆作为一种民族心理的表现形式与民族社会文化紧密关联。民族共同体的记忆不仅保存言语的话语表达、文字的书写、意向行为，记忆必然存在于共同生活的村落、街巷等场所，以及以身体化实践的舞蹈、说唱、仪式等，记忆还会留存那些对于民族共同体来说重要的共同经历的事件和共同追忆的人物。同样，以多样态存在的无生命的物体"包含了个人意义的一般的屋舍到艺术品，从纪念碑、博物馆到其他的具有集体意义的公共建筑相关联"①，也会被记忆。诸如住所建筑、劳动工具、饮食习惯、服饰、仪式、歌舞、风俗习惯、技艺、文物、遗迹、文学艺术等。记忆贯穿于人的整个心理过程，既是心理活动的依据，也是最重要的心理活动。民族共同体通过个体经验积累以及共同体在历史上创造的物质化和非物质化形式的文化遗产能够保留至今，说到底都归结于民族记忆。如果没有民族记忆，文化遗产必将丧失殆尽，荡然无存，那么民族共同体也就不复存在。当今，现实生活中形态多样、内容丰富的民族文化遗产的再现，就是民族共同体历史记忆所重建过去历史叙事的现实呈现。

三　中华文化认同：文化遗产与民族共同体记忆的书写

认同（identify 或 identification）是一个心理学术语，最早由心理学家西格蒙德·弗洛伊德提出并形成了他本人对认同研究的早、中、晚三个时期的思想，他曾指出："个体通过模仿他人在情感上、心理上使慢慢地形成趋同的过程。"② 文化作为人类创造的一种客观存在，人类学、民族学、文学、艺术学和美学等不同学科对文化的理解、认识和解释至今没有明确的定论，但是关于文化的界定却有许多共同之处。首先文化绝不等同于种族，它是人们后天习得的；其次，全世界人类的文化都是不断向前发展的；再次，文化代表的是理念的价值观，是一种集体的态度，这些理念、价值观、宇宙观、道德观和审美都可以通过符号来表达，因而，对文化作为符号、象征、工具和信仰的可抽象的包裹的这种观点使文化的解释所涵盖的范围

① Maria G. Cattell and Jacob J. Climo, "Introduction: Meaning in Social Memory and History: Anthropological Perspectives", see Maria G. Cattell and Jacob J. Climo, eds., *Social Memory and History: Anthropological Perspectives*, Altamira Press, 2002, p.40.

② 陈国俭：《简明文化人类学词典》，浙江人民出版社1990年版，第126页。

达成共识。由此，文化与认同相遇，构成了文化认同概念，并在不同语境下文化认同所表达的内涵也有所不同。

就具体现实生活来看，民族作为文化认同的主体存在于不同的文化体系中，因而民族的文化认同也因文化的差异性而不同，民族文化认同"其核心是对一个民族的基本价值的认同，是凝聚这个民族共同体的精神纽带"[①]，是这个民族共同体生命延续的精神基础。中国各民族在漫长的历史发展过程中，在互动中调试，在调试中共融，在共融中形成中华民族共同体。中华文化认同贯通中华民族共同体的"历史""现在"与"未来"，从"自在"走向"自觉""自信"，代际传承，不断升华，为各民族中华民族身份归属找回与共同体的文化提供了源头，塑造了中华民族共同品格，涵养了共同价值观，树立了共同思维和行为方式，成为共有精神家园。因此，中华文化为各民族对中华文化认同的培育、巩固、增强提供了同质性、统一性、继承性最深禀赋和"文化亲亲性"，需要不断传承、强化记忆。各民族丰富多样的文化遗产作为民族共同体的记忆存在，当其与现实生活的需要存在界面联系的时候会被唤醒并发挥作用。所以，民族共同体记忆的删除和储存与制度化安排、操作尤为密切。一般性的文化现象与登记在案的遗产名录中的文化遗产是存在一定差别的。尽管二者都是人类所创造的文明成果，但是，当现代社会中传统与现代不期而遇，被列入不同级别的各类项的遗产名录的文化遗产则是制度化安排与建构出的新的文化成果，它在正式制度下拥有的地位和影响力超越一般文化现象。在国家制度体系的框架内，有利于传统文化延续、文化再生产和不断创新，有益于中华文化认同和中华民族共同体建设。例如，在现实生活中，各民族在社会生活中交往的密度、交流的深度和交融的广度，逐步在空间、情感、经

---

① 李国良：《增进文化认同　坚定文化自信》（2016 年 10 月 27 日），2022 年 11 月 1 日，http：//theory. people. com. cn/n1/2016/1027/c49157 - 28812758. html。

济、文化等方面持续扩展和嵌入，越来越多的具有民族特性的音乐、舞蹈、绘画艺术、文学作品、技艺等通过集体记忆的唤醒、修正、形塑以文化资本化的形式转化为文化产品（商品）并不断从本土走向更广阔的市场，被更多的不同民族成员所熟识、接受和共享。

随着资源竞争愈加激烈、分配关系愈加多元化，不同民族跨区域流动已经成为一种常态，民族文化跟随其持有者也落户他乡，各民族文化交融、全方位嵌入成为现实。文化持有者为了个人或共同体的利益，必然会调整原有的各种价值轨迹，而习惯性地融入到一种新的价值方向中，并照此展开集体行动，尽管这种改变在一定程度上会产生集体的不适，但是，新的价值方向的引领会使各民族文化所蕴含的各种价值力求最大化和寻求最大"公约数"创造了条件，而各民族文化要素的变化利弊的最终权衡指标是有利于中华民族文化共同体建设的各种要素的新创造。尽管个人或共同体的记忆由其成长的历史文化供应，但是，在现代社会中传统与现代相遇、碰撞，那么作为文化遗产的民族记忆必须适应社会发展需要而进行调整、选择和编码重构，否则记忆内容就会逐步无法提取，最终导致"集体失忆"，文化遗产会自然解体消亡。

文化遗产本身就是各民族创造的历史文化。数量众多的文化遗产蕴含着民族交往、交流、交融和谐发展，在共生中相互借鉴，共融中相互吸纳，创造中华文化的历史进程，必将为各民族铸牢中华民族共同体意识，增强中华文化认同发挥应有的积极作用。例如：被誉为"中国三大史诗"之一的《格萨（斯）尔》，2006 年被列为国家级非物质文化遗产；2009 年，《格萨（斯）尔》被列入联合国教科文组织《保护非物质文化遗产公约》人类非物质文化遗产代表作名录。《格萨（斯）尔》是西藏、青海、甘肃、四川、云南、内蒙古、新疆地区地方传统民间文学，在蒙古族、藏族、土族、裕固族等民族中广泛流传，历史地见证了多民族文化的共融。同样作为世界和国家级非物质文化遗产的"花儿",作为一种民歌形式,实证了中国西北部甘、青、宁三省(区)的汉、回、藏、东乡、保安、撒拉、土、裕固、蒙古等民族共同进行文化创造的史实。

自 1985 年中国加入《世界遗产公约》以来,目前中国共有 56个项类被联合国教科文组织列入《世界遗产名录》,其中文化遗产38 项类,人类非物质文化遗产 42 项,中国成为世界非物质文化遗产拥有数量最多的国家。国务院先后于 2006 年、2008 年、2011 年、2014 年和 2021 年公布了五批国家级非物质文化遗产项目名录,共计1557 个,涵盖民间文学、传统音乐、传统舞蹈、传统戏剧、传统曲艺、传统体育、传统杂技、传统美术、传统医药、民俗等十大类项。全国各省(自治区、直辖市)、市(州、盟)、县(区、旗)等各级别被列入的文化遗产名录更是不胜枚举。中华民族具有 5000 多年的文明史,无论是世界级、国家级、省级、市级还是县级文化遗产,都是中华民族共同体创造并呈现给人类丰富的文化宝藏。中国各民族在地理环境分布上呈现出大散居、小聚居、交错杂居的特点,决定了各民族的文化遗产不仅具有自身民族特性,还具有地域性、文化交融性等特征,它们共同组成了中华民族共同体的文化遗产,充分体征了中华民族"多元一体"的显著特征与中华文化的丰富、多彩性,中国每一个民族都有文化遗产项目进入国家级文化遗产名录的事实本身就现实地表达了中华文化是主干,各民族文化是枝叶,根深干壮才能枝繁叶茂。

诚然,也存在大量作为民族记忆的文化遗产表现出的原生性(或者传统性),并不直接表达民族交往、交流、交融和文化交互影响的内容。但是,这些文化遗产同样不仅是各民族创造的文化的重要组成部分,而且这些文化遗产的传承、保护与发展也是中华文化繁荣发展的见证,从而必然会成为各民族之间相互理解、尊重、扩展交往的重要纽带,各民族持有的文化遗产的历史记忆必将成为各民族对中华民族文化认同的心理基础。民族文化遗产的记忆随时代的更替、社会的变迁、民族内部发展要素的整合、民族之间交往以及世界文化发展趋势等要素的影响，必然发力并做出定位调整。各民族记忆重构要素的变化利弊的衡量标准最大公约数是"照准方向"，"多元"兼容是中华文化根深叶茂、历久弥新的渊源，"一体"是历史的必然和各族人民记忆的共同自觉，因为，"文化与认同感的建立是，而且也只能是同时出现的"①。因此，每个民族不仅是各自民族文化遗产的创造者和记忆者，更是中华文化的共同创造者和共同记忆者，共同体记忆现实地表达了都为中华文化的发展繁荣做出了贡献，实现了中华文化遗产与中华民族共同体记忆的视域融合。

　　"在中国当代的国家建设中，我们强调'铸牢中华民族共同体意识'就是要在'多个民族'和'一个国家'之间，进一步增强中华民族共同体这一国民集合体、公民集合体的意识，培养和加强普遍的、跨越民族差异、区域差异的整体国民认同。"② 文化建设作为国家建设的重要组成部分，中华民族文化建设以"必须构筑中华民族共有精神家园，使各民族人心归聚、精神相依，形成人心凝聚、团结奋进的强大精神纽带"③ 为共同的价值取向和根本遵循。统一的多民族国家是中国的一大特色，也是中国发展的巨大优势。至 2008 年，中国 56 个民族都有被列入国家级非物质文化遗产名录的项目。无论是各民族文化遗产进入各级、各类项文化遗产保护名录，还是进入联合国教科文组织的世界文化遗产保护名录的，都是国家坚持民族平等、促进各民族文化繁荣发展的制度安排，这些文化遗产都是中华民族文化遗产的构成体，共同载负着弘扬中华文化、增强中

---

　　① 青觉：《以文化认同巩固发展中华民族大团结》，《红旗文稿》2022 年第 7 期。

　　② 严庆：《多民族国家建设的话语与方略——基于国家建设与民族建设关系的视角》，《民族研究》2022 年第 4 期。

　　③ 《习近平在中央民族工作会议上强调　以铸牢中华民族共同体意识为主线　推动新时代党的民族工作高质量发展》，《人民日报》2021 年 8 月 29 日。

华文化认同、提升中华民族共同体文化自信的内容记忆。

四 结语

民族文化遗产是各民族创造和习得的，借由文献、口述、行为方式、仪式（各种节庆典礼、纪念仪式等）等非物质形态与物质化形态（建筑、雕塑、画像等），在各民族不断调试自身所处环境并在与自然和历史的互动中，被不断地再创造，通过民族共同体记忆借助文化遗产对象来触发和维持。民族文化遗产是中国各民族取之不尽、用之不竭的宝贵的共同体文化资本。

一方面，民族文化遗产保护、发展的过程也是寻求文化发展机遇的一种努力。在这一努力过程中，持续挖掘各民族文化遗产不断跟进各级、各类文化遗产名录的申报和进入工作依然具有现实意义。更为重要的是如何把握文化资源的保护与发展的平衡关系，从而实现文化遗产的续存与价值的可持续是关键。在文化遗产的保护、发展的实践过程中，任何坚持文化保护与追求文化利益最大化的单向度路径都是不可取的，不仅禁锢了文化的本质特征，也会使其文化在实现资本化的利益的驱使下逐渐磨蚀甚至消亡。从这个意义上讲，文化遗产是各民族创造和习得的，需要更深刻认识文化具有"培养"的特质，各民族可以立足本民族文化遗产禀赋的基础，构建新的文化价值，"揭示蕴含其中的中华民族的文化精神、文化胸怀和文化自信"①，各民族文化遗产才能得以更好存续，创新发展也将获得更多机遇。所以，民族文化遗产保护、发展是一种寻求创新和发展的实践，实践理应得到重视和尊重，因为这种社会生活实践是"正确把握共同性和差异性的关系，坚持增进共同性、尊重和包容差异性原

则"，"在实现好中华民族共同体整体利益进程中实现好各民族具体利益"① 的实践，能够为"推动中华优秀传统文化创造性转化、创新性发展，为新时代坚持和发展中国特色社会主义提供精神支撑"② 的中华民族共同体的实践。

　　另一方面，各民族历经长期的生产劳动、生活实践共同创造和积淀形成文学、歌舞、建筑等多种形态的文化遗产，不仅是中华优秀传统文化的外在化的重要载体形式，而且是中华民族共同体记忆的内在化的文化符号体系的有机组成部分，内蕴着中华民族共同体意识、共同精神和共同价值追求，是中华文化认同的本质和核心。在中国这样一个自古以来就是统一的多民族国家中，不但要深刻认识和理解民族文化遗产对于阐明各民族文化上的团结统一的历史叙事的重要性，而且更加注重其背后贮存的民族共同体记忆的现实性表达与书写对于夯实中华文化认同基础所发挥的作用。与此同时，随着中国社会发展的时代要求，充分挖掘和高效运用民族文化遗产的独特价值功能，而实现并赋予文化遗产新的生命力价值的基点必定是各民族对中华文化的认同。展望文化遗产新的生命力在于"全面建设社会主义现代化国家，增强实现中华民族伟大复兴的精神力量"③，在于"增强中华文明传播力影响力，坚守中华文化立场，讲好中国故事、传播好中国声音，展现可信、可爱、可敬的中国形象，推动中华文化更好走向世界"④。

---

① 《习近平在中央民族工作会议上强调　以铸牢中华民族共同体意识为主线　推动新时代党的民族工作高质量发展》，《人民日报》2021 年 8 月 29 日。

② 《中共中央关于党的百年奋斗重大成就和历史经验的决议》，《光明日报》2021 年 11 月 17 日。

③ 《中国共产党第二十次全国代表大会专题报道　增强实现中华民族伟大复兴的精神力量》，《人民日报》2022 年 10 月 21 日。

④ 《中国共产党第二十次全国代表大会专题报道　增强实现中华民族伟大复兴的精神力量》，《人民日报》2022 年 10 月 21 日。

人的全面发展与党的百年奋斗重大成就和历史经验的耦合与自洽

苗　昕*

摘要：党的十九届六中全会通过的第三个"历史决议"总结了党的百年奋斗重大成就和历史经验。一个世纪以来，中国共产党人始终坚信马克思主义，始终高举中国特色社会主义伟大旗帜。从促进人的全面发展来讲，新中国的探索，人民翻身解放，实现了中国人民站起来了；新时期的掘进，解决物质温饱，实现了中国人民富起来了；新时代的奋斗，迈向美好生活，实现了中国人民强起来了。中国共产党斗争精神的核心也在不同的历史时期进行着演进，新民主主义革命时期以"革命语境"为核心进行斗争；改革时期以"改革语境"为核心展开斗争；新的历史时期以"党的建设"为核心进行斗争。历史和现实证明，人民群众的发展必须有中国共产党的强大领导，中国共产党的实践也离不开各民族人民的坚实基础。只有二者相统一，才能实现我国百年奋斗目标，实现祖国的伟大

* 苗昕，西北师范大学马克思主义学院讲师，主要从事意识形态理论研究。本文系国家社会科学基金项目"坚持马克思主义在意识形态领域指导地位根本制度的内在逻辑研究"（20BKS027）的阶段性成果。

复兴。

　　关键词：人的全面发展；中国共产党；斗争精神；重大成就；历史经验

　　一百年前，在嘉兴南湖游船上，中国共产党人确立了"为中国人民谋幸福，为中华民族谋复兴"① 的初心和使命，指明了中国革命的前进方向。这一伟大的革命实践彰显了中国共产党人所具备的首创精神、奋斗精神以及奉献精神。一百年来，植根人民、依靠人民、服务人民的初心和使命始终激励和鼓舞我们党站在历史高度和时代前列，以马克思主义基本原理作为理论来源，将其与中国具体实际相结合，以实践唯物主义为基础，把人放在一个不可代替的位置。为此，以史为鉴，理清中国人民实现历史性飞跃的历史脉络，把握中国共产党人执政理念的探索和实践路径，探赜二者之间的逻辑蕴涵和内在关联具有重要的现实意义和价值启示。

一　人的成长与嬗变：从"翻身解放"
到"追求美好"

　　人民是变迁的见证人，历史的诉说者。一百多年前，西方列强用坚船利炮撞开了中国的大门，拥有 5000 多年文明史的中华民族受到无尽欺辱，中华大地成了任人撕咬的肥肉。山河破碎，民生凋敝，无数同胞被侵略者无情屠戮，无数家庭在炮火中分崩离析，人民的生命安全和人格尊严失去了最起码的保障。面对民族危机，无数仁人志士在寻求救国救亡、振兴中华的过程中遭遇一次又一次失败。直到俄国十月革命爆发，中国人民迎来了穿透黑暗的真理之光。中

---

　　① 习近平：《决胜全面建成小康社会　夺取新时代中国特色社会主义伟大胜利——在中国共产党第十九次全国代表大会上的报告》，《人民日报》2017 年 10 月 28 日。

国共产党浴火诞生，运用马克思主义基本原理指导实践，带领四万万同胞前赴后继，建立新中国。国家的贫穷弱小，民族的内忧外患，人民生活的苦难，都一去不复返了。国家越来越强大，民族正在走向复兴。人民终于迎来了从站起来、富起来到强起来的伟大飞跃。为此，坚持以人民发展为纲，结合历史脉络，全面理解和把握人民的成长和嬗变史，为新的历史时期促进人的全面发展铺陈、奠基。

（一）站起来——新中国的探索，人民翻身解放

毛泽东面向中华民族四万万同胞的郑重宣告和庄严宣誓，中国人作为占比人类总数的四分之一站起来了。这是中国共产党团结带领中国人民艰苦卓绝、浴血奋战的高度凝练。毛泽东全面解读、阐释了马克思的人的全面发展理论，进行新民主主义革命，将中国人民从"三座大山"的压迫中解放出来了。中华人民共和国的成立涤荡了中华民族积贫积弱、毫无尊严的屈辱历史，终结了中国人民任人宰割、任人欺凌的屈辱历史，开创了中国历史由混沌走向光明的新纪元。

新中国成立后，中国共产党的历史立场发生了根本性变化。在长期革命战争中，"旧人"和私有财产环境远未满足社会发展所有方面的要求。为了满足建设社会主义事业和发展社会主义接班人的需要，中国共产党人发展了马克思主义新的关于人的理论。广大的知识分子是社会主义结构不可或缺的一部分，为了让他们更好地为社会主义结构服务，毛泽东提出知识分子要具有"又红又专"的立场和态度，推动知识分子转变为工人阶级，成为工人阶级的一部分。青年人是国家的未来、国家的希望以及社会主义事业的继承者和建设者。毛泽东对青年发展寄予厚望，并为道德、智力和健身的全面发展提出了一般要求。

质言之，以毛泽东为主要代表的中国共产党人将造福人、发展

人、解放人的个性看作社会主义革命和建设的重要标识，在发展过程中，系统地解释了马克思的关于人的全面发展理论，并为中华民族解放创造了政治先决条件。

（二）富起来——新时期的掘进，解决物质温饱

长期的经济衰退不能被称为"社会主义"。人们很长一段时间生活在很低的水平，也同样不能被称为"社会主义"。因此"富起来"是人民群众对邓小平同志的赞颂。如果没有解决思想路线和解放思想的问题，正确的政治路线不会被制定和实施。只有通过解放思想，才能真正动员人民的主人翁精神，才能实现人的全面发展。在经济制度改革中，以邓小平同志为核心的党的第二代中央领导集体认为传统的经济制度并没有动员群众的热情和创造力。通过倡导家庭联产承包责任制，基本上改变了农民的生产概念和价值，使他们摆脱了小规模农业经济的枷锁。在改革政治制度方面，完善社会主义民主制度，使人民摆脱旧制度的束缚，并通过有效的制度动员人民的热情。在人才甄选过程中，建立竞争机制，为有能力的人才创造良好的环境。事实证明，"解放思想，实事求是"为人的全面发展提供了坚实的理论基础，并在很大程度上解放了人们的意识形态。就具体目标而言，邓小平同志提出了"四有新人"的论述。"有理想、有道德、有文化、有纪律"，具体的含义和内容，它们是相互关联和不可或缺的。在培养新人的过程中，需要为人类的全面发展提供具体的物质基础。只有通过大力提高生产力才能实现这一保证。所生产的产品的种类和数量得到保证，以便人们有更多的闲暇时间发展自己的能力，丰富个人和社会关系，激发潜在的能力来促进人民的全面发展。

基于社会主义的性质的深刻把握，就必须把促进人的全面发展的具体条件和任务结合起来。邓小平同志说，当人们可以负担得起

生活时，人们将会有不同的想法。实现美好生活的社会基础是，改善个人的物质水平，提高人民的文化水平，从根本上改变人们的思想和观念。这一科学理论反映了将生产能力发展与人类的全面发展密切结合的概念，强调人在发展生产力方面的重要作用，并突出了人类的首要地位。关于如何将工作与教育结合起来，邓小平同志继承了马克思、恩格斯和毛泽东的思想，即教育必须与生产性工作结合起来，并指出了新时代的教育方向。通过学习知识和生产技能促进学生的智力发展，同时提高学生解决问题的能力。此外，为了提高人民的意识形态和文化水平，促进精神文明的建设，邓小平同志认为，培养"四有新人"是建设精神文明的首要任务，为促进人民的全面发展的实现，奠定了坚实的社会基础。

21 世纪初，以江泽民同志为核心的党的第三代中央领导集体，讨论了国际形势和中国发展实际状况的新变化，并解释了如何促进人民的全面发展。江泽民同志指出，马克思主义建设社会主义新社会的基本要求就是促进人的全面发展，为中国的政治建设方向和政治制度改革指明了方向。从党的十六大开始，以胡锦涛同志为总书记的党中央，坚持从共产党和国家的整体发展出发，回应人民对社会发展问题的理解，将发展作为首要优先事项。坚持以人为本，正确认识全面协调和可持续发展。这些新想法和新方法极大地影响了马克思关于人的全面发展的理论。

（三）强起来——新时代的奋斗，迈向美好生活

进入新的历史时期，以习近平总书记为代表的中国共产党人，把个人成就与国家实力相结合、个人发展与人的发展相结合、个人品格与民族"伦理观"相结合，提高全民素质教育水平，促进人的全面发展，把马克思关于人的全面发展的理论推向新的高度和新的境界。以习近平同志为核心的党中央重新审视党的奋斗目标，将其规定为人民群众对美好生活的向往。"以人民为中心"是针对人民、关心人民的生活和福祉以及保护人民利益的最新表达和理论延续，反映了世界观和方法论的有机结合。不仅强调了人民在历史唯物主义中的自我地位，认为人民是历史的创造者，而且还讨论了在新时代仍然应将发展中国特色社会主义作为价值目标和价值取向。

进入新的历史时期，重新审视社会主要矛盾。党的十九大报告指出，我们社会的基本矛盾正在转变为人们对更美好生活的需要与不平衡和不充分的发展之间的矛盾。主要社会矛盾的转变反映出，以习近平同志为代表的中国共产党人具有战略性和全面的眼光，可以及时观察社会发展阶段的变化和主要社会矛盾的变化。改革开放40多年来，中国经济发展取得显著成就，人民群众的生活水平迈上了新的台阶。在促进人的全面发展的方法上与时俱进，体系逐渐完备，如供给结构改革的深化，加快建设创新型国家，实施农村振兴战略。在国家法规条例的构架下，有效利用国家系统管理社会事务的所有方面促进人的现代化发展，并为人的全面发展奠定基础。进一步协调政府与市场之间的关系，妥善处理改革和发展的各种问题，提高公众对共同建设和参与的热情，改善整个社会环境，从而全面提高人在新时代中不断发展的能力和水平。

二　中国共产党斗争精神的历史演进

"明镜所以照形，古事所以知今。"中国共产党的一百年历史就是中国共产党领导全国各族人民实现中华民族伟大复兴和伟大成就的历史。重温中国共产党斗争精神发展历程，梳理历届领导人执政理念的重要论述，这将有助于我们从总体维度和历史向度把握中国共产党斗争精神演进和实践的内在逻辑及深刻内涵。

（一）新民主主义革命时期：以"革命语境"为核心进行斗争

以斗争精神为实践导向是中国共产党人对原典精神的深刻领悟，对矛盾斗争性原理的深刻理解，对社会历史中阶级之间对立和斗争问题的精准把握，是中国共产党人在革命时期的现实选择。斗争精神的足迹大多散落于马克思主义经典作家的相关著作中。斗争是矛盾的对立属性，是矛盾对立统一规律的一个方面。马克思、恩格斯坚持唯物辩证法，在抽象的形而上学的观点上持否定态度，既反对"和实生物，同则不继"的绝对同一，也不赞成事物之间的绝对对立，在一定条件下，矛盾的双方可以相互转化。马克思还说，辩证法包括积极理解存在的事物，同样也包括对其的消极理解，即对已经存在的事物必然破坏的理解；辩证法是一个持续的运动，每一个坚实的形式都只是当时的那个状态，那个状态并不是永恒的或是一成不变的。因此，这也是一个时间的概念。辩证法不崇拜任何东西，本质上，它是批判和革命性的。同样，辩证法的思维方式也不承认静态的边界。换言之，"批判性和革命性"的鲜明特质确证了马克思、恩格斯从斗争精神的视域分析人类社会的发展进程，"辩证的思维方法"指涉了马克思、恩格斯不以僵化、闭塞、"非此即彼"的观念看待矛盾的斗争性问题。在自然界中，所有运动的基本形式是接近、分离、收缩和扩张，即矛盾双方的斗争与同一推动世界的运动和发展。社会历史亦然，在社会历史的发展过程中矛盾双方既对立，又相互依存。譬如，资产阶级和无产阶级作为根本对立的两大阶级，从侧面来看，二者在一定程度上是相伴相生、彼此依存的，资产阶级消灭了，无产阶级也就不存在了。回到思维领域，就真理和谬误而言，完全像所有的逻辑判断，在双极性的对立运动中，只有在一个非常有限的领域才能具有绝对的意义。质言之，所有社会的历史都是阶级斗争的历史。以毛泽东为主要代表的中国共产党人深知，社会主义起源于最激烈的内战，是生死之间的阶级斗争。在新民主主义革命时期，产业工人处在社会底层，与革命对象的力量相差悬殊。革命者需要具备强大的斗争意志，革命不是一个有趣的晚餐，不是写写文章，不是绘画和刺绣，不能优雅、安静、善良、温柔。革命是一场暴动，是一个阶级的暴力行为被另一个阶级推翻。面对新民主主义时期的敌我矛盾斗争，运用阶级斗争理论，在一定程度上激励了中国共产党人大无畏的精神，凝聚了战斗力，改善了革命行动的整体效能。

质言之，斗争精神在精神上指引我们，我们以中华民族的独立和解放为目的，推翻了"三座大山"——帝国主义、封建主义、官僚资本主义。新民主主义革命时期所孕育的新民主主义理论正是以斗争精神为基础，蕴含其中的是对中国现代化建设道路和途径的构想、是中国现代化的基本内容及发展方向。为构建社会主义和谐社会、调动一切积极因素奠定了坚实基础。因此，看待新民主主义革命时期的斗争精神，不能以偏概全、形而上学，更不能全盘否定、陷入历史虚无。

（二）改革时期的深刻把握：以"改革语境"为核心展开斗争

党的十一届六中全会以来，邓小平同志恢复了对中国特色社会主义主要矛盾的判断，正确运用马列主义、毛泽东思想，以其为指导，来解决过去遗留问题，解决一系列新出现的问题。大鸣、大放、大字报、大辩论的"大民主"式的革命运动不再具备合法性，破坏矛盾统一体、扰乱社会结构稳定的固化思维纷纷被和平、稳定的社会发展目标所取代。

在处理、把握国内问题上，一是要牢牢抓住思想路线，警惕右，但主要是防止"左"。"左"和右都会葬送社会主义，"动乱就是右的！"改革开放是资本主义的引进和发展，和平发展的主要威胁来自经济领域，这些都是"左"。二是较为完整地提出社会主义本质论。

邓小平同志强调，社会主义的本质是解放生产力，发展生产力，消灭剥削，消除两极分化，最终实现共同富裕。三是做到坚定原则与策略灵活，在原则面前绝不动摇是邓小平同志处理问题的基本态度。在推进改革开放的进程中，始终坚持以经济建设为中心的基本原则；在建设社会主义方面，始终坚持四项基本原则，永不妥协；在处理国际争端时，一方面要求在和平共处五项基本原则的基础上，另一方面，致力于建立一个新的国际秩序，坚决反对霸权主义，维护世界和平。很明显，世界上所有先进的技术和成果都必须作为我们发展的起点。由此可见，主体原则的变换必然带来形态的更迭，以邓小平同志为主要代表的中国共产党人在执政理念上彰显了合规律性与合目的性的统一，最终实现了向以"改革语境"为核心的斗争精神的过渡。

党的十一届六中全会重新审查并裁定了社会的主要矛盾，即主要的内部矛盾不再是工人阶级和资产阶级之间的矛盾，是人们日益增长的物质文化需要与目前的经济和文化产品无法满足人民需求之间的矛盾。在这一现实的基础上，党领导人民进行了一场新的斗争，即国家的工业化和生产力的发展。根据中国的基本国情，创造性地建立了社会主义初级阶段的基本经济制度。在引导人民正确认识计划和市场两种资源配置方式的基础上，逐步建立和改进社会主义市场经济体系，使市场的无形之手成为分配资源的重要手段。实施以农民生产为基础的家庭联产承包责任制度，动员农民进行生产，并刺激农业生产的活力。大力支持城镇和乡村的企业发展，转变农村经济模式，助推农村经济发展。改革开放的同时，中国共产党领导人民反对落后的传统思想和制度的斗争也并行开展，体现了中国共产党在经济领域的斗争精神。在这一过程之后，中国共产党领导人民在改革开放的语境下实践斗争精神，提高了作战效力，并依靠自己的力量，解决了占世界人口的五分之一的中国人民的民生问题，并为全球和平与发展做出了重大贡献。

简言之，以"改革语境"为核心的斗争精神是中国共产党人在改革开放以来对执政理念的再探索，是中国共产党人对唯物辩证法在新的时代背景下的再理解，凸显了中国共产党人理论联系实际的工作作风和敢为人先的首创精神。追根溯源，以"改革语境"为核心的斗争精神是马克思主义哲学形态的鲜明表现，它以不同时代的精神来描绘。斗争并非绝对、单方面、无条件的斗争，是包含统一的斗争。新民主主义革命时期的斗争精神是以"革命语境"为核心进行斗争，是让无产阶级坚决地领导革命，打破旧的束缚，实现人的全面发展的斗争。改革开放以来的斗争精神是以"改革语境"为核心展开斗争，是为了让人民群众"富起来"，同社会乱象、不公正、不合理的斗争。换言之，不论是以"革命语境"为核心进行斗争，还是以"改革语境"为核心进行斗争，斗争精神虽然在不同的历史阶段有着不同的出发点和目的，但究其根本，二者的初心和使命都是人民。

（三）新的历史时期的确证探索：以"党的建设"为核心进行斗争

"功不唐捐，玉汝于成。"我们党从创立的那一刻起，就是处在国家的内部和外部的问题凸显，中华民族处于危亡的时刻。从它诞生之日起，就刻有奋斗的印记。它在一路的斗争中，一直在为生存、发展、胜利而奋斗。一百年来，中国共产党以斗争精神为指导，团结全国各族人民，克服一切困难，为新中国的建立奠定了基础，建立了社会主义制度实现了社会变革和历史进步。同样，以斗争精神为指引，开天辟地、敢为人先，实行改革开放，开辟了中国特色社会主义道路，彰显了中华民族伟大复兴的空前光辉。党的十八大以来，中国共产党人面对世界未有之大变局，科学把握时代变迁和演变规律，认真回答了"依靠谁、为了谁、我是谁"的时代之问。因此，要成功完成"赶考"的任务，巩固伟大事业，实现伟大梦想，就必须提高党的战斗力，以"党的建设"为核心进行斗争。

一脉相承，与时俱进。斗争精神是中国共产党人与生俱来的优良品格，并未因和平与发展的时代主题殆尽。我们党必须团结和带领人民积极应对重大挑战，抵御重大风险，克服重大障碍，解决重大矛盾。我们必须结合许多新的历史特征进行伟大斗争，任何贪心的想法和行为，消极的享受放松和避免矛盾都是错误的思想。换言之，有矛盾就有斗争，矛盾无处不在意味着斗争也会以各种形式存在。在新的历史时期，对伟大斗争的理解不能片面、僵化。一方面，新时代共产党人的伟大斗争不是无方向、无立场、无原则的斗争。伟大斗争不是"争斗"，更不是"好斗"。伟大斗争扬弃了斗争精神中"以阶级斗争为纲"的观点，延续了勇往直前、积极进取的精神内核，对待危害中国共产党的领导、危害社会主义制度、危害国家主权、危害中国核心利益和重大原则、危害中国实现"两个一百年"奋斗目标的方向性、立场性和原则性问题，要做到寸步不让，坚决斗争。另一方面，新时代共产党人的伟大斗争不是巧言令色、纸上谈兵的斗争，是事必躬亲、付诸实践，理论与实践相结合的斗争。普鲁士封建帝制是一种"物质力量"，仅仅依靠书面批评是不够的，所以只能通过武装革命（也就是物质力量）来摧毁，理论若不能联系实际，共产党人的伟大斗争则会像青年黑格尔派那样把外部斗争和认知斗争转化为纯粹的概念冲突；实际若不能结合理论，共产党人的伟大斗争则会变成像崇拜自发性的经济派那样陷入机会主义。再者，新时代共产党人的伟大斗争不是闭门造车、自我陶醉的斗争，是密切联系群众的斗争。党的十八大以来，党中央接过中华民族历史的接力棒，肩负起实现人民对美好生活向往的愿景与期望。总揽全局，协同推进"五位一体"总体布局和"四个全面"战略布局，用行动践行"人民至上"，想人民之所想，在一次又一次检验和磨砺中书写初心不改的动人篇章。此外，新时代伟大的共产主义斗争，是有许多新的历史特点的斗争。我们需要加强军事斗争，通过深化传统安全与新安全领域的协调方式，加强国家和军队维护和平；打虎拍蝇、自我革命，反腐败斗争需要以压倒性态势进一步稳固；无声战场、抵御和平演变，意识形态领域斗争需要长期予以重视。

一言以蔽之，伟大斗争是在新的历史时期呈现出更多具有新的历史特点的斗争。究其根本，斗争精神伴随共产党人始终。一百年来，中国共产党斗争精神在新民主主义革命时期、改革时期以及新的历史时期不断地进行着演进。但初心未改、使命未变，从建党伊始发展至今，中国共产党人的一切出发点和落脚点都是为了人民。

三　耦合与自洽：人的全面发展与中国共产党的实践相契合

一百年来，中国人民实现了从"翻身解放"到"追求美好"的成长与嬗变，中国共产党斗争精神在新民主主义革命时期、改革时期以及新的历史时期不断地进行着演进。从历史维度、理论维度和实践维度审视人的全面发展与中国共产党百年实践的逻辑关联。深刻印证人民群众的发展离不开中国共产党的坚强领导，中国共产党的实践离不开人民群众的坚实根基，中国共产党所做的一切，就是为实现人民的幸福、国家的复兴和人类的和平与发展。

（一）历史耦合

党的百年历史契合于中国人民强起来的历史。习近平总书记在首都各界隆重纪念全民族抗战爆发七十七周年上指出，历史之于现在的我们，是最好的教科书，同时也是让我们保持冷静的清醒剂。

中国共产党百年的发展史是中国人民唤起救国存亡、实现翻身解放、追求美好生活的成长史，是"砸烂一个旧世界""建立一个新世界""铸就一个新时代"的奋斗史。中国共产党同中国人民一道，在实现民族独立和人民解放，争取民族繁荣和民族复兴的道路上付出了艰苦努力和巨大牺牲，让具有悠久历史的中华大地焕发勃勃生机。中国共产党的诞生根本改变了中国人民自鸦片战争以来积贫积弱的发展轨迹，从此结束了中华民族长达一个多世纪任人宰割、受人奴役的屈辱命运，激发创造了蒸蒸日上、世所罕见的辉煌成绩。回望百年，筚路蓝缕。那条嘉兴南湖永不"褪"色的红船见证了中国共产党人从战火纷飞到瞬息万变，从风雨飘摇到岁月静好。靠的是始终不变的初心和使命，凭的是一以贯之的坚定信念，为的是四万万渴望真正翻身解放、当家作主的中国人民。自中国共产党成立的那一刻，中国人民和中国共产党的历史就紧紧联结在一起。

（二）理论耦合

促进人的全面发展印刻在党的方针、政策中，共产党人的目标是让人们过上更美好的生活。一百年来，中国共产党人站在不同的逻辑起点，面对不同的历史场域和时代任务。守正以人民为中心的根本政治立场，创新促进人的全面发展的工作思路，不断深化为中国人民谋幸福的初心与使命，绘制了一脉相承、与时俱进的发展脉络。在披荆斩棘、追求社会主义的道路上，毛泽东立足中国近现代社会的历史背景和主要矛盾，先后提出了"兵民是胜利之本""又红又专"的无产阶级世界观以及德智体全面发展等促进人的全面发展的思想。一方面赋予了中国共产党为人民服务的政治本色，另一方面表征了发展工业造福人民的实践要求。在大刀阔斧建设小康社会时期，邓小平同志立足于当时中国实践和生产力不足以满足人民和国家需要的主要矛盾，明确党和国家的中心任务是发展生产力，把社会主义现代化作为党和国家的工作重心，首创"小康"概念，先后提出社会主义新人思想、培育"四有新人"理论、"三个面向"教育思想等有益于人的全面发展的学说，将人民追求幸福生活的目标具体化。党的十五大以来，"小康"的内涵得到丰富和延展，针对特定时期的经济发展水平，党和国家领导人进一步提出了"两个一百年"的奋斗目标，描绘了富强民主文明的美好愿景，继承并贯彻了邓小平同志提出的统筹并进的战略意图。在乘风破浪、全面建成小康社会时期，习近平总书记根据新时代人民日益增长的生活需要，着力解决发展不平衡和发展不足的矛盾，了然于目，不言而喻。中国共产党的政治立场始终是以人民为中心，将人民深深印刻在脑海里，蕴含在党的方针、政策中。

（三）实践耦合

中国共产党同中国人民肩负着实现民族复兴的重任。真理的发现是通过实践的，真理的确认和发展是通过实践的。中国共产党人一次又一次在淬炼中探索如何让人民迈向美好生活的"绝对真理"，又通过一脉相承、与时俱进，不断证实真理和发展真理。中国特色社会主义进入了新的历史时期，从社会层面来看，城乡发展不协调、区域之间发展存在差距、收入分配不平衡以及社会资源配置的不充分阻碍了新时代人的全面发展。就个人层面而言，信息化时代虽极大提高了自身的感知能力和认识客体的范围，提高了交往效率，但人文素养和科技素养的缺失依然是制约人自身全面发展的关键因素。放眼世界，以美国为首的西方国家采取逆全球化的单边主义、霸权主义和强权政治，奉行"本国优先"的原则，肆意践踏别国尊严，损害他国的合法权益。面对国内主要矛盾和世界复杂多变的格局，中国共产党的探索与中国人民的实践自然而然地凝聚在了一起。人民要心怀大我、至诚报国，将自身的发展与党和国家的前途命运紧紧联系在一起。中国共产党更要牢记初心与使命，扎根人民，奉献国家。只有中国共产党与中国人民共同肩负实现中华民族伟大复兴的重任，中华民族才能立足亚洲、携手世界，实现和合共生。

结　语

中国共产党走过的一百年，是为中国人民谋幸福的一百年，是为中华民族谋复兴的一百年，更是为世界谋大同的一百年。在辉煌的历史进程中，中华民族迎来了从站起来、富起来到强起来的伟大飞跃。中国特色社会主义迎来了从建立、发展到完善的伟大飞跃。在新民主主义革命时期、改革时期和新的历史时期，中国共产党的斗争精神在不断演变。"革命声传画舫中，诞生共党庆工农。"中国共产党人在登上嘉兴南湖红船的那一刻，中国人民就将命运托付于中国共产党。百年风雨，攻破万难。中国共产党的历史与近代以来中国人民的发展史紧密联系在一起。促进中国人民的全面发展与中国共产党的方针、政策紧密联系在一起。实现中华民族伟大复兴的历史重任将中国共产党和中国人民紧密联系在一起。不念过去，不畏将来。中国共产党人要牢记党的优良作风，激发自我革命的内生动力，回答好"依靠谁、为了谁、我是谁"的时代之问，完成好"赶考"的执政课题，站稳"人民至上"的根本立场，将"以人民为中心"的发展思想融入"五位一体"总体布局、"四个全面"战略布局以及"十四五"规划目标的各个方面，为赓续实现下一个百年目标不懈奋斗。

邓小平地缘战略思想：理论渊源、丰富内涵与当代启示

袁维杰　李佐东*

摘要： 邓小平地缘战略思想是基于改革开放新时期国际形势与时代主题的变化以及中国的具体国情而形成的，对党的十一届三中全会后中国制定对外政策和开展外交活动产生了重要影响。邓小平同志从维护国家安全与发展利益的高度出发，以马克思主义、中国优秀传统文化与毛泽东地缘战略思想为重要理论渊源，并站在地缘空间角度制定出了一系列正确的战略和决策。在全球层次上，邓小平同志围绕"东西南北"与"和平发展"对中国所面临的国际大环境指明了应对策略。在亚太层次上，邓小平同志指出以"立足亚太"为出发点力图为中国改革开放与现代化建设营造稳定的地区局势。在周边层次上，邓小平同志以"睦邻友好"为指导原则与周边国家建立友好外交关系。这一系列方针政策为中国改革开放新时期的现代化建设创造了良好的发展环境，对当前中国地缘战略决策仍具有重要

* 袁维杰，法学博士，西北师范大学马克思主义学院副教授，硕士生导师，主要从事中国外交、马克思主义中国化研究；李佐东，西北师范大学马克思主义学院硕士研究生，主要从事马克思主义中国化研究。

的借鉴价值和启示意义。

关键词：地缘战略思想；地理空间；国家安全；对外政策

地缘战略是一种起源于地缘政治学的战略理论，是指古今中外战略家在政治决策与谋划过程中，以地理空间关系为基础，"通过分析地缘要素与地缘关系等，制定出全局性的，在全球范围内处理国际关系的具体方针与政策战略，即地理上的国际战略"①。任何一个国家在发展崛起过程中都离不开切合实际地缘空间的发展战略，像中国这样地缘环境复杂多样的发展中国家尤其如此。② 毛泽东作为中国"地缘政治战略理论的奠基人"③ 曾在革命战争时期和社会主义建设初期提出了一系列诸如"农村包围城市""三个世界"理论等具有中国特色的以智取胜的地缘战略思想，为实现革命和建设任务做出了重要贡献。党的十一届三中全会后，中国进入了一个集中力量进行经济建设的崭新时期，邓小平同志认为可以在国家主权和安全得到维护的前提下，使"国防、外交等服务于国内经济建设"，为改革开放创造和平的国际与国内环境，以此进一步推进中国现代化事业的发展。正因如此，邓小平地缘战略思想在回答改革开放新时期如何构建中国的地缘战略这一问题下应运而生。当今世界正面临百年未有之大变局，国家力量的此消彼长与世界地缘格局的转换必然会带来国际秩序的失序、失范等问题。时代的进步离不开对历史的回顾与总结，因此本文认为，从梳理邓小平地缘战略思想的理论渊源入手，进而着重从全球、亚太、周边三个层次研究其主要内容，对于在新的国际地缘格局中，制定全局性的方略，切实维护中国安全与发展根本利益，仍具有重要的借鉴意义。

---

① 沈伟烈：《地缘政治学概论》，国防大学出版社 2005 年版，第 5 页。
② 倪世雄：《我国的地缘政治及其战略研究》，经济科学出版社 2015 年版，第 109 页。
③ 沈伟烈：《毛泽东地缘战略思想研究》，《中国井冈山干部学院学报》2019 年第 4 期。

一　邓小平地缘战略思想的理论渊源

马克思曾说："人们自己创造自己的历史，但是他们并不是随心所欲地创造，并不是在他们自己选定的条件下创造，而是在直接碰到的、既定的、从过去继承下来的条件下创造。"① 毋庸置疑，邓小平地缘战略思想作为中国优秀传统文化、马克思主义与毛泽东地缘战略思想的一脉相承，其形成必然与这三者有着千丝万缕的联系。

（一）中国优秀传统文化中的"和合""忠恕"思想

世界上任何一个国家的思想或政策都会受到本国传统文化的影响，邓小平地缘战略思想也不例外。中华民族历来崇尚和平，"和合"地缘思想的一脉相承也印证了这一观点。据记载，"和""合"概念最早在甲骨文中就有出现，周代后合并为"和合"一词使用。《国语·郑语》中说"商契能和合五教，以保于百姓者也"，此时的"和合"被用来指代治理国家与管理百姓的一种方式。春秋战国时期老子、孔子等人又将其进一步发展，提出"阴阳冲气以为和"与"君子和而不同"等理念，并将其作为处理对外关系的方向引领，强调了和谐思想以及和谐统一中允许存在差异或矛盾的重要性，确立了"协和万邦""天下为公"思想在国与国之间和谐交往关系中的重要地位。

除此之外，儒家学派中的"忠恕之道"思想也对邓小平地缘战略思想的形成具有深远影响。《论语·里仁》中曾完整地提出了"忠恕"一词，后来的学者认为这里的"忠"是指"己欲立而立人，己欲达而达人"，而"恕"则可以被理解为"己所不欲，勿施于

① 《马克思恩格斯文集》第 2 卷，人民出版社 2009 年版，第 470—471 页。

人"，体现在国家治理方面就是"兼相爱，交相利"，反对以战争形式处理国与国之间的矛盾与利益冲突。简言之，忠恕之道是一种在个人修养方面倡导"将心比心，推己及人"的重要原则，在处理人与人之间的和谐关系时具有重要影响，对于促进国与国之间的利益和谐更是如此。在此思想影响下，古代各王朝与周边国家之间开展了一系列诸如缔结合约、盟友以及政治联姻等有利于实现和平目标的举措，为形成中华文明的和谐地区秩序做出了重要贡献。

邓小平地缘战略思想无不体现着"和合""忠恕"等价值追求，在处理国际关系时他主张用和平共处五项原则以追求一个和平的发展环境，并一贯遵循"严于律己，宽以待人"的重要理念，在考虑自己国家利益的同时也尊重他国的合理关切与诉求，致力于将中国优秀传统文化中的伦理准则运用到国际政治、经济、文化等各方面战略抉择当中，以维护世界和平与发展。

（二）马克思主义经典作家的地缘思想

虽说马克思恩格斯并没有直接提出地缘战略这一概念，但实际上地缘思想却贯穿于二者的思想体系当中。由于新航路的开辟，资本主义在世界范围内争夺更多的殖民地并寻找更加广阔的市场，使得人与人、国家与国家之间的交往突破了地缘的限制，据此马克思恩格斯指出"当时的市场已经可能扩大为而且日益扩大为世界市场"[1]，商品贸易已经打破了民族与地区之间的界限，并且他们也认为这一结果是必然的，"只有对外贸易才能将作为价值的剩余产品的真正性质显示出来"[2]，肯定了突破地域隔阂进行贸易行为的积极作用。当然在突破地缘限制的过程中不可避免地会出现侵略战争，致使世界各国人民深受战乱之苦，对此，马克思得出了"一切历史冲

---

[1]　《马克思恩格斯选集》第 1 卷，人民出版社 2012 年版，第 190 页。

[2]　朱钟棣：《马克思论价值规律在世界市场上的作用变化》，《经济学家》2008 年第 6 期。

突根源于生产力与交往形式之间的矛盾"① 的结论，他认为，现实社会乃至于整个国际关系的矛盾都是因为社会产品分配不公，存在剥削压迫造成的，并多次批判资本主义剥削行为的存在，在一定意义上表明了他反对霸权的态度。基于这一现实情况，马克思认为，共产党人应该建立一个没有剥削、没有侵略的彼此交往的新世界，它的"国际原则将是和平"②。恩格斯则进一步指出，为了实现更长时间的和平，要不断加强"全世界民主政党之间的团结和协调"③。此外，在关于 19 世纪英国和沙皇俄国两者博弈的讨论中，马克思恩格斯指出黑海及其两个海峡、巴尔干地区在这两国的博弈中占有举足轻重的地位，无论是哪一国占领都可以阻断对方商船的通行④，间接说明了黑海在此极具地缘经济、政治意义。

列宁在建设第一个社会主义国家的实践中也非常重视地缘因素的影响，并且在此基础上灵活运用马克思恩格斯提出的维护和平、反对霸权的思想，进一步提出了与资本主义和平相处的思想。当时的情况是反革命势力和他国干涉者对苏维埃共和国展开了一系列军事活动，使其处在重重包围之中。列宁选择"用空间换时间"这一战略，与德国签署《布列斯特和约》，割让西线波罗的海三国的部分领土，为苏维埃政权的稳定与发展换取了一定的生存空间。同时，他认为苏联作为第一个社会主义国家，如若想得到发展就需要与资本主义国家和平相处，并不断学习壮大自己，提出了要"乐于接受一切关于睦邻关系的条款和经济协定"⑤ 的思想，倡导世界各国在平等互利的条件下共同发展。

---

① 《马克思恩格斯选集》第 1 卷，人民出版社 2012 年版，第 196 页。
② 《马克思恩格斯选集》第 3 卷，人民出版社 2012 年版，第 61 页。
③ 《马克思恩格斯选集》第 1 卷，人民出版社 2012 年版，第 435 页。
④ 参见张先革《马克思恩格斯"东方问题"论述中的地缘政治思想及其当代价值研究》，博士学位论文，新疆大学，2019 年。
⑤ 《列宁全集》第 33 卷，人民出版社 1985 年版，第 15 页。

作为社会主义国家的执政党，中国共产党在成立之初就将马克思主义确立为党的指导思想，并在实践过程中致力于走出一条具有中国模式的马克思主义道路。改革开放新时期，邓小平同志将马克思主义经典作家的相关论述与中国特色社会主义实践相结合，坚持将"和平"作为对外政策中的底线目标，并提出要进行改革开放，避免走闭关自守的老路，形成了极具时代特征的邓小平地缘战略思想，开拓了马克思主义的新境界。

（三）毛泽东地缘战略思想

毛泽东作为党和国家第一代领导集体的核心，在制定政策和战略时始终将自然地理环境作为重要考量因素之一，形成了毛泽东地缘战略思想，在一定程度上成为了邓小平地缘战略思想的直接理论来源，对邓小平地缘战略思想的形成与发展具有重要意义。

革命战争时期，毛泽东认为"我们当前的力量还小，不能去攻打大城市，应当先到敌人统治薄弱的农村"[1]，走"农村包围城市"的道路。针对革命战争的长期性，毛泽东提出应该贯彻"持久胜敌"战略，并在此过程中将"积极防御""诱敌深入""后发制人"等重要思想融入军事地缘战略之中，以推进革命战争的胜利。此外，毛泽东在整体分析二战后世界战略格局基础上，于1946年会见美国记者时首次提出了"中间地带"思想。他认为"美国想控制和侵略包括中国在内的'中间地带'国家"[2]，以获取更多的政治力量进攻苏联。据此，现实情况下"中间地带"国家的革命和民族解放运动就具有了重要的世界意义。

新中国成立后，以毛泽东为代表的党和国家领导集体指出中国现阶段的地缘战略主要是为了实现积极防御、保卫领土主权完整的

---

① 《毛泽东选集》第2卷，人民出版社1991年版，第152页。
② 蒲宁：《地缘战略与中国安全环境的塑造》，时事出版社2009年版，第160页。

目标。在此背景下，毛泽东提出中国应该"在平等互利和互相尊重领土主权的基础上"①，同世界各国发展独立自主的外交关系。20 世纪 50 年代，出于争取国际生存空间的现实需要，中国做出了同苏联为代表的社会主义阵营站在一起的"一边倒"战略。直至 70 年代初，由于世界政治力量的重新分化，毛泽东改变了过去"以社会政治制度和阶级斗争观点区分敌友"②的方式，在国际战略问题方面确立了"一条线、一大片"战略构想，并以此为认识基础提出了著名的"三个世界"理论（该理论不同于以欧文·路易斯·霍洛维茨为代表的西方学者对"三个世界"的划分③），并明确指出中国在军事斗争方面应该采取"依靠第三世界，争取第二世界，坚决反对第一世界两个超级大国霸权主义"④的方针，为当时的中国指明了符合国际形势的战略方向，也为第三世界国家制定正确的对外战略提供了借鉴价值。

邓小平地缘战略思想与毛泽东地缘战略思想两者在思想基础、根本立场与基本原则上总体一致，不同之处在于邓小平地缘战略思想结合了当时的国际形势、时代特征与个人独特的分析，在新时期实现了新发展。

二　邓小平地缘战略思想的丰富内涵

在改革开放的关键时期，邓小平同志始终贯彻中国古代"先谋于局，后谋于略"的优良传统，站在全球背景下分析了中国所处的

---

①　《毛泽东选集》第 4 卷，人民出版社 1991 年版，第 1466 页。

②　沈伟烈：《毛泽东地缘战略思想研究》，《中国井冈山干部学院学报》2019 年第 4 期。

③　欧文·路易斯·霍罗维茨《三种发展阶段的世界》一书中认为，第一世界是指美国统治的世界，包括西欧盟国、拉丁美洲及在世界上的卫星国；第二世界是指苏联统治的世界，包括东欧盟国和亚洲部分盟国；第三世界是指亚、非、拉地区的不结盟国家。

④　蒲宁：《地缘战略与中国安全环境的塑造》，时事出版社 2009 年版，第 166 页。

全球、亚太、周边三个层次的地缘战略格局，提出了一系列具有中国模式的地缘战略思想和原则。

（一）把握世界地缘战略大势：从"东西南北"到"和平发展"

20世纪60—70年代，苏联军事实力迅速增长的同时越南战争使得美国综合实力相对下降，使得两国之间呈现出"苏攻美守"的战略态势。这一时期的邓小平同志对战争与革命的看法同毛泽东是一致的，认为"革命和战争的因素都在增长"①，曾多次指出"现在世界面临危险，还很不安宁，虽说有一些讲缓和与讲安全的表面现象，但并不能解决两霸争夺世界和扩军备战的本质"②。此后，1977年，邓小平同志在中央军委全体会议上全面分析了当时的国际形势，认为"我们有可能争取多一点时间不打仗"③，改变了以往世界战争不可避免且迫在眉睫的看法。

进入20世纪80年代，由于苏联深陷阿富汗战争，综合国力有所削弱，而美国摆脱了越战这一负面因素，实力逐渐恢复，实际上两国之间的对峙状态已经转变成了"互为攻守"。除此之外，西欧一体化进程加速发展，欧共体开始以统一整体的身份在国际社会亮相。而日本自20世纪70年代开始谋求与其经济地位相符合的政治大国地位，多任首相或内阁都曾表示，日本不应该满足于现状，要承担更大的国际责任，并将"不断加强与东盟国家的关系"作为谋求更高国际地位的政治台阶。与此同时，第三世界国家凭借自己的努力广泛地参与国际事务，使其国际地位逐渐提升，在维护广大发展中国家独立自主方面发挥了不可忽视的作用。整体来说，这一时期大国霸权主义仍然存在，世界各国人民反对霸权主义的斗争也在不断

---

① 该说法由周恩来在1975年1月13日《政府工作报告》中提出。
② 《邓小平年谱（1975—1997）》（上），中央文献出版社2007年版，第43页。
③ 《邓小平文选》第2卷，人民出版社1994年版，第77页。

发展，使得邓小平同志认为这是一个"非常动荡、充满危机"① 的年代。

1. "东南西北"与"和平发展"思想

基于这一时期中苏对立程度的逐渐缓和与西欧、日本、第三世界等国家的发展崛起，邓小平同志从全球地缘战略视角出发，对这一阶段的时代主题和发展大势做出了新论断。1985 年他在会见日本访华团时明确指出"现在世界上带全球性的战略问题，一个是和平问题，一个是经济或者说发展问题"②，并由此提出时代主题已经由"战争与革命"转变为"和平与发展"。正是由于东方社会主义国家多而西方资本主义国家多，两者之间容易产生矛盾，所以和平问题主要是"东西"问题；而从地理方位看，发展中国家多位于发达国家南方，且两者之间存在经济发展不平衡、不平等问题，因此多将发展问题看作是"南北"问题。"概括起来就是'东西南北'四个字，'南北'问题是其中的核心问题"③，突出强调"发展才是硬道理"对于世界各国都是适用的。简言之，邓小平同志从政治地理的视角出发对当时中国所处的国际战略形势做出了判断，在此基础上又将本就属于地缘概念的"东西南北"与"和平发展"策略有机结合起来，为这一概念赋予了独特的政治意义，从战略和理论高度指明了时代主题的转变和国际形势的发展方向。

2. 建立国际政治经济新秩序

邓小平同志在论述"东南西北"与"和平发展"地缘思想的同时，也指出了实现这一时代目标的构想。他明确指出："现在世界上有两件事同时要做，一个是建立国际政治新秩序，一个是建立国际经济新秩序。"④ 其中，前者有助于实现"东西"和平的世界格局，

---

① 《邓小平文选》第 2 卷，人民出版社 1994 年版，第 241 页。
② 《邓小平外交思想学习纲要》，世界知识出版社 2000 年版，第 10 页。
③ 《邓小平文选》第 3 卷，人民出版社 1993 年版，第 105 页。
④ 《邓小平文选》第 3 卷，人民出版社 1993 年版，第 282 页。

后者有助于解决"南北"经济发展不平衡的问题。中国所倡导的新秩序是指无论该国实行何种社会制度、实力强弱，都应平等对待，并在共同遵守和平共处五项原则的基础上，对于国际政治事务采取对话协商的方式解决，而对于国际经济事务要贯彻平等互利的重要原则，谋求共同繁荣，这是与霸权主义和强权政治完全不同的国际秩序，是改革不公正、不合理经济关系的国际秩序。

3. 继续加强同第三世界国家合作

对于在全球地缘层次上同样具有重要地位的、中国以外的第三世界国家，邓小平同志则继续沿用了毛泽东时期的看法，认为在新的历史条件下应继续同第三世界国家发展团结合作关系，并将其作为中国 20 世纪 80 年代的对外政策之一。他不止一次表明"中国永远属于第三世界"[①]，要充分发挥好维护世界和地区和平的作用。面对西方舆论界总是将"第三世界国家领袖"这一"桂冠"强加在中国头上，邓小平同志认为中国当时的综合国力还极其有限，只能将其作为"第三世界中的一员"[②]，需要承担更多应尽的国际责任。对于中国而言，走霸权主义道路和当第三世界国家"头头"都会对国际声誉有所损害[③]。无论发展到何种水平，中国都会继续与第三世界国家与人民站在一起反对霸权主义。这一重要战略决策为中国巩固国际地位、彰显国际形象起到了至关重要的作用，因此在改革开放新的历史背景下邓小平同志倡导继续深化与第三世界国家的友好关系，以此增强反对霸权主义、维护世界和平的力量。

4. 独立自主的不结盟外交政策

首先，面对动荡变化的国际形势，邓小平同志指出，我们应该以"第一句话，冷静观察；第二句话，稳住阵脚；第三句话，沉着

---

①　张爱茹：《邓小平国际战略思想研究》，河北人民出版社 2019 年版，第 149 页。

②　《邓小平文选》第 2 卷，人民出版社 1994 年版，第 416 页。

③　参见《邓小平文选》第 2 卷，人民出版社 1994 年版，第 416 页。

应对"① 为指导，改变毛泽东时期实行的"一条线、一大片"以及"联美抗苏"的战略，而选择在反对霸权主义的旗帜下同世界各国发展不结盟的独立自主外交关系，即不依附于任何一个国家发展经济、军事等，也坚决不作为任何一个国家的附庸。正如邓小平同志所说的"中国不打美国牌、苏联牌，也不允许别的国家打中国牌"②。其次，着眼于中国当时的基本国情与国际地位，认识到"中国既是个大国，又是个小国"③，从而要避免过分张扬，坚持以经济建设为中心，抓住经济全球化这一重要机遇发展自己，提高中国综合国力和竞争力。

由此可见，无论是提出"东西南北""建立国际政治经济新秩序"还是选择继续加强同第三世界国家的团结合作，邓小平同志都立足于国际局势，从全球地缘战略视角对中国所面临的国际大环境指明了应对策略，力图为中国社会主义现代化建设乃至整个世界发展提供和平稳定的地缘政治环境，以减少大国之间发生不必要的对抗。

（二）谋划中国的地缘安全：立足亚太地区，追求合作稳定

中国地处亚洲东部、太平洋西岸，共有陆上邻国 14 个、海上邻国 6 个，是亚太地缘格局的重要国家之一。20 世纪六七十年代以来，亚太地区的经济进入蓬勃发展期，在世界经济格局中占有越来越重要的地位。进入 80 年代，亚太地区国家之间政治、经济、军事和科技等各方面联系更加密切，使得"亚太意识"更加深入人心。1988年邓小平同志在会见印度总理时指出，"下个世纪是'亚洲太平洋世纪'这种说法是不正确的"，当时作为亚洲地区人口大国的中国和印

---

① 《邓小平文选》第 3 卷，人民出版社 1993 年版，第 321 页。时任国务院副总理兼外交部长钱其琛将这三句话概括为"冷静观察、沉着应对、稳住阵脚、韬光养晦、有所作为"二十个字。

② 《邓小平文选》第 3 卷，人民出版社 1993 年版，第 128 页。

③ 《邓小平文选》第 3 卷，人民出版社 1993 年版，第 94 页。

度，发展水平远不及人口相对较少的欧美发达国家，只有中印两国以及其他亚太邻国均得到切实有效的发展，才能真正促成"亚洲世纪"的到来。① 亚太各国的交流往来日益密切，对中国发展而言是良好的外部机遇，在有效把握这一机遇时如何处理好祖国统一问题和存在的国家间争端，并与亚太国家在经济方面广泛加强合作便显得至关重要。

1. 关于祖国统一问题

对于香港、澳门回归和台湾与大陆统一问题，邓小平同志不止一次在正式场合提到解决这三者的问题要实施"一个国家，两种制度"② 的政策，即在祖国完全统一的前提下，大陆实行社会主义制度，香港、澳门、台湾继续实行资本主义制度，且强调中国在这三者的主权问题上一贯秉持着无可商议的态度。对中国来说，"一国两制"构想的提出既尊重历史又观照现实，为解决祖国统一问题提供了最符合各方利益的思路。如果不能实现国家统一，就很难拥有一个稳定的地缘安全环境。中国和平解决统一问题既有利于维持亚太地区的和平稳定，又有利于扩大国内有效需求，在顺应社会主义现代化建设大势、实现本国经济持续快速增长的同时，为发展与不同社会制度国家或地区间的关系提供了可借鉴的经验和思路。

2. 关于和平解决领土争端与边界问题

在钓鱼岛问题上，日本声称对属于中国固有领土的钓鱼岛及其附属岛屿"拥有主权"，邓小平同志认为应该"把这个问题先放一下，也许下一代人比我们更聪明些，会找到实际解决的办法"③。他提倡在暂时不争论主权归属的前提下，共同开发钓鱼岛附近的石油等海洋资源，总结起来就是"搁置争议，共同开发"。在南沙群岛问

---

① 参见《邓小平文选》第 3 卷，人民出版社 1993 年版，第 281—282 页。
② 《邓小平文选》第 3 卷，人民出版社 1993 年版，第 58 页。
③ 《邓小平文选》第 3 卷，人民出版社 1993 年版，第 87 页。

题上，当时的实际情况是除中国台湾占领一个岛屿外，其余几个历来属于中国版图的岛屿分别被菲律宾、越南和马来西亚所占领。邓小平同志针对这一状况提出了两种解决办法：一是使用武力手段夺回被占岛屿；二是通过"搁置争议，共同开发"，以和平的方式解决争端①。显然，前一种方式是不可取的。"暂时不争论主权归属"并不是永远不谈或绝对不谈主权问题，而是等到时机和条件成熟后再完全解决，据此就不会因领土争端而阻碍国与国之间的正常交往。这种着眼于长远且兼顾当下的解决问题思路，使得双方在暂时避免领土争端的前提下顺利发展经济、加强合作，以此促进中国地缘环境的安全与稳定。邓小平同志提出的"搁置争议，共同开发"倡议也得到了相关国家的支持。例如1993年8月，中越就两国领土争端问题展开了第一轮政府级谈判，后据此签署了《关于解决中越边界问题的基本原则协议》，在和平解决边界争端方面达成了一致。除此之外，中国与印度、菲律宾、马来西亚等国也达成了以对话协商而不诉诸武力的方式解决领土争端问题的共识。

3. 关于加强与亚太地区国家经济合作

作为推动亚太区域经济合作的重要力量，中国自1978年后进入了逐步扩大改革开放，国民经济加速发展的崭新阶段。从地缘视角来看，东南亚国家与中国之间的联系较为密切，且"亚洲四小龙"②的发展经验使得邓小平同志大受启发，他认为可以立足于亚太地区发展中国的经济，并于1980年正式做出了在中国沿海地区建立四个经济特区的决定，利用东南亚地区的华人华侨发展对外经济，坚持面向世界、扩大改革开放，努力加快"引进来"和"走出去"步伐。20世纪80年代末90年代初，经济全球化和经济区域化发展的

①　参见《邓小平文选》第3卷，人民出版社1993年版，第87页。

②　"亚洲四小龙"：从20世纪60年代开始，亚洲的中国香港、中国台湾、新加坡、韩国推行出口导向型战略，重点发展劳动密集型的加工产业，在短时间内实现了经济的腾飞，一跃成为全亚洲发达富裕的地区或国家。

趋势愈加明显，且亚太经济圈发展势头较为良好，在这一背景下中国分别于 1986 年和 1991 年加入太平洋经济合作理事会和亚太经合组织，以此深化与亚太地区各国的经济合作。同时，邓小平同志倡导在亚太地区也建立一种公正合理的经济新秩序，要正确看待亚太地区各国在经济发展方面的差异，在互不干涉内政的基础上逐渐打破国与国在经济层面的垄断，在互相尊重对方利益的基础上加强各国之间的经济交往，推动地区经济共同繁荣。

总的来说，对于亚太地区层面，邓小平同志坚持了"立足亚太，稳定周边，走向世界"① 的地缘战略方针。一方面，祖国统一问题与领土、边界争端问题的妥善处理为中国改革开放与现代化建设提供了稳定的地区局势，从理论和实践方面为世界各国处理新的争端问题提供了有益经验和解决思路；另一方面，经济层面的合作不仅为中国坚持面向世界、扩大改革开放提供了广阔市场与不竭的动力，也为亚太地区各国共同繁荣增添了动力。

（三）营造和平的周边环境：秉持"睦邻友好"，稳定周边局势

周边关系历来是中国地缘政治经济的出发点和落脚点，"睦邻友好"是中国处理周边国家关系一直秉持的重要原则。毛泽东时期"睦邻友好"思想的推行着眼于建立反帝国际战线，因此不可避免地会包含意识形态因素②，而邓小平同志"睦邻友好"思想则是着眼于为中国现代化建设营造一个和平稳定的周边环境，给中国的发展争取至少"50 到 70 年的和平时间"③，所以说意识形态因素对其影响微乎其微。总体来看，中国与周边邻国有着较为相似的文化背景，且资源、市场等方面具有互补性，为双方的合作创造了便利的条件，

---

① 萧诗美：《邓小平智慧》，人民出版社 2019 年版，第 320 页。
② 蒲宁：《地缘战略与中国安全环境的塑造》，时事出版社 2009 年版，第 177 页。
③ 《邓小平文选》第 2 卷，人民出版社 1994 年版，第 417 页。

但客观的优势还是需要通过主观努力才能发挥出来。邓小平同志在不同场合上都强调过，中国特别希望和周边国家成为更好的朋友，这是中国的一项长久策略。在这一背景下同周边大国发展"睦邻友好"关系就显得极其重要，而如何与周边大国建立友好外交关系，进而稳定中国周边局势也是邓小平同志在周边地缘层次上思考较多的问题。

1. 在推进中苏关系发展方面

实现中苏关系正常化是邓小平同志改善中国周边安全环境的重要任务之一。在邓小平看来，如果能实现中苏两国关系友好发展，无论是对中国国内建设现代化，还是对维护世界和平，都具有不可忽视的积极作用。

1982年，勃涅日列夫在国际会议场合上就中苏关系发展发表了重要言论，发出了与中国缓和关系的信号，在国际上引起了巨大反响与相关猜测。这一讲话表明了苏联态度的转变，也为两国关系回暖提供了机会。作为与苏联打交道最多的中共领导人，邓小平同志及时捕获到了这一重要信息，当即指示外交部通过发言人做出反应，指出，"我们更加看重的是苏联的实际行动"①。他认为应该调整过去对苏联实行的以意识形态为主导的"一条线"政策，在妥善处理"三大障碍"② 问题的前提下，积极改善中苏关系。此后，1982—1989年，两国通过多轮磋商就阻碍中苏正常关系发展的"三大障碍"问题解决上取得了实质性进展。1989年，中苏两国外长据此展开了友好谈话，标志着中苏两国关系开始了正常化发展进程，基本结束了过去由于意识形态分歧、边界争端等问题造成的不正常状态。邓小平在与戈尔巴乔夫谈话时进一步指出，"结束过去，开辟未来"③。由于

---

①　钱其琛：《外交十记》，世界知识出版社2003年版，第4页。

②　"三大障碍"：苏联支持越南入侵柬埔寨、苏联在中苏和中蒙边境驻扎重兵、苏联武装占领阿富汗。

③　《邓小平文选》第3卷，人民出版社1993年版，第292页。

此前中苏关系陷入低谷多年，要更好地实现"开辟未来"，就需要明确并解决两国间存在的诸多问题，而非简单地理解为"纠缠"于过去。1991年苏联解体，邓小平同志指出，不管发生何种变化，两国都要在和平共处五项原则的共识下建立一种和平稳定的新型关系。

2. 在推进中日关系发展方面

发展中日友好关系在邓小平同志"睦邻友好"战略中占有极其重要的地位。日本曾在近代史上对中国发动了多次侵略战争，给中国造成了巨大的伤害，但其在战后迅速发展，成为亚洲地区唯一的资本主义国家，在经济管理、科学技术等方面都对中国建设现代化具有可借鉴之处。邓小平同志认为，在此情况下推动中日关系向好发展，并加强同日本的经济技术合作，有利于将中国的改革开放推向纵深方向发展。

面对如何处理中日关系，邓小平同志主要从两个方面去考量。首先，着眼于双方存在的分歧。对于"钓鱼岛问题"，邓小平同志认为应该以大局为重，先将该问题暂时"搁置"下来，在避免两国产生直接冲突的前提下，共同开发该岛屿附近的海洋资源；对于日本向来不愿正视历史事实，邓小平同志认为思考这一问题的前提是要确保两国的友好发展状态，树立一种向前看的态度。日本侵略战争对中国人民造成的巨大伤害是不能被遗忘的，如若想偿还这一"旧账"，"就应为中国发展做更多的事情"①。其次，着眼于中日关系的未来发展。1978年8月，中日双方签订《中日和平友好条约》，同年10月该条约正式生效，该条约以反对霸权主义为核心原则，为推动中日关系进一步发展奠定了基础。时任日本天皇裕仁表示："今后，两国要永远和平友好下去。"② 1984年邓小平同志在会见日本首相中曾根

---

① 《邓小平年谱（1975—1997）》（下），中央文献出版社2007年版，第1192页。

② 郑晓国、南东风：《我是中国人民的儿子——邓小平1977—1992年活动实录》，中国国际广播出版社1993年版，第42页。

康弘时又进一步指出"要把中日关系放在长远的角度来考虑"①，认为中日世代友好是客观决定的，同时从地缘政治上考量也应该如此，并且要尽可能地将两国的友好关系建立在合作的基础上。此外，在这一过程中两国要避免出现有碍于双方友好关系发展的事件与偏向。

3. 在推进中印关系发展方面

邓小平同志认为印度和中国都是人口大国，也都是发展中国家，且又在地理上相邻，因此无论从何种角度来看两国都应该建立友谊关系。

20 世纪五六十年代，由于种种原因中印关系长期处于不正常状态，直至 1976 年两国互派大使，关系才有所缓和。邓小平同志多次强调，中印双方应该尽可能改善两国关系，在会见印度访华代表团时说道："中印两国之间的问题并不是很大，……无非就是一个边界的问题。"② 如果采用对话协商或暂时先放着等和平方式，那边界争端就能迎刃而解，最大程度减少对中印关系友好发展的损害。他认为目前最重要的是中印两国都应该在和平的国际环境下发展自己，在经济、科技、文化等各方面发展合作，并在和平共处五项原则指导下处理好各自的国际关系。在邓小平同志这一系列思想的影响下，中印双方高层之间的互访次数不断增加，也逐渐实现了中印关系真正的正常化发展。除此之外，中国还积极同朝鲜半岛、东南亚等周边国家发展友好外交关系。

简言之，邓小平同志在周边层次上实施的"睦邻友好"战略极大地改善了当时中国周边地区的国际关系，对稳定中国周边的和平稳定起到了不可替代的作用，为中国改革开放和社会主义现代化建设的推进创造了良好的周边环境，也为世界和平与发展做出了自己的贡献。

---

① 《邓小平文选》第 3 卷，人民出版社 1993 年版，第 53 页。
② 《邓小平文选》第 3 卷，人民出版社 1993 年版，第 19 页。

三　邓小平地缘战略思想的当代启示

邓小平地缘战略思想作为邓小平理论的重要组成部分之一，它不仅丰富了中国地缘战略理论体系，为中国实行改革开放和现代化建设营造了一个和平稳定的国际环境，也为中国制定对外政策、处理国际争端提供了新思路，对中国当前的地缘战略决策仍具有重要的借鉴价值和启示意义。

（一）准确把握当今时代主题，坚定不移走和平发展道路

由于经济全球化和科技快速发展，当今世界国与国之间的关系更加紧密，表现出相互联系、密不可分的特点。如若要制定切实可行的地缘战略、持续推进中国特色大国外交，最根本的就是要坚定不移地走和平发展道路。邓小平同志曾指出："我们奉行独立自主的正确的外交路线和对外政策，高举反对霸权主义、维护世界和平的旗帜。"[①] 这一点自邓小平同志 20 世纪 70 年代对时代主题进行准确判断后就一以贯之，不同的是经过长期的发展这一理念有了更加丰富的实现路径。党的十八大以来，以习近平同志为核心的党中央持续推行人类命运共同体理念，并将其作为中国外交工作的核心价值取向，致力于实现一种"同舟共济"的国际关系状态。进入新的发展阶段，首先，中国应准确把握"和平与发展"这一时代主题在新的历史条件下与国际形势中所面临的各种挑战、风险，全面分析有可能冲击现存国际秩序的各种因素，将"全球安全倡议""全球发展倡议""全球文明倡议"三个重要倡议作为解决现存国际难题的指向标。其次，中国依旧要重视和平发展道路的重要性，依旧要推

---

① 《邓小平文选》第 3 卷，人民出版社 1993 年版，第 128 页。

行独立自主的外交政策，依旧要发挥"世界的命运必须由各国人民共同掌握，世界上的事情只能由各国政府和人民商量着来办"① 这一重要原则的作用，继续维护以联合国为核心的国际体系和以国际法为核心的国际秩序，并与国际上各种反霸权主义、反单边主义力量一同维护世界和平。坚持继承和发扬邓小平同志关于和平发展的重要思想，在全球层次上为中国全面发展谋求一个和平稳定的地缘政治环境。

（二）推动构建亚太命运共同体，优化地缘安全和经济空间

中国的发展、亚太地区的发展和"亚洲太平洋世纪"的到来是密不可分的关系，这是邓小平同志在谈及亚太地区发展时的重要观点。党的十八大以来，习近平总书记在多次讲话中都强调"亚太是我们的安身立命之所，也是全球经济增长动力之源"②，要在亚太地区总体稳定的前提下，实现区域合作不断深化。新形势下，构建亚太命运共同体，首先，在安全层面要树立可持续的安全观。长久以来的经验告诉我们，不论何时，冷战思维和阵营对抗都是不可取的，只有相互尊重、相互合作才能使得经济发展和国家长治久安。由于当前世界处于动荡变革期，导致亚太地缘政治较为紧张，此时更应继续通过邓小平同志所提出的对话协商或通过国际合作的方式处理可能引发的国家间的分歧与争端，并充分利用现有的国际安全制度、政策等，维护各国的正当利益，推动国际秩序向着更加合理的方向发展。其次，在经济层面要积极推进亚太经济区域一体化发展。"亚太地区经济占世界经济总量逾六成、贸易总量近一半"③，在这一背

---

① 习近平：《论坚持推动构建人类命运共同体》，中央文献出版社 2018 年版，第 5—7 页。

② 习近平：《团结合作勇担责任 构建亚太命运共同体——在亚太经合组织第二十九次领导人非正式会议上的讲话》，《人民日报》2022 年 11 月 19 日。

③ 习近平：《坚守初心 共促发展 开启亚太合作新篇章——在亚太经合组织工商领导人峰会上的书面演讲》，《人民日报》2022 年 11 月 18 日。

景下我们更要深知开展亚太经济合作开放化、一体化的重要性。新形势下，中国应继续依托"一带一路"这一契机，以"大家庭精神"为指引，在亚太经合组织的框架内积极参与经济合作，杜绝经济领域的单边主义、保护主义行为的出现，充当"好邻居""建设性伙伴"角色，从而推动亚太自由贸易区建设，促成"亚太奇迹"的进一步发展。

（三）持续践行"亲诚惠容"理念，巩固与周边国家的友好关系

中国始终都非常重视同周边地区国家的安全与合作，也始终将周边置于外交全局的首要位置。邓小平同志针对周边地区的局势提出了以和平共处五项原则和"睦邻友好"思想同周边各国发展友好外交关系。党的十八大以来，以习近平同志为核心的党和国家领导集体将"睦邻友好"战略进一步发展为"亲诚惠容"理念，并创造性地提出了"正确义利观"①，继续与周边国家发展友好关系，将周边地区的和平、稳定与发展视为己任。在向第二个百年奋斗目标奋进的关键时刻，谋划周边地缘战略时更应该着眼于为中国经济建设提供一个和平稳定的周边环境。首先，从实现中国与周边各国共同利益的视角出发制定行动方案，使得周边国家可以得益于中国的发展，也能使中国从周边地区的发展中获得助力。从大局入手同周边国家进行战略沟通，将安全与发展置于同等重要位置，坚持与周边国家建立友好合作的双边伙伴关系。其次，借助"一带一路"倡议、上海合作组织等现有多边平台，将中国与周边国家经济发展"串联"起来，克服一切可能面临的挑战、风险。在努力巩固现有周边经济基础上，深入推进周边命运共同体建设

---

① "正确义利观"：主张超越零和博弈、非此即彼等思维方式，在命运共同体的整体构架中实现各自的利益和共同利益，实现共同发展、共同幸福。

作为当前以及未来的发展目标，"走出一条大国与周边国家和平共处、和谐共生、共同发展的新路"①。

四　结语

地缘战略是各国基于当前所处的国际、国内形势，并全面分析其地理空间、地缘关系等要素，以制定全局性对外政策为方法、以和平处理国际问题为目标的战略指导思想。邓小平地缘战略思想立足于改革开放新时期的时代背景，在深刻把握中国优秀传统文化、马克思主义、毛泽东地缘战略思想的基础上，以其独特的战略视角在全球、亚太、周边三个层面为当时中国制定对外政策、和平解决国际问题指明了方向，并且改革开放四十多年的具体实践也反复印证了这一思想的正确性。在新时期，对邓小平地缘战略思想的理论渊源、丰富内涵进一步探索，做到"知其然"与"知其所以然"相统一，进而更好地归纳出这一战略思想的当代启示，有助于中国当前的对外政策制定得更加科学、完善。

---

① 苏长和：《走出一条周边外交新路》，《人民日报》2020 年 7 月 29 日。

美好生活需要：中国式现代化
视域下乡村生态治理的价值旨归[*]

美好生活需要：中国式现代化视域下乡村生态治理的价值旨归[*]

美好生活需要：中国式现代化视域下乡村生态治理的价值旨归[*]

刘海霞　张　梅[*]

摘要： 中国式现代化是全体人民共同富裕的现代化，党的二十大报告确定了以中国式现代化推进中华民族伟大复兴的总目标。乡村生态治理关乎全体人民的生态福祉，既是现代化进程中的短板，也是国家治理体系的重要组成部分。当前，单一物质文化需要是中国式现代化视域下乡村生态治理的痛点；美好生活需要是中国式现代化视域下乡村生态治理的价值诉求；美好生活的矛盾审视是中国式现代化视域下乡村生态治理和生态文明建设现状；顺应人民对美好生活的新期待是中国式现代化视域下乡村生态治理的应然。中国式现代化视域下乡村生态治理，不仅是满足人民美好生活需要的现实逻辑，也是推进中

---

　* 刘海霞，甘肃陇南市人，博士，兰州理工大学马克思主义学院教授，硕士研究生导师，主要从事马克思主义生态文明理论与实践研究；张梅，甘肃陇南市人，兰州理工大学马克思主义学院硕士研究生，主要从事马克思主义生态文明理论与实践研究。国家社科规划基金项目"高质量发展视域下西北地区乡村生态治理长效研究"（22BKS148）、教育部社科规划项目"新时代西北地区生态治理的困境与对策研究"（20YJAZH065）、甘肃省科技厅软科学专项"黄河流域甘肃段生态保护与经济协调发展的对策研究"（21CX6ZA069）、甘肃省社科规划项目"'双碳'背景下甘肃乡村生态治理机制优化研究"（2022YB063）的阶段性研究成果。

国式现代化进程的新体系。

关键词：中国式现代化；美好生活需要；乡村生态治理；
价值旨归

中国式现代化是全体人民的现代化，党的二十大报告确定了以中国式现代化推进中华民族伟大复兴的总目标，这一总目标要想尽快实现，必须加快补齐影响国家治理体系和治理能力现代化的短板。乡村生态治理作为国家治理的重要组成部分，其是否能够实现现代化已经成为国家治理现代化目标实现的关键，必须予以重视。乡村生态治理关乎全体人民的生态福祉，既是现代化进程中的短板，也是国家治理体系的重要组成部分。基于此，研究中国式现代化视域下乡村生态治理，不仅是满足人民美好生活需要的现实逻辑，也是推进中国式现代化进程的新体系。

一　单一物质文化需要：中国式现代化视域下　乡村生态治理的痛点

乡村地区囿于历史与现实的发展因素，决定了长期以来社会经济发展处于全国落后水平的局面，导致不能及时有效地满足人民日益增长的物质文化需求，物质生活需要也受制于当地经济发展状况，以至于乡村地区人民本应具有的多维需求及美好生活需要，局限于简单的物质文化需求，这是乡村地区生态治理的痛点。

（一）基本依据：社会主要矛盾的必然要求

事物发展由多矛盾构成，但决定事物和支配事物的是主要矛盾。党的十九大对社会主要矛盾做出了客观判断和系统分析，从物质文化需要层面，反映出社会生产力发展的变化。由于复杂的社会历史

与现实原因，一般而言，乡村地区地理位置特殊、区位偏远，因此
生产力发展也相对落后于全国平均水平，经济基础薄弱、物质生活
资料自给自足相对困难、人民生活水平也相对低下，一般而言乡村
经济发展主要以农、牧业为主，农业人口多且文化水平低下，作为
新时代巩固脱贫攻坚成果的主场区，贫困人口聚集，以至于乡村地
区面临虽然自然资源丰富，但技术性人才匮乏，缺乏开发技术，难
以将生态资源合理、高效地转化为经济动能，并且在乡村地区发展
不平衡的基础上，城乡发展依旧是不平衡、不充分。以陕西关中地
区的农村为例，部分村民环保意识匮乏，在进行农业生产时，为提
高农作物产量，过度使用化肥、农药等，致使土壤和水体遭到严重
污染，危害生态环境的同时，导致农作物产量或者产品质量下降。
与此同时，随着城乡的加快发展，城市污染转移到农村，且农村缺
乏排污治污设备设施，加剧了环境污染。就以用水质量而言，城市
水质明显高于农村，农村供水设备简陋，一些农村人口面临着饮用
水不安全风险，基于乡村区位经济发展的现实情况，决定了长期以
来人民的物质生活需要很难得到满足。马克思指出："人们为了能够
创造历史，必须能够生活。"[①] 美好生活需要是建立在现实物质需要
基础之上的，人要生存的基本就在于此，离开物质生存需要，其他
需要将无从谈起。新时代随着中国社会主要矛盾的转变，深刻体现
出物质生产力水平的提高，使人民的物质文化需要得到不断满足。
随着生产力的发展，创造了丰富的物质生活资料，人民的基本生存
资料已经得到满足，但是并不代表人民物质生活需求得到全部满足，
美好的生活需要中仍然包含着物质文化需要，在此基础上老百姓对
美好生活的需要表现出更多样化、更高层次。乡村地区虽然当前物
质经济发展不充分、不平衡，但在追求生产力发展时要树立长远的

---

① 《马克思恩格斯选集》第 1 卷，人民出版社 2012 年版，第 158 页。

发展目光，坚决摒弃以牺牲环境为代价的不可持续发展方式，提高当地群众生活质量和水平，改善人民居住环境，打造良好的生态环境，尊重自然规律，坚持人与自然和谐共生，为群众提供一个生态宜居、产业兴旺的环境。新时代，随着社会生产力的发展，中国社会主要矛盾发生了转变，人民对美好生活需要更加多元化和高层化，人民的生态诉求作为美好生活需要中的重要部分，也在日益提高，生态环境质量和人居环境水平成为当下老百姓关心的热门话题，蓝天碧水成为人民心之所盼，现今解决好、实现好、维护好人民的切身利益，是坚持以人民为中心立场之关键所在。乡村生态治理要坚持惠民、为民行动，坚决抵制以牺牲环境为代价的经济增长方式，将优美生态环境作为老百姓的公共产品，尊重自然规律，追求人与自然之间的和谐相处。

（二）客观困局：物质与生态诉求发展失衡

物质生活需要的满足是人实现自身发展的重要前提，物质需要作为人类生存与发展的基础条件，在整个人类的繁衍生息过程中起着至关重要的作用。立足于人与自然的关系，马克思认为"自然是人类之母"，人作为"生态的人"，自然而然就具有生态属性。人作为自然的一部分，内在地具备了对生态的价值诉求。质言之，物质需要和生态诉求同样在人类的基本诉求中占据着举足轻重的位置，深刻体现出生态本就是经济，大力将生态优势转化为经济优势，追求物质经济发展时，牢固树立生态发展之要义。我们党的历代领导人始终坚持马克思主义，将其作为行动指南，因此马克思恩格斯生态思想仍然是中国生态保护和发展的理论引导。在不同时期，我们党高举马克思主义生态文明理论，在大力发展物质经济的同时，将生态文明建设依旧摆在社会主义发展的突出位置。追溯至中国共产党各代领导集体，都将生态保护作为治国策略之一，立足人民生态观，不断满足人民日益增长的生态诉求。然而，新中国成立初期，中国特殊的国情加之多年战乱，导致生态系统脆弱，尤其在改革开放时期，为了追求经济的快速发展，忽视了生态环境问题，传统工业文明的发展模式导致生态问题突出，在生态环境方面欠账太多，进而使人民的生态诉求未能得到合理满足。一方面，从生产力出发，人们为了追求物质生产力的发展，一段时期内将物质生产力摆在发展的第一位置，在认识上更是倡导把"发展经济与环境保护对立起来，将经济价值与人的价值分离开来"①，如陕西黄土高原是中华文明的发祥地之一，曾经作为政治、经济和文化发展繁荣的区域，环境是经济发展的立足之本，然而现今因为历史和当前现实、自然和人为因素相互交织的作用下，森林数量骤减、水土流失加重，致使生态环境不断恶化，水资源贫乏、荒漠化和沙尘加剧，影响当地人民农业生产和生活生存。这种只顾眼前经济发展利益，忽视生态长远发展的模式，将人的生态诉求与物质需要分割开来，陷入了"第一生产力"之争的境地，将生产力这一概念也简单化、孤立化，从而只把生产力的量②作为经济发展的目标。对物质经济发展与生态诉求产生认知误区，导致一些相关部门在实践上也将两者割裂开来，漠视生态长远发展，只追求眼前的经济效益，由此产生了系列生态环境问题，使生态成为民生之痛、民生之患，严重威胁着人民的身体健康。另一方面，立足于人的需要，当追求满足人民物质需要的同时，罔顾人们的生态需要，以为单纯追求物质生活需要就是简单地追求经济发展，比如之前陕西延安的削山造城、秦岭北麓西安段圈地建别墅、腾格里沙漠污染、青海祁连山和甘肃祁连山发生的严重生态破坏事件，由此在生态环保与经济发展产生矛盾之时，总是

---

① 方世南：《从生态矛盾的凸显看生态民生的重大价值》，《苏州大学学报》（哲学社会科学版）2014 年第 5 期。

② 岩佐茂：《环境的思想——环境保护与马克思主义的结合处》（修订版），韩立新、张桂权、刘荣华等译，中央编译出版社 2006 年版，第 126 页。

置自然客观规律于不顾，单凭主观意志随意改造自然，造成生态环境恶化，从而威胁人们自身的生存与发展，不利于人的自由而全面的发展。

二　美好生活需要：中国式现代化视域下乡村生态治理的价值诉求

乡村地区一般地处偏远、交通不便，综合因素交织影响下生态环境比较脆弱，加上气候条件和地理位置的限制，导致乡村地区生产力发展整体上不如东南沿海等发达城市。随着新时代中国社会主要矛盾的转变，深刻体现出生产力发展趋向，人民对美好生活的需要体现在物质生活需要的同时，对良好生态的诉求也是新时代乡村生态治理的价值诉求。

（一）内在依据：新时代社会主要矛盾的转化

生产力决定生产关系，随着社会科技的进步，生产力得到极大发展，随之促进社会经济发生了根本性变化，加快了社会主要矛盾的转变。改革开放以来，全国生产力水平总体显著提高，乡村地区也得到一些发展机遇。在国家的大力扶持下，乡村地区从人民"美好生活"期待出发，不断满足当地人民的生活需要。至建党百年之时，社会生产力发展价值取向发生了深刻变化，物质诉求不再是社会发展的全局性位置，更加强调人民美好生活需要，突出满足人民的生态诉求，中国已经解决了人民的绝对贫困问题，基本实现了人民的物质生存需要。新时代，随着生产力的发展，要竭力满足人民的美好生活需要。在此可以明显看出，长期以来中国以往那种物质经济短缺、温饱不足的境遇已经发生了根本性扭转，乡村地区人民的物质生活水平也发生了极大改变，乡村地区人民在满足基本生存需要的基础上对美好生活需要更加多元化。一般而言乡村地区作为巩固脱贫攻坚成果的主战场，更要竭力满足当地人民的生活需要和生态诉求，以实现全体人民的共同富裕。进入新时代，人民的需要不仅局限于物质文化层面，人民对美好生活的向往更加多元化且提出了更高要求，在此基础上人民对物质文化生活水平和生态诉求方面愈加多样化、全方位和高要求。但是当前社会经济发展和区域以及城乡差距的不平衡不充分，不可避免地成为制约人民美好生活需要的主要因素。乡村地区生态问题主要在农牧业，而农牧业的主体缺乏环保意识，仍然存在为求发展，乱砍滥伐、过度放牧等不合理的主体活动，使动植物受到威胁，土地荒漠化面积扩大，以至于生态环境遭到严重损害，不利于当地的可持续发展。因此，面对严峻的生态形势，要坚持尊重自然规律，杜绝以牺牲环境为代价的短期经济收益，坚持经济社会与生态环保并重。在党的十九大上，面对社会经济发展的新情况和新特点，习近平对新时代中国社会主要矛盾变化做出新的科学判断，即进入新时代，"中国社会主要矛盾已经转化为人民日益增长的美好生活需要和不平衡不充分的发展之间的矛盾"[1]，"人民群众对优美生态环境需要已经成为这一矛盾的重要方面，广大人民群众热切期盼加快提高生态环境质量"[2]。提供更多优质生态产品，乡村地区生态环境比较脆弱，坚持生态环保和经济可持续发展于当地而言尤为迫切，实现美丽乡村建设和生态宜居的环境，有助于满足人民美好生态诉求，这表明新时代社会主要矛盾转变是中国式现代化视域下乡村生态治理的价值诉求。

---

① 《习近平谈治国理政》第3卷，外文出版社2020年版，第133页。
② 习近平：《论把握新发展阶段、贯彻新发展理念、构建新发展格局》，中央文献出版社2021年版，第253页。

（二）理论逻辑：美好生活需要涵盖多方面的内容

马克思指出，"他们的需要即他们的本性"①。深刻体现出人的需要的特殊性与多样化并存，人的活动不是简单的动物活动，是人主观选择的一种需要，是人区别于动物的印证，即人所有的需要不是全部被满足的，只有符合人本性需要的才应得到满足的。马克思对人的需要的界定是研究人民"需要"的基础，在马克思看来，人的需要不是唯一固定的，就生产力发展而言，人们的需要随着社会生产力水平的提高也会随之发生改变，从生产力水平由低到高的转变，依次为生存、享受、发展，即人的需要的阶段，生产力较高发展的阶段，人们也会有更高的需要。从需要物的角度而言，马克思认为，人们除了对自然的需要外，还有对"精神的和社会的需要"②。也就是说人类的需要是多样化的，即会对自然、精神和社会有需要；马克思依据需要的真假性，人的需要也分为本真需要和"虚假需要"。在资本主义社会，马克思指出，资本家为了谋取更多利润，故意制造出许多虚假需要，如资本家对钻石的包装，让人们产生争相抢购的欲望，"以便从这里获得他自己的利己需要的满足"③。新时代，人民的美好生活需要是更加多元化的需要，习近平总书记曾指出："人民不仅对物质文化生活提出了更高要求，而且在民主、法治、公平、正义、安全、环境等方面的要求日益增长。"④深刻彰显出新时代美好生活需要是包含物质基础需求，也是涵盖多层次体系结构的需要。新时代的美好生活需要相比较以往的需要，对需要关注的范围不限于经济、政治、物质等，而是多方面、宽领

---

① 《马克思恩格斯全集》第 3 卷，人民出版社 1995 年版，第 514 页。
② 《马克思恩格斯全集》第 23 卷，人民出版社 1972 年版，第 260 页。
③ 《马克思恩格斯文集》第 1 卷，人民出版社 2009 年版，第 223 页。
④ 中共中央宣传部、中华人民共和国生态环境部：《习近平生态文明思想学习纲要》，人民出版社 2022 年版，第 35 页。

域、高层次的需要。

三 美好生活的矛盾审视：中国式现代化视域下 乡村生态治理和生态文明建设现状

构建中国式现代化视域下乡村生态治理融合发展是乡村生态振兴的题中之义，也是新时代生态文明建设的应有之义。然而，现今存在的不科学、不合理的生产与生活方式导致乡村生态治理问题突出，严重威胁着当地群众生活的安全感、获得感、幸福感。

（一）生态环境问题的严峻性与人的安全感的矛盾

随着中国社会主要矛盾的转变，广大人民对生态环境的要求愈加提高，由过去"求温饱"到现在"求环保"的转变，可以看出人民对生态环境提出了更高要求，要求营造和谐、美丽的生态环境和创造绿色、健康的生态产品。随着中国社会经济发展稳步提升，同时人民物质文化需求得到极大满足，人民对美好生活环境的需要已成为新时代发展的共同目标。然而，现存工业文明发展范式下，人类不合理的生产方式和消费模式的交织影响，如粗放型经济发展模式、奢侈浪费的生活方式和追求利润最大化的方式等，以破坏生态环境为代价的经济发展，违背自然规律，只会使社会经济发展走向穷途末路，不利于整个社会和人类的生存需要，由此加重了生态危机，导致人与自然之间矛盾突出，引发各种突发性自然灾害。此外，自然环境的恶化导致次生灾害的频繁发生，如泥石流、洪水、气候异常等问题严重威胁着人民的生产与生活环境，使人民生命财产安全处于动荡之中，乡村地区生态环境恶化趋势仍在持续，水土流失尚未得到根本性扭转。近年来，随着气候异常转变，乡村地区的一些河流出现季节性断流，水位下降，甚至出现亏水现象；湖水面积缩小，导致湖底泥沙沉积暴露，加重了环湖区域的风沙风险。因此，只有维护生态环境的稳定状态，才能使人民的生产与生活不受自然灾害的威胁，促进人民身心健康发展的同时加强人民的生活安全感，也是一种推进实现人民美好生活的重要手段。当前，乡村生产发展方式和生态方式严重影响和制约着生态环境发展，严重的生态问题威胁着人的安全，制约着人民对美好生活的期待感。

（二）生态治理的曲折性与人的获得感的矛盾

良好的生态环境是人类生存发展的基础，保障生态环境良好发展，就要具备防患于未然的危机意识，既离不开对现有生态环境的保护，也离不开对生态环境恶化的防御措施，因此要贯彻落实正确的生态治理观。乡村地区一般地理位置特殊，发展条件有限，一段时期内乡村地区将追求物质生产作为首要发展动力，面对发展经济与生态保护之间存在的矛盾，总是将追求现有物质生产作为本区域发展的目标，实践证明这种不顾自然客观规律、急功近利的发展模式，只会因小失大、顾此失彼，以往以资源消耗为主的传统发展模式，常常以牺牲环境为代价，致使环境受到重创，之后，人们再去用大量的物质经济去补贴生态损失，却也很难恢复到原有的生机，由此挽回的效果相比较原初状态也是不尽如人意。近年来，中国生态环境问题依旧严峻。例如，"生态治理在空中（霾）仍未见'拐点'到来，地下水污染治理需要漫长的时间净化"[1] "太湖治理边际效应递减，蓝藻暴发的生境条件并未改变"[2] 这些生态环境问题治理仍旧是长期性、艰难性的，对中国社会经济发展和社会稳定具有一定的挑战性。乡村地区由于人为不合理的采挖、放牧等活动，使当地植被资源遭到不同程度的破坏，甚至造成草地退化，植被在短期

---

①　张劲松：《中国地方生态治理的主要难点与对策》，《国家治理》2017 年第 40 期。

②　王伟健：《今夏，太湖又遇蓝藻挑战（热点解读）》，《人民日报》2014 年 6 月 9 日。

内难以恢复，不断产生新的沙源，加速了荒漠化进程，使生态更加脆弱，加之一些偏远乡村地区本就多风且气候干燥，加大了土地沙化面积，严重影响着乡村地区生态环境。新时代，物质生产力得到极大提升，人民在满足物质文化需要的基础上，对生态诉求也提出了更高要求，面对生态环境突出问题，要积极推进绿色发展这一理念和举措，务必将生态治理作为长期性准备落实到位，为实现人民的良好生态环境需要提供内生力，扎实推进良好生态环境，满足人民生活质量增长点。然而，生态治理是一个长期且曲折的过程，与人的生态获得之间的迫切性之间是一个不平衡的状态。迫于乡村地理位置、气候条件以及社会经济发展程度，致使乡村生态环境治理出现曲折性、长期性现象，无法短期内实现人民对美好生态环境的需求，生态文明建设成效不足，甚至乡村地区农业生产出现生态退化的现象，因此要加快建立乡村生态补偿机制，提供优质生态产品，顺应人民对生态诉求的新期待，提高人民切实获得感。

（三）生态文明建设的不平衡与人的幸福感的矛盾

"保护生态环境就是保护生产力、改善生态环境就是发展生产力。"[1] 生态本身就是经济，蕴含着巨大的生产潜力，保护生态就是发展生产力。应正确应对两者之间的关系，两者不可偏废，经济发展离不开自然环境的支撑，良好的生态环境是促进经济持续发展的基本前提，先进的社会经济发展为生态文明建设提供了物质条件，经济发展绝不能破坏和牺牲自然生态条件，否则不仅会受到自然的惩罚，而且会威胁社会经济的可持续发展。总体而言，"我国生态环境质量持续好转，出现了稳中向好趋势，但成效并不稳固"[2]。当前，

---

[1] 中共中央文献研究室：《习近平关于社会主义生态文明建设论述摘编》，中央文献出版社2017年版，第23页。

[2] 习近平：《推动我国生态文明建设迈上新台阶》，《当代党员》2019年第4期。

乡村作为欠发达地区，城乡发展不平衡、人民生活水平不充分，处于生态治理的关键期，人民对美好生态诉求的日益提高是生态文明建设的重要引擎，乡村生态文明建设与社会发展之间存在不协调、不平衡的问题，加上地处内陆，存在发展信息壁垒，生态文明建设整体上相对落后，加上中国乡村面积大，更加突出乡村生态治理的艰巨性、紧迫性。就东部沿海地区而言，"城市大面积绿化，封山又育林，湿地保护宜人又养目，这些成果得益于东部地区经济的率先发展"①，而"西部地区生态脆弱，生态治理难度大"加上生态文明理念滞后，乡村地区不少地方经济发展仍旧存在"先污染后治理"的发展方式，依旧没有摆脱"唯 GDP"这种片面追求经济增长速度的发展思路，这些重发展、轻保护的不合理发展理念致使水、土壤、大气等遭到严重污染，威胁着人民的居住环境和生产生存方式，对人民的身体健康产生了极大影响，严重影响着人民生活的幸福感。以宁夏地区为例，长期以来存在的生态问题加重了当地生态的脆弱性，扩大了生态损害面积，给黄河下游地区带来了一定的生态挑战和风险。乡村地区长期以来物质经济发展处于全国落后水平，人民物质需要满足度是当地发展的重中之重，人民还处于谋求经济生存的阶段，一度以牺牲环境为代价去追求经济发展，漠视自然规律，生态文明建设投入力度不大，这种区域间经济发展的不平衡性和不充分性，导致各区域间人民的需求出现分层化，进而整体上使生态产品和服务不均衡，在生态文明建设进程中，城乡、区域发展的不平衡，加之生态环境的损害，人民饮用水、空气质量堪忧，导致人民的生态幸福感不强，跨域发展和生态环境协同推进是非常有限度的。生态文明建设本就是一项系统工程，要系统优化各要素发展，才能促进生态文明建设从整体上协同向好、持续前进。

---

① 张劲松：《中国地方生态治理的主要难点与对策》，《国家治理》2017 年第 40 期。

四　顺应人民对美好生活的新期待：中国式现代化视域下乡村生态治理的应然

中国式现代化视域下的乡村生态治理，要顺应人民对美好生活的新期待。乡村地区经济发展处于长期落后的局面，因此乡村地区要协调推进绿色发展，加快欠发达地区的发展，积极推进城乡发展一体化，但是存在为满足人民基本物质需要，进而过度追求生产力发展的速度和规模问题，同时这种发展方式致使人容易掉进"生产力第一主义"之中，依托粗放型的传统发展模式，导致生态环境遭到破坏，进而影响人民的身心健康。因此，聚焦中国式现代化视域下乡村生态治理，是新时代生产力发展突出生态诉求的现实价值。

（一）推进人民生态共同富裕目标以立足新时代生态之维

推进人民生态共同富裕目标以立足新时代生态之维，推动绿色生产生活方式发展，始终关注贫困人口的生态诉求，致力于摆脱贫困，协同推进共同富裕。1992 年联合国环境与发展大会提出，"加紧为一切人提供可持续生计的机会"[1]。现今，中国已经消灭了困扰中国千年的难题——绝对贫困，中国现阶段取得的这一历史壮举与中国重视生态问题，结合实际创造性地开展生态扶贫举措分不开。在中国一些偏远山区，社会经济发展低下、人民物质产品保障不足，但是却拥有丰富的良好生态资源，中国结合实际现状，进一步将生态与扶贫有机结合。乡村地区一般深居内陆，经济发展动力略显不足，大部分县区经济发展也较为落后，在共同富裕的进程中，就要扎实推进脱贫人口的可持续生机。面对一些传染性疾病对社会造成

---

① 《21 世纪议程》，国家环境保护局译，中国环境科学出版社 1993 年版，第 12 页。

的危害，有人声称这是坚持人类中心主义的结果，从而忽视了生态中心主义。虽然在某种程度上，疫情反映出人与自然之间的关系较为紧张，但是疫情对人类造成的伤害是不可估量的。在早期资本主义社会，资本家竞相逐利，不顾工人阶级和穷人的身心发展，工厂内部工作条件及环境艰苦、工人工资低下，饮食营养摄入不够等多方面原因加剧了工人身体健康的损耗，这对经济收入微薄的人群而言，造成的经济和身心危害是不容忽视的。因此，要大力维护穷人的生态权益，保障他们的工作条件和工作环境，以维护他们的身心健康发展。现今，中国也受到大环境即一些流行性传染疾病的影响，对中国经济社会发展秩序产生了一定的扰乱性，在一定程度上加大了因疫情返贫的风险，对中国巩固脱贫攻坚成果具有一定的挑战性，很可能影响中国共同富裕的进程。因此，作为中国欠发达地区，乡村地区低收入人群集中，务必要将巩固脱贫攻坚成果作为发展的要务，在坚持人民至上理念的同时，将生态扶贫作为维持和保障脱贫人口的可持续生计，切实让绿水青山持续转化为金山银山，在农村尤其是脱贫地区增强绿色设施建设，将知识、财富、信息、人才引进脱贫地区，在农村构建公路等交通网络建设，同时政府财政要精准对标脱贫地区，加强乡村生态环境补偿力度，完善乡村生态环境保护补偿机制，加大科、教、文、卫等方面对脱贫地区和农村地区的支援。推动绿色发展，坚持人与自然共存共荣，积极推进城乡发展一体化，助力乡村生态振兴，维护脱贫人口的可持续生计保障。

（二）顺应绿色时代潮流和人民生态意愿以保障民生福祉

良好的生态环境是人类生存与健康的基础，习近平总书记坚持人民至上理念，始终将人民的生命健康和安全福祉作为发展的重中之重。由生态环境恶化引发的流行性疾病，作为重大公共卫生课题，严重威胁着人民的生存与发展。长期以来，在追求经济高速发展的过程中，漠视自然规律，以牺牲环境为代价的不可持续发展方式，加剧了生态环境的恶化，严重威胁了人民的生命健康，由此可见，生态环境对人民生命健康的影响力度。面对严峻的生态风险，要深刻认识到生态健康即生态关系的健康，如果不能及时、有效应对生态健康问题会威胁到人类的生存，因此要有效防范化解生态破坏带来的健康问题。在早期资本主义社会，资本家为追求剩余价值，不顾生态规律，大肆掠夺自然资源，导致生态环境恶化的同时衍生出一系列流行性传染病，对工人阶级的身心健康造成了极大损害，马克思、恩格斯对此深恶痛绝并展开了批判。恩格斯根据亲身调研和早期经历，在《英国工人阶级状况》中指出，工人的工作环境极其恶劣，潮湿的周遭、垃圾堆积如山，由此引发了猩红热、肺病等流行病。马克思在《资本论》中也指出环境对于人民身体健康的影响。进入资本主义垄断阶段后，帝国主义侵略小国的残酷手段就是生物战和生态战。例如，美国在侵略战争中使用的落叶剂和贫铀弹，在伤害战争中人民的同时，对大自然的威胁也是不可避免的，严重威胁着人民的身体健康和居住环境，深刻体现了资本主义的反自然、反人类倾向，也可以看出生态环境的好坏直接影响到人民的生命和身心健康。新时代，中国在物质生产力极大发展的基础上，为人们创造了更多、更丰富的物质产品，生产力发展促使人民渴望得到更优质的生态环境，因此，既要高质量发展经济以满足人民物质保障，又要提高人民生活品质以保障人民生态诉求。由于特殊的地理位置和气候条件的限制，生态系统本身就存在一定的脆弱性，因此在发展物质经济的同时要将生态环境保护摆在突出位置，贯彻以人民为中心的立场，按照共同富裕的社会主义本质，将人民的生态环境健康作为保障人民身心健康的必要，将防范生态风险作为人民可持续发展的关键点。保障人民的生态环境健康是一项复杂的社会系统工程，乡村地区要立足地方实际情况，建立生态环境风险预警机制和联防联控机制，打破各县区信息壁垒，全方位开展工作，整治生态环境突出问题，有效化解生态风险。为人民创造良好的生态环境，是维护人民生命安全和身心愉悦的重要组成部分，切实保障人民的生态环境健康权益。

（三）满足人民的优美生态环境需要以合人民性价值取向

新时代，随着生产力水平的极大提高，人们对生态诉求的期许也愈加提高，人们对美丽的自然环境期待也在加强，扎实推进生态保护、提高生态文明水平，为人民创造更加幸福的美好生活。人与自然之间的和谐共生是中国社会主义现代化建设的重要目标，满足人民对蓝天绿水美好生态需求的期许。人与自然的关系作为人类发展史上无法绕开的终极话题，人与自然是共存共荣的生命共同体。在人类发展史上，多次改造和利用自然，人类甚至试图成为自然的主人，强行违反自然规律，破坏自然环境，致使自然资源枯竭，因此过度开发和改造自然最终只会威胁人类的生存与发展。当前，乡村地区自然生态系统脆弱，社会经济发展和生态保护之间已存在非平衡的冲突关系，人与自然之间的和谐是当前生态文明建设的迫切任务，要不断满足人民对美好生态的诉求，恢复人与自然之间协同发展。随着物质生活水平的提高，人民对精神生活乃至其他更美好的需要就会提高。新时代，随着生产力的发展，人们的物质生活也愈加丰富，中国居民"求生存""求温饱"向现今"求环保"的转变，深刻意味着中国居民生活水平提高的同时对物质文化和美好生活等追求愈加多样化，人们对清洁的空气以及干净的水源的渴望更加强烈。为满足当地人民的美好生态诉求，乡村地区要扎实推进生态保护，要下定决心，久久为功，加大生态治理力度，走绿色发展道路，习近平总书记在党的十九大上指出，要"加大生态系统保护力度。实施重要生态系统保护和修复重大工程，优化生态安全屏障体系，构建生态廊道和生物多样性保护网络，提升生态系统质量和稳定性"①。建设美好生态环境，确保生态安全和人民生活安全是生态文明建设的根本。乡村地区经济发展整体较为落后，一段时期内在经济发展方面欠账过多，面对日益严峻的生态形势，人民生命安全和生态安全遭到严重的威胁。为此，乡村地区要重视生态文明建设，在满足人民生态安全的需要时，促进人民形成正确的生态价值观，提升广大人民对自然的呵护和关心，减少生态污染事件，保障人们的生态安全。一段时期以来，乡村地区为满足当地群众的物质经济需要，一味追求经济的快速发展，以牺牲环境为代价的这种不顾自然规律的发展导致生态环境恶化，最终人类只能自食"恶果"。新时代，乡村地区要积极响应国家生态文明建设号召，以满足乡村地区人民美好生态需求，积极改变以牺牲环境为代价的经济发展方式，坚持绿水青山就是金山银山理念，尊重自然规律，摒弃将人与自然处于"零和博弈"的状态，顺应自然，形成健康、科学的生产发展防守，深入推进污染防治，提升生态系统多样性、稳定性、持续性②，打造良好自然环境，使人民能够切实感受到优美自然环境，提升群众的生态获得感和生态幸福感。

---

① 习近平：《决胜全面建成小康社会　夺取新时代中国特色社会主义伟大胜利——在中国共产党第十九次全国代表大会上的报告》，人民出版社 2017 年版，第 51—52 页。
② 习近平：《高举中国特色社会主义伟大旗帜　为全面建设社会主义现代化国家而团结奋斗——在中国共产党第二十次全国代表大会上的报告》，人民出版社 2022 年版，第 1 页。

实践与探索

智慧圈主义

——马克思列宁主义在俄罗斯发展的新趋向

李子亮　柯　莉*

摘要：苏别托是俄罗斯颇具影响力的当代马克思主义思想家之一，他在维尔纳茨基的生物圈和智慧圈学说的基础上提出智慧圈主义。苏别托认为，21 世纪面临的各种生态问题脱离社会主义是不可能解决的，智慧圈主义是解决 21 世纪人类可持续发展问题的方法，智慧圈主义是社会主义与共产主义学说和智慧圈学说的融合。

关键词：智慧圈；智慧圈主义；马克思主义；列宁主义

亚历山大·伊万诺维奇·苏别托（Александр Иванович Субетто）① 是俄罗斯颇具影响力的当代马克思主义思想家之一，是智慧圈主义的创始人。俄罗斯学界一些学者认为，苏别托为 21 世纪

---

* 李子亮，青岛理工大学马克思主义学院讲师，法学博士，主要从事马克思列宁主义研究；柯莉，青岛理工大学马克思主义学院讲师。

① 亚历山大·伊万诺维奇·苏别托（1937 年 1 月 28 日— ）生于苏联时期的列宁格勒州普希金城，经济学博士和哲学博士，哲学家，教授，俄罗斯联邦政府奖获得者，俄罗斯联邦荣誉科学家，以及俄罗斯自然科学院、欧洲自然科学院等机构的院士。2009 年智慧圈社会科学院成立，苏别托担任首任院长，目前他是该院的名誉院长。——作者注

的现代马克思主义理论发展做出了重要贡献，同时，他们在苏别托创立的学术体系和成果的基础上展开深入研究。有关智慧圈主义的学术文章和专著陆续出版，并形成了较大规模的研究团体，其中成员不仅有来自俄罗斯的学者，而且还有来自白俄罗斯、乌克兰、保加利亚、斯里兰卡等国的学者。

一　智慧圈主义创始人苏别托

苏别托的学术成果颇丰，发表出版的学术文章、专著等已超过1100 篇（册），其中，自 2006 年以来陆续出版 13 卷本《智慧圈主义文集》（《Сочинения Ноосферизм》），目前已出版 10 卷，即第1—9 卷和第 11 卷，共计 16 册，在俄罗斯产生广泛影响。苏别托的学术理论不仅在俄罗斯学界影响较大，在欧洲也有一定的影响力。欧洲自然科学院院长弗拉基米尔·格奥尔吉耶维奇·特明斯基（Владимир Георгиевич Тыминский）指出，苏别托是俄罗斯杰出的科学家和经济学家，不仅享誉俄罗斯科学界，而且在德国、保加利亚、法国、波兰等国的科学家中享有学术威望。①

2017 年 1 月 28 日是苏别托 80 岁生日，俄罗斯教育学院斯莫尔尼学院在圣彼得堡召开了国际学术会议，主题为"祝贺苏别托报告会：智慧圈主义——新的发展之路"。圣彼得堡的阿斯捷里翁（Астерион）出版社结集出版了本次会议的发言与论文，书名是《智慧圈主义——新的发展之路》（《Ноосферизм-новый путь развития》），共两册，合计 919 页。哲学家阿列克谢·瓦西里耶维奇·沃龙措夫（Алексей Васильевич Воронцов）教授对苏别托的学

---

① Под науч. ред. Г. М. Иманова и А. А. Горбунова. Ноосферизм-новый путь развития: коллективная научная монография. В 2 – х кн. СПб. : Астерион, 2017. Книга I. , С. 27.

术贡献总结为 21 个方向，其中首推智慧圈主义。[①] 而在《智慧圈主义——新的发展之路》一书中认为，苏别托分别在 27 个学术领域成为创造者和引领者。此后，苏别托继续撰写关于智慧圈主义方面的学术文章，并积极参加各种学术会议介绍宣传自己的学术观点。智慧圈主义作为一种理论体系，吸收了弗拉基米尔·伊万诺维奇·维尔纳茨基（Владимир Иванович Вернадский，1863—1945）的生物圈学说与智慧圈学说，并继承和发展了马克思列宁主义中的社会主义和共产主义学说。

二　智慧圈主义释义

（一）智慧圈的含义

在《不列颠百科全书》条目中，对智慧圈的解释是："理论生物学名词，指生物圈中受人类智力活动强烈影响的部分……智慧圈一词源出希腊语 noös（智慧），由科学理论家 P. T. 德日进、V. I. 维尔纳茨基和 E. 勒鲁瓦提出，意指智力境界，以与地圈（非生命世界）和生物圈（生命世界）相区别。"[②] 在《马克思列宁主义哲学词典》中，对智慧圈解释是："字面意思是智慧的领域；表示受人的智慧的，亦即自觉的活动加以影响并按一定目的加以改造过的地表外壳。从这个意义上说，智慧圈来自生物圈，因为社会的自觉活动使越来越广阔的生物圈领域服从于人类智慧的支配。"[③] 可见，智慧圈与生物圈密切相关，智慧圈建立在生物圈的基础之上。

---

①　Воронцов А. В. Александр Иванович Субетто-учёный энциклопедического масштаба, создатель ноосферизма как научно-мировоззренческой системы XXI века//Общество. Среда. Развитие, 2017. № 1. С. 122 – 123.

②　陈之荣：《人类圈·智慧圈·人类世》，《第四纪研究》2006 年第 5 期，转引自 Safra J. E., "Noösphere", *Encyclopaedia Britannica*, No. 8, 1998, p. 757。

③　[德] 阿·科辛编：《马克思列宁主义哲学词典》，郭官义、俞长彬等译，东方出版社1991 年版，第 480 页。

　　生物圈学说的奠基人维尔纳茨基指出："由于进化过程创造了一种新的地质力量——人类社会的科学思想，因此进化过程具有着特殊的地质意义。我们正经历着，人类社会的科学思想有力进入地球地质历史的时代。在最近几千年中，一种活物质——文明人类的急剧增长影响改变着生物圈。在科学思想和人类劳动的影响下，生物圈进入了一个新的状态——智慧圈。"① 维尔纳茨基对"智慧圈"的理解完全是从唯物主义的立场出发的，并体现出人类应该积极主动依靠人类智慧和所掌握的科学技术与地球环境和谐与共、协调发展的思想。维尔纳茨基的学术思想对世界科学界和哲学界影响深远，其追随者，不仅有原苏联和当代俄罗斯学者，还有美国等国的学者，在他们的学术著作中对维尔纳茨基的学说和思想进行了拓展。苏别托便是维尔纳茨基学说的追随者之一，他从 20 世纪 80 年代中期开始，就积极研究维尔纳茨基的学说，将其思想与社会主义发展、人类发展的理论等问题联系起来。在维尔纳茨基的生物圈和智慧圈学说影响下，苏别托提出智慧圈主义和智慧圈的社会主义。特别是"ноосферизм"（智慧圈主义）俄文词源直接来自俄文单词"ноосфера②"（智慧圈）。

（二）智慧圈主义的提出

　　"Ноосферизм"一词是苏别托于 1996—1997 年在其学术作品中直接引入使用的，他认为自己是使用这个术语的第一人。苏别托指出，他是根据类似词汇"唯物主义""社会主义""共产主义""马克思主义"等的构成方式而创造的术语"智慧圈主义"。苏别托认

---

① Вернадский В. И. Научная мысль как планетное явление . М. : Наука, 1991. C. 20.

② 说明：俄文 ноосфера 一词中前缀"ноо"，来源于古希腊语，其俄文对应的意思是单词"разум"，即"智慧"的意思，所以 ноосфера 解释为"сфера разума"——智慧圈。在《大俄汉词典》（黑龙江大学俄语语言文学研究中心辞书研究所编，商务印书馆 2001 年版，第 1199 页）中，把 ноосфера 释义为："智慧圈，智力圈，人类圈"；在《新时代大俄汉词典》（黑龙江大学俄语语言文学研究中心辞书研究所编，商务印书馆 2019 年版，第 1093 页）中，上一释义位序保持不变。

为，智慧圈主义不仅是一种新的社会与自然的动态平衡模式，而且是一种新的哲学，是在"生物圈"和"地球"相统一中作为解决21世纪人类可持续发展问题的一种方法。

苏别托于1996年写的文章《智慧圈和社会主义（作为社会主义思想家的维尔纳茨基）》发表在1997年5月15日的《乌里扬诺夫斯克真理报》上。他在文章中写道："确立智慧圈主义，作为一种在社会智慧基础上的协调社会与自然进化的学说，可以推动教育进入前沿计划，而且也会提出一个课题即'未来社会'就是教育的社会，在未来社会的形式中能够出现社会与自然的动态和谐。"[①] 这篇文章后被收录在他的著作《第三个千年前夕处于历史"转折点"中的俄罗斯与人类（选集）》（1999年出版）中。苏别托在文中指出，作为社会主义思想家的维尔纳茨基在研究自己的智慧圈学说时，他深知，自己的学说与"科学社会主义"之间的联系，换句话说，就是他意识到人类将过渡到"未来的智慧圈"，并且这种过渡保证社会与自然的和谐与共，出现的各种生态问题脱离社会主义和社会主义民主是不可能解决的。苏别托指出，维尔纳茨基把智慧圈学说与社会主义思想联系在了一起，因而，智慧圈主义的内容包含三个方面，即智慧圈学说、社会智慧学说和社会主义学说。[②]

苏别托提出，智慧圈主义是社会主义与共产主义学说和智慧圈学说的融合，是对维尔纳茨基智慧圈学说的继承与发展，从人类的角度更深入地研究未来智慧圈确立的基本原理，即人类活动、社会、经济、政治的基本原理，也是对维尔纳茨基及其后继者所

① Субетто А. И. Сочинения. Ноосферизм. Том первый. Введение в ноосферизм. Ноосферизм: движение или новая научно-мировоззренческая система? Кострома: КГУ им. Н. А. Некрасова, 2006. С. 566.

② Субетто А. И. Сочинения. Ноосферизм. Том первый. Введение в ноосферизм. Ноосферизм: движение или новая научно-мировоззренческая система? Кострома: КГУ им. Н. А. Некрасова, 2006. С. 63.

持的自然科学观点的补充；同时，智慧圈主义是人类对自身存在于市场资本主义形式的一种拒绝。[①] 苏别托认为，在社会发展的内在逻辑中，智慧圈主义从根本上强调了马克思主义预测的正确性；在 20 世纪末，智慧圈主义与生态极限联系在一起；智慧圈主义不仅是一种理论体系，也是一种人类存在的特殊类型、一种可控历史的新范式，是在社会智慧和教育型社会的基础上可控的社会与自然演化的形式。

（三）智慧圈主义与智慧圈学说之区别

苏别托从三个方面阐释了智慧圈主义与智慧圈学说的不同。[②]

首先，二者在提出的时间上不具有重叠性。维尔纳茨基的生物圈和智慧圈学说形成于 20 世纪 20—30 年代，是伴随着其在自然科学领域所取得的研究成果的基础上提出的。在 20 世纪 40 年代维尔纳茨基就指出，他的学说并不反对马克思的科学社会主义。维尔纳茨基逝于 1945 年，为科学事业奉献了一生，在自然科学领域取得了辉煌的成就。而苏别托的智慧圈主义是在 20 世纪末提出的，形成发展于 21 世纪初。

其次，二者提出的背景不同。维尔纳茨基创立其学说期间，人类活动和科技进程还没有进入到与生物圈发生冲突的全球生态危机时期。而苏别托把人类目前所处的时代定义为伟大的进化转变时代，即人类正处于全球生态灾难的第一个阶段。智慧圈主义是苏别托在逻辑分析人类如何摆脱全球生态灾难的第一个阶段而得出的一种策略、一种主张，也是为解决人类当务之急提出的一种理论方案。

---

① Под науч. ред. Г. М. Иманова и А. А. Горбунова. Ноосферизм-новый путь развития: коллективная научная монография. В 2 – х кн. СПб. : Астерион, 2017. Книга I. , С. 42.

② 参见 Субетто А. И. , Лукоянов В. В. Диалоги：Ноосферизм-Будущее Человечества, СПб. : Астерион, 2020. С. 9 – 11。

最后，二者涵盖的学科不同。维尔纳茨基的智慧圈学说的出现，是其生物圈学说和活物质学说发展的结果，是建立在自然科学基础之上的。而苏别托认为智慧圈主义已经是系统性、涵盖智慧圈全方位学科的一种综合发展，不限于自然科学，其包括四个宏观科学知识体系，即自然科学、社会科学、人类研究和技术知识。

（四）智慧圈主义是三个学说的理论接力棒

苏别托强调了智慧圈主义的三个理论来源，即马克思的资本论和共产主义学说、列宁主义和维尔纳茨基的学说。

第一，马克思的资本论和共产主义学说。苏别托认为，马克思提供了一种用意识形态的方法来理解历史的"逻辑"，并根据社会发展的内部（意识形态的）逻辑来理解资本主义形态向共产主义转变的必然性。[1]

第二，列宁的学说，即列宁主义。列宁主义揭示了通过社会主义革命从帝国主义向社会主义过渡的逻辑，并且在以列宁为首的布尔什维克共产党领导下从伟大的俄国社会主义革命起，开始了这一过渡。[2]

第三，维尔纳茨基从生物圈向智慧圈转变的学说。维尔纳茨基意识到一个事实，即人类、人类所创造的科学以及人类发现的新的自然力量和能源，通过经济发展对自然资源需求的方式，共同促成了智慧圈形成的机制——生物圈与人类相互作用的新的统一体。[3]

---

[1]　Субетто А. И., Лукоянов В. В. Диалоги: Ноосферизм-Будущее Человечества, СПб.: Астерион, 2020. С. 40.

[2]　Субетто А. И., Лукоянов В. В. Диалоги: Ноосферизм-Будущее Человечества, СПб.: Астерион, 2020. С. 40.

[3]　Субетто А. И., Лукоянов В. В. Диалоги: Ноосферизм-Будущее Человечества, СПб.: Астерион, 2020. С. 40.

　　因此，苏别托的智慧圈主义主要是建立在上述三个理论原理基础之上的，并在此基础上继续拓展和创新。苏别托于 2018 年 6 月 7 日在"马克思主义与现代性：历史发展的形而上学——纪念卡尔·海因里希·马克思诞辰 200 周年"国际学术会议上做了报告，他坚信，共产主义是未来的"真正历史"；并指出马克思主义发展的三个阶段，即"马克思主义"→"马克思列宁主义"→"马克思列宁主义—智慧圈主义"①，21 世纪智慧圈主义是对 20 世纪马克思列宁主义的辩证继承和发展。

　　当然，自从苏别托提出智慧圈主义以来，在俄罗斯学界引起广泛关注，其中俄罗斯青年学者维塔利耶维奇·根纳季·苏尔金（Витальевич Геннадий Сурдин）认为，苏别托的智慧圈主义是马克思列宁主义新的发展方向，并对智慧圈主义的来源进行了总结。他认为，其来源主要包括马克思列宁主义学说、维尔纳茨基的智慧圈学说及苏别托等人对其在当代的发展、宇宙主义的某些要素、人类需求理论、亚历山大·亚历山大罗维奇·济诺维耶夫（Александр Александрович Зиновьев）的逻辑社会学，以及对早期共产主义理想的修正——伊万·安东诺维奇·叶夫列莫夫（Иван Антонович Ефремов）和奥列休·帕夫洛维奇·别尔德尼克（Олесь Павлович Бердник）等人的科学幻想作品。②

---

①　Субетто А. И. Ноосферизм XXI века как диалектическое снятие марксизма-ленинизма XX века//Теоретическая экономика, 2018. № 6. С. 13.

②　参见 Сурдин В. Г. Ноосферизм-новое направление в развитии марксизма-ленинизма. （Доклад на XVI межвузовской молодёжной научно-практической конференции 《Российская цивилизация： история, проблемы, перспективы》 24 апреля 2016 г. в Байкальском государственном университете. ）, https：//www. mngz. ru/russia-world-sensation/2046759-noosferizm-novoe-napravlenie-v-razvitii-marksizma-leninizma. html。

三　智慧圈主义中的基本主张

（一）苏别托提出双重继承机制，即两个演化逻辑互相影响机制，包括社会发展内部逻辑和社会自然进化大逻辑①

社会发展内部逻辑是指人类发展的历史逻辑，其中如马克思主义揭示了社会经济形态更替的发展趋势，反映的是社会进化逻辑。社会进程演化当然也受智慧圈化规律的制约，在社会自然进化的智慧化中出现生物圈向智慧圈的过渡。社会自然进化大逻辑已超出社会科学及其单独学科如历史学、社会学、政治学、经济学等范围，它通过人与自然相互影响的动力原理来揭示人类历史的发展规律。社会自然进化大逻辑在 20 世纪后 30 年登上历史舞台，即在全球生态灾难的第一个阶段出现；它所反映的是社会自然进化的逻辑——"社会—自然"体系的进化。

人类及其社会以智化活物质整体的形式存在于生物圈中，并作为"生物圈—地球"系统中的一个组成部分受生物圈和地球稳态机制规律的支配。苏别托指出，人类存在—社会存在具有双重确定性，在双重继承和进化更替（变化）机制中的体现是：一方面表现为"社会（人类）"系统层面中的继承——社会和生物继承；另一方面表现为"生物圈（地球）"系统层面中的继承，其反映的是"生态领域"的继承。人类在生物圈、地球中的存在不得违反其进化逻辑和稳态机制规律。前一种继承是确保"过去"的积淀和稳定发展；后一种继承会形成变异性风险与预先适应性趋向，并可能破坏稳定性发展。

---

① 参见 Субетто А. И. Сочинения. Ноосферизм. Том пятый. Книга 1. Ноосферное или Неклассическое обществоведение: поиск оснований. Кострома: КГУ им. Н. А. Некрасова, 2007. С. 31–34。

苏别托认为，21 世纪中期将是资本主义的末日，这是对现代市场资本主义社会的一种预判，会使我们重新回到社会发展内部逻辑上来，不过已经具有了社会自然进化大逻辑的立场。因此，21 世纪的智慧圈社会主义和智慧圈社会主义革命本质上是一种新现象，它是社会发展内部逻辑和社会自然进化大逻辑相互辩证作用的结果。

（二）智慧圈主义是对"20 世纪的马克思列宁主义"的辩证继承和发展。①

1. 19 世纪马克思主义

苏别托高度赞同恩格斯对马克思两大发现的评价，即"正像达尔文发现有机界的发展规律一样，马克思发现了人类历史的发展规律……不仅如此。马克思还发现了现代资本主义生产方式和它所产生的资产阶级社会的特殊的运动规律"②。苏别托认为：马克思揭示出资本主义将不可避免的历史终结，不过历史的发展并不是像马克思在《资本论》和《哥达纲领批判》中预言的那样，引领人类进行社会主义突破的是西欧发达的资本主义国家，如英国、德国、法国，以及美国；马克思低估了这些国家在资本主义生产中获得的来自对殖民地国家剥削的剩余价值的作用，而这些欧洲殖民国家变成了殖民资本主义体系中的宗主国；罗莎·卢森堡首先在其著作《资本积累论》中也指出这一误判；列宁在《帝国主义是资本主义的最高阶段》一文中也明确地指出，对殖民地的剥削在英国资本主义生产中所起的作用；列维 – 斯特劳斯（Леви-Стросс，Levi Strauss）也强

---

① Субетто А. И. Ноосферизм XXI века как диалектическое снятие марксизма-ленинизма XX века//Теоретическая экономика，2018. № 6. С. 17.

② Меринг Ф. Карл Маркс. История жизни. М.：Госполитиздат，1957. С. 553. 译文参考《马克思恩格斯选集》第 3 卷，人民出版社 2012 年版，第 1002 页。

调，英国经济财富的四分之三来自殖民地"实体"。①

苏别托用历史学家安德烈·伊里奇·富尔索夫（Андрей Ильич Фурсов）两个"表面上的"悖论来说明自己的观点，即越靠近资本主义体系的中心，无产阶级革命的积极性越低，反对资本主义的革命成功率就越小；越远离资本主义体系的中心，无产阶级在劳动人民中所占的比例越低，则反对资本主义的革命成功率越大。② 之所以是"表面上的"悖论，富尔索夫认为，这其实是合乎逻辑的，因为处于资本主义体系中的个人被融入到工业和民族国家的体系中，那么遵守纪律者和在某种程度上被资产阶级价值观侵蚀者就会成为革命精神的严格限制者。苏别托进一步指出，事实也证明，社会主义的突破发生在帝国主义制度"外围"的国家，在这些国家中，殖民主义剥削压迫最强，经济殖民主义依赖性表现得最突出，并伴随着财政收入、资源和对工人阶级剥削而获得的剩余产品的大量流出。③

2. 20 世纪马克思列宁主义

苏别托指出，在 20 世纪初人类向社会主义的突破没有出现在发达的资本主义国家，而是发生在了 1917 年的俄国，最终在俄国形成了马克思主义发展新阶段的理论，那就是马克思列宁主义。因为十月革命开启了资本主义向社会主义过渡的时代，是全球社会主义文明革命的开始；在俄国出现社会主义这一事实，确立了 20 世纪的历史发展逻辑，同时也证明了列宁帝国主义理论的正确性和真理性。列宁主义第一次辩证继承和发展了"19 世纪的马克思主义"。④

---

① Субетто А. И. 200 – летие К. Маркса и грядущее 150 – летие В. И. Ленина：ноосферизм или ноосферный социализм-《повестка дня》на XXI век.，СПб.：Астерион，2018. С. 7 – 8.

② Фурсов А. И. Карл Маркс：200 лет спустя，см. https：//zavtra. ru/blogs/karl_marks_200_let_spustya.

③ Субетто А. И. 200 – летие К. Маркса и грядущее 150 – летие В. И. Ленина：ноосферизм или ноосферный социализм-《повестка дня》на XXI век.，СПб.：Астерион，2018. С. 8.

④ Субетто А. И. Ноосферизм XXI века как диалектическое снятие марксизма-ленинизма XX века//Теоретическая экономика，2018. № 6. С. 14.

　　列宁深刻认识到资本主义从自由竞争阶段发展到帝国主义阶段，并根据俄国革命实践提出了无产阶级革命的新理论——"一国胜利论"，最终取得了俄国社会主义革命的胜利。作为帝国主义剥削体系中最"薄弱环节"的俄国，成为了人类社会主义突破的开启者。苏别托认为，俄国在1905—1908年革命以及1917年的革命中形成了反对资本主义发展道路的文明基础。向社会主义的过渡发生在20世纪，这种过渡并不是来自典型的、"纯粹的"资本主义（这里所指的是，马克思在去世前给维·伊·查苏利奇回信中所提的，只有在英国才存在的那种资本主义），而是来自与殖民主义相结合的帝国主义，发生在直接的或者非直接的、"经济的"殖民地，俄国在20世纪初就是这样的情形，殖民地的劳动人民处于双重压迫之下，即国内压迫和作为经济殖民地的来自国外的压迫。[1]

　　列宁主义作为帝国主义时代向社会主义时代过渡的理论体系和学说，不仅是马克思主义在俄国的发展，而且体现出自身独特的内容，如列宁帝国主义理论、列宁关于工人阶级与作为重要的革命力量——农民阶级联盟的观点、在一国特别是在像俄国这样资本主义发展落后的国家进行社会主义革命的可能性观点以及列宁关于革命的马克思主义新型政党——布尔什维克共产党的理论，等等。[2]

　　苏别托认为，整个20世纪完全证明了列宁的理论发现：从俄国开始的社会主义过渡继而转变为1924年苏维埃社会主义共和国联盟的成立；之后，在苏联的帮助下，在民族解放革命、反帝国主义和反殖民主义革命的基础上，社会主义的过渡在东欧诸国、蒙古、中国、越南、老挝、古巴等国持续进行过，并形成了以苏联为首的社

---

　　[1]　Субетто А. И. 200 - летие К. Маркса и грядущее 150 - летие В. И. Ленина：ноосферизм или ноосферный социализм-《повестка дня》на XXI век.，СПб.：Астерион，2018. С. 8.

　　[2]　Субетто А. И. Ноосферизм XXI века как диалектическое снятие марксизма-ленинизма XX века//Теоретическая экономика，2018. № 6. С. 15.

会主义阵营。① 苏别托进一步指出，社会主义革命不仅仅是把政权转移到工人农民手中的政治革命，也不仅仅在此基础上开始建设社会主义社会的社会革命，更主要的是人类通过自身的行为掌握整个时代的人类革命，在苏联时期这种革命并没有完成。② 苏别托还对戈尔巴乔夫和叶利钦提出了尖锐的批评。

3. 21 世纪马克思列宁主义—智慧圈主义

苏别托认为，从 20 世纪中期开始，人类陷入全球生态危机中，到 20 世纪 80—90 年代，这一危机进入"激烈阶段"，苏别托称之为全球生态灾难的"第一个阶段"，其表现为对地球上整个市场资本主义形态的生态否定，而马克思和列宁都没有提出这种否定。从 20 世纪末至 21 世纪初出现了否定资本主义的新内容，而无论是马克思，还是列宁都没有将这一新内容纳入自己的科学世界观体系中。因为 100 多年前的生态问题还不突出，虽然当时一些思想家已经预见到，人类生存正面临的危险与资本主义聚集的力量对自然的掠夺式索取密切相关。苏别托指出，从生态危机中拯救出人类的只能是社会主义，是 21 世纪出现的新的、智慧圈的社会制度。③ 苏别托写道："'市场、资本主义和金钱政权的世界'已变成'生态疯狂的世界'，这个世界正迅速陷入生态灾难的'深渊'，这是人类历史上的新现象，对此，无论是马克思还是列宁都无法预见到。"④

苏别托指出：美国生态学家巴里·康门纳（Barry Commoner）在其 20 世纪 70 年代初出版的名著《封闭圈》（*The Closing Circle*）

---

① Субетто А. И. 200 – летие К. Маркса и грядущее 150 – летие В. И. Ленина：ноосферизм или ноосферный социализм-《повестка дня》на XXI век.，СПб.：Астерион，2018. С. 9.

② Субетто А. И. 200 – летие К. Маркса и грядущее 150 – летие В. И. Ленина：ноосферизм или ноосферный социализм-《повестка дня》на XXI век.，СПб.：Астерион，2018. С. 11.

③ Субетто А. И. 200 – летие К. Маркса и грядущее 150 – летие В. И. Ленина：ноосферизм или ноосферный социализм-《повестка дня》на XXI век.，СПб.：Астерион，2018. С. 97.

④ Субетто А. И. 200 – летие К. Маркса и грядущее 150 – летие В. И. Ленина：ноосферизм или ноосферный социализм-《повестка дня》на XXI век.，СПб.：Астерион，2018. С. 12.

一书中，提出了有关资本主义私有财产制反生态合理性的判断，即
建立在私有财产制基础上的科技将消灭人类最重要的财富——生态
系统；在 1991 年以罗伯特·古德兰、赫尔曼·戴利和萨利赫·埃
尔-塞拉菲（主编）[R. Goodland, H. Daly and S. El Serafy (Edi-
tors）Роберт Гудленд, Герман Дейли и Салех Эль-Серафи] 为首的
学者小组在世界银行的报告中得出的结论表明，在地球上人类所占
据的生态环境中，作为经济发展机制的市场已经枯竭。① 2017 年由
美国俄勒冈州立大学威廉·瑞波（William Ripple Уильям Риппл）
教授领导的国际科学家小组撰写文件——《警告人类。第二次通
知》，该小组收集了来自 184 个国家的 15000 名科学家的签名，总结
了 1992 年首次发表《警告人类》时隔 25 年后，地球生态状况恶化
的过程，评估了因地球上生态状况恶化导致人类活动和市场资本急
剧矛盾的状态。② 苏别托猜测，也许 2020 年新型冠状病毒的出现及
其全球传播与流行就是生物圈的一种"反应"。

苏别托认为，马克思所指的劳动与资本之间的矛盾，在全球生
态灾难的第一阶段的"空间"中已发展成为人与资本之间的矛盾，
这是新的现象；身处地球中的人类本体论面临这样的问题：或者成
为摆脱资本主义"束缚"、摆脱世界金融资本专制——全球资本巨型
机器的人，或者成为与全球帝国主义体系中资本主义生态一起覆灭
的人。③ 苏别托进一步指出：是马克思把共产主义与"真正历史"
概念联系在一起，而"真正历史"就是这样的历史，在这一历史空

① Субетто А. И. Ноосферизм как стратегия спасения человечества от экологической гибели
и основа гуманитарного диалога цивилизаций на пути к Миру без Войн и Насилия
（концептуальный доклад и проект резолюции）, СПб. : Астерион, 2019. C. 19.

② Субетто А. И. Ноосферизм как стратегия спасения человечества от экологической гибели
и основа гуманитарного диалога цивилизаций на пути к Миру без Войн и Насилия
（концептуальный доклад и проект резолюции）, СПб. : Астерион, 2019. C. 20.

③ Субетто А. И. 200 - летие К. Маркса и грядущее 150 - летие В. И. Ленина: ноосферизм
или ноосферный социализм-《повестка дня》 на XXI век. , СПб. : Астерион, 2018. C . 10.

间中人类使自己成为自己历史命运的主人，因此"真正历史"就是
"自由的王国"；可以把智慧圈主义理解为，未来"真正历史"的智
慧圈模式或者智慧圈共产主义。[①]

　　苏别托是通过把人类的集体智慧（"社会智慧"）"整合"到生
物圈和地球的稳态机制中，对社会自然（智慧圈）的演化进行调控。
他认为，整个 20 世纪就是以社会主义与资本主义的对抗，以反殖民
革命、反资本主义革命和社会主义革命为标志的，人类向社会主义
过渡之路比马克思和恩格斯当时预测的更具复杂性、艰巨性和长期
性；而 21 世纪的社会主义就是智慧圈的、生态的、精神上的社会主
义[②]；在经历了全球环境危机之后，智慧圈主义在对"20 世纪马克
思列宁主义"的辩证继承和发展中赋予了科学社会主义和共产主义
新的理论和内涵。

（三）　苏别托指出，俄罗斯应该成为 21 世纪人类向智慧圈突破的引领者

　　（1）　苏别托提出了俄罗斯文艺复兴这一概念，并指出这是其提
出智慧圈主义学说的俄国背景。[③] 苏别托认为，俄罗斯文艺复兴时代
始于 18 世纪，经历了三个时期：第一时期是从 18 世纪至 19 世纪
初，彼得大帝—罗蒙诺索夫时期或称浪漫主义时期，第二时期是从
19 世纪至 20 世纪初，普希金时期或称"包罗万象时期"；第三时期
是从 20 世纪初开始，直到在俄罗斯取得人类智慧圈突破的胜利而结
束，维尔纳茨基时期或称"智慧圈宇宙时期"。因而，维尔纳茨基时

---

①　Субетто А. И. 200 – летие К. Маркса и грядущее 150 – летие В. И. Ленина: ноосферизм
или ноосферный социализм-《повестка дня》на XXI век., СПб.: Астерион, 2018. С. 28 – 29.

②　Субетто А. И. 200 – летие К. Маркса и грядущее 150 – летие В. И. Ленина: ноосферизм
или ноосферный социализм-《повестка дня》на XXI век, СПб.: Астерион, 2018. С. 87

③　参见 Субетто А. И. Ноосферизм-новая система сохранения и развития человечества на
земле//Теоретическая экономика, 2019. № 6. С. 32.

期仍在继续中，苏别托的智慧圈主义仍属于俄罗斯文艺复兴的维尔纳茨基时期。苏别托认为，俄国在 20 世纪的社会主义突破符合俄国文艺复兴时代的逻辑。

苏别托认为俄罗斯文艺复兴与西欧文艺复兴有着显著的不同，俄罗斯文艺复兴时代就其内容而言与西欧文艺复兴时期的主要价值观相对立，后者的主要价值观是以自私自利的个人主义者的自身完善和自由为中心，最终其成为资产阶级革命和资本主义的基础；而俄罗斯文艺复兴时代的"矢量"是一个建立在真理、人道主义、正义、和谐、集体主义、社会主义，以及为地球上所有生命负责的价值观基础之上，形成的宇宙智慧圈矢量。[1]

（2）智慧圈主义面临的实践困境。苏别托认为，尽管目前在俄罗斯市场资本主义"党"取得了暂时的胜利，俄罗斯社会在其内心深处、在社会文明的基础上仍保持着对社会主义的信仰；[2] 在俄罗斯联邦共产党的纲领性文件中，俄罗斯的现代化也仅仅是社会主义的现代化。[3]

在面对智慧圈主义能否成为俄罗斯国家意识形态一部分并从国家层面得到认可与贯彻的问题，苏别托的回答是：得出现这样一个政党，在其把智慧圈主义的内容列入本党的战略计划中，并且在该党的代表们上台执政后，就可以把本党的意识形态转变为国家意识形态的一部分。[4] 当然，苏别托并未明确指出在俄罗斯何

---

① Субетто А. И. Сочинения. Ноосферизм. Том одиннадцатый: Ноосферный социализм как основание цивилизации социоприродной эволюции. Книга 2. СПб. : Астерион, 2014. С. 333.

② Субетто А. И. Манифест ноосферного социализма, СПб. : Астерион, Изд-во КГУ им. Н. А. Некрасова, 2011. С. 102.

③ Субетто А. И. Манифест ноосферного социализма, СПб. : Астерион, Изд-во КГУ им. Н. А. Некрасова, 2011. С. 107.

④ Субетто А. И. Сочинения. Ноосферизм. Том первый. Введение в ноосферизм. Ноосферизм: движение или новая научно-мировоззренческая система? Кострома: КГУ им. Н. А. Некрасова, 2006. С. 638.

时、什么样的政党通过何种手段有可能获得执政来推行其智慧圈主义。

四　俄罗斯国内反对者之声

自从苏别托提出智慧圈主义以来，虽然俄罗斯国内赞同者、支持者逐渐增多，但也不乏反对者，甚至有人呼吁俄罗斯政府对苏别托等人的行为进行制裁，其中代表人物主要有三人，即米哈伊尔·尼古拉耶维奇·库兹涅措夫（Михаил Николаевич Кузнецов）、伊戈里·弗拉季斯拉沃维奇·蓬金（Игорь Владиславович Понкин）和塔玛拉·阿列克桑德罗夫娜·克维特科弗丝卡娅（Тамара Александровна Квитковская）。苏别托认为，自己提出智慧圈主义甚至激怒了他们。

原俄罗斯联邦总统国家行政学院的两位学者，法学博士库兹涅措夫教授和法学副博士蓬金于 2005 年 5 月撰写了一份关于智慧圈主义之宗教政治意识形态内容的调查"结论"①。

首先，他们二位提出如下观点。第一，智慧圈主张者派别众多，不存在智慧圈主义统一的学说。智慧圈主义是意识形态、宗教哲学和世界观的混合物，在俄罗斯有多少个智慧圈主张者联合会就会有多少个智慧圈主义流派。在俄罗斯存在着的维尔纳茨基奖金委员会超过 20 个，甚至在白俄罗斯的明斯克也有，它们每月支付给优秀生态学大学生的奖学金为 2000 卢布，这些委员会成为"智慧圈逻辑学说中心"，另外在其他地区存在着更大的智慧圈主张者团体。他们列举了俄罗斯 10 个州、3 个共和国、2 个边疆区、1 个自治区和莫斯科

---

① 参见 д. ю. н.，проф. М. Н. Кузнецов，к. ю. н. И. В. Понкин. Заключение по содержанию религиозно-политической идеологии ноосферизма // 《Академия Тринитаризма》，М.，Эл № 77 – 6567，публ. 13013，23. 02. 2006。（http：//www. trinitas. ru/rus/doc/0202/007a/02020028. htm.）

的具体情况。第二，智慧圈主张者们的经费来源令人担忧。智慧圈主张者们得到了俄罗斯一些能源大公司（如 PAO ЕЭС,《Лукойл》）的资金支持，设立了维尔纳茨基院士非政府基金，为各种活动，如宣传维尔纳茨基学说、组织各种竞赛和会议、出版相关著作等提供经费。更为严重的是，诸多智慧圈主张者联合会居然有国外基金资助，其中包括索罗斯基金。第三，智慧圈主义意识形态具有吸引力的原因。不仅仅是巨大的资金资源对当代主要智慧圈主张者的吸引，而且智慧圈主张者们得到了俄罗斯能源公司和俄罗斯自然科学院政治上的支持。还有一个主要原因是，智慧圈主义成功地拟态了生态主义，并自我设定为文明可持续发展的有效概念之一。第四，对智慧圈主义内容和趋向的批判性评价。尼古拉·米特洛欣（Николай Митрохин）称智慧圈主义是"科学知识传承"和"当代俄罗斯民间宗教中最具影响力的宗教之一"。奥列格·亚历山德罗维奇·梅利尼科夫（Олег Александрович Мельников）认为智慧圈主义是"幼稚人本主义思想"，其追随者是"维尔纳茨基分子—智慧圈护卫者"。在俄罗斯对智慧圈主义的批判性研究实际上还没有，只是米特洛欣上述提到的一些研究。第五，智慧圈主张者联合会与神秘宗教联合会的关系。智慧圈主义拥护者们自己就指出，智慧圈主义与"俄罗斯宇宙主义"关系紧密，而俄罗斯宇宙主义本身就是神秘宗教学说。苏别托也指出，智慧圈主义与"俄罗斯宇宙主义"存在着无法分离的关系。整个智慧圈主义派别与列里赫①家族追随者神秘宗教联合会保持着密切联系。第六，智慧圈主义术语，其语义结构本身完全没有任何价值和任何具体思想，只是把一些内容编造成一个体系，从而形成一种巨大的操纵力量。第七，智慧圈主义的基本假设

---

① 尼古拉·康斯坦丁诺维奇·列里赫（Николай Константинович Рерих, 1874–1947），俄罗斯著名画家、神秘哲学家、作家、旅行家、考古学家、社会活动家，1918 年后长期侨居国外，先后在芬兰、英国、美国、印度等国居住。——作者注

均体现了所谓"救世论"的本质。

其次，"结论"还分析了以下内容：智慧圈主义对传统精神价值观的负面影响；智慧圈主张者对待民主价值观的态度；智慧圈主义与爱国主义的关系；认为智慧圈主义就是强加给俄罗斯和世界的一种新的国家宗教政治的意识形态；探讨了所谓的"智慧圈教育"；介绍了智慧圈主张者组织"世界智慧圈精神生态大会"及其在美国、英国、以色列、加拿大、澳大利亚等国代表处的情况，等等。他们指出，智慧圈主张者们的观点，包括苏别托的"共产主义的智慧圈主义"（"智慧圈的共产主义"），均是一大堆妄想主义格言、神秘宗教术语和伪科学内容的语义构造，与科学、维尔纳茨基和情理毫无关系。

最后，二位学者得出的结论是：智慧圈主义是一种宗教和政治意识形态，其建立在对维尔纳茨基基本思想的操纵基础之上；以任何形式把智慧圈主义意识形态引入国内教育机构中实行"智慧圈教育"都是非法的，等等。

克维特科弗丝卡娅以人权公共委员会（一民间组织）董事局主席的名义多次向俄罗斯有关国家机关致公开信而闻名。她向莫斯科市与莫斯科州俄罗斯联邦安全局局长提交了"申请书"，并附有库兹涅措夫和蓬金的"结论"文本。[①] 在"申请书"中，克维特科弗丝卡娅指出：智慧圈主义的辩护者们，其中包括苏别托和瓦列里·尼古拉耶维奇·萨加托夫斯基（Валерий Николаевич Сагатовский）[②]，呼吁进行"智慧圈革命"，换句话说就是进行推翻宪法秩序的基础，

---

① 参见 Квитковская Т. А. Заявление Общественного комитета по правам человека № 25 от 22 мая 2005 г. Начальнику Управления Федеральной службы безопасности Российской Федерации по городу Москве и Московской области по религиозно-политическим объединениями ноосферитов, https：//narovol. narod. ru/_bk_ZDnZ8UGDTD/obraz/noosfer/020. htm。

② 瓦·尼·萨加托夫斯基（1933—2014），俄罗斯哲学家、哲学博士、教授，1955 年毕业于列宁格勒国立大学，从 1993 年起在圣彼得堡国立大学哲学与文化学教研室工作，是人类宇宙论（Антропокосмизм）完整哲学概念的创立者，这一理论是智慧圈世界观的基础。——作者注

这也证明了智慧圈主张者联合会行为的异常危险性；请求对所有联合会的活动进行监督，特别是一些国家官员也积极参与其中，密切关注其对俄罗斯联邦国家安全产生的直接威胁；希望安全局局长向检察机关提出要求，对苏别托和萨加托夫斯基未经许可的极端主义活动进行警告，以及向俄罗斯自然科学院提出要求，把与智慧圈主义有直接关联的人员从准宗派与神秘宗教部开除出去；考虑到智慧圈主张者们对莫斯科许多中学的侵蚀，请安全局局长向莫斯科市教育部门领导提出建议，拒绝与智慧圈主张者联合会进行任何形式的合作，等等。

苏别托及其智慧圈主张者们随即进行了回应和反驳。实际上，到目前为止，俄罗斯政府并未干涉苏别托的主张和著书立说行为。2020 年 5 月苏别托与两位学者、一位第 2—5 届国家杜马议员联合发表了致普京总统的公开信，并征集到学者、教授、一些机构负责人以及普通教师和公民等至少 138 位人士的签名。[①] 他们在信中表达的观点有：请求普京重新考虑俄罗斯的"数字化"教育；希望俄罗斯成为人类智慧圈突破的典范——智慧圈发展的新"世界模式"；在俄罗斯，维尔纳茨基智慧圈学说已得到大力发展，形成了俄罗斯智慧圈科学流派，并确立了 21 世纪的科学世界观——智慧圈主义；建议在俄罗斯努力建立人类学和人类智力学科；召开全俄教育大会并拟订 2050 年前发展继续教育体系国家理论，等等。该信同时抄送俄罗斯联邦总理，以及俄罗斯联邦委员会、国家杜马、科学和高等教育部、教育部、俄罗斯科学院和俄罗斯教育学院等机构负责人。

---

① 参见 От Редакции АТ, Обращение к Президенту Российской Федерации В. В. Путину // 《Академия Тринитаризма》, М., Эл № 77 – 6567, публ. 26372, 07. 05. 2020。（http：//www. trini-tas. ru/rus/doc/0001/005d/00012448. htm. ）

结　语

中国有学者对马克思主义理论从横向和纵向分别进行了分析总结。王凤才教授划分出21世纪世界马克思主义理论版图，主要分为四大区域：欧陆国家马克思主义（德国、法国、意大利、西班牙等国）；英语国家马克思主义（英国、美国、加拿大、澳大利亚等国）；原苏东国家马克思主义；亚非拉国家马克思主义（中国、日本、越南、老挝、朝鲜、非洲国家、拉美国家）。[①] 何毅亭对马克思主义发展史进行了三个阶段的划分：第一阶段，马克思、恩格斯创立的学说，即"19世纪马克思主义"；第二阶段，列宁主义、毛泽东思想、以邓小平理论为首创成果和基本内容的中国特色社会主义理论，即"20世纪马克思主义"；第三阶段，习近平新时代中国特色社会主义思想，即"21世纪马克思主义"[②]。同时，他提出世界马克思主义的完整思想谱系和理论图景，即一条主干线（马克思、恩格斯—列宁、斯大林—毛泽东、邓小平、江泽民、胡锦涛、习近平），以及存在若干条马克思主义的支流与支线。[③]

苏别托在思考21世纪的人类社会坚持走什么样的发展道路才能避免全球生态灾难，特别是以俄罗斯的发展为视角提出了智慧圈主义。当然，他首先寄希望于俄罗斯的未来发展坚持智慧圈主义，并坚信只有坚持智慧圈社会主义才能使俄罗斯走向复兴，为俄罗斯的未来发展提供了一种新的思路和理论，可视为马克思列宁主义在俄罗斯发展的新趋向。

---

① 王凤才：《21世纪世界马克思主义基本格局》，《学习与探索》2017年第10期。

② 何毅亭：《习近平新时代中国特色社会主义思想是21世纪马克思主义》，《学习时报》2020年6月15日。

③ 何毅亭：《习近平新时代中国特色社会主义思想是21世纪马克思主义》，《学习时报》2020年6月15日。

智慧圈主义的出现实质上是苏联解体后，以苏别托为代表的一部分俄罗斯学者在坚持马克思列宁主义的基础上反思俄罗斯的发展之路，并以俄罗斯的发展为基点，对人类面临的困境和未来发展进行的一种理性思考与理论探索。当然，对于苏别托提出的智慧圈主义，以及在其诸多著作中反映出的一些主张和观点，我们应该运用唯物辩证法和唯物史观来一一分析和评判。

《马克思主义理论研究》稿约

　　《马克思主义理论研究》是由西北师范大学马克思主义学院主办的专业学术集刊，2015 年创刊，在国内学术界产生了重要影响。

　　本集刊主要刊载反映国内外马克思主义哲学研究最新成果和前沿动向的文章，包括学术前沿、论文、译文、书评、名家访谈等，常设栏目有"马克思主义经典文本研究"、"马克思主义基础理论研究"、"马克思主义中国化研究"、"西方马克思主义研究"、"思想政治教育研究"等。

　　本集刊每年出版 2 期，分别于 6 月和 12 月出版。热忱欢迎国内外专家学者赐稿。

　　1. 来稿格式要求如下："正标题"黑体三号居中、"副标题"楷体四号居中、"作者姓名"楷体小四号居中、"摘要"（约 300 字，要求能够客观反映论文的主要内容信息）楷体五号、"关键词"（3～5 个）楷体五号，中间以分号隔开、"作者简介"（30～50 字，内容包括单位、学历、学术职务、职称、主要研究领域）以当页脚注方式标明，宋体小五号。"基金项目"在正标题右上以"※"标注，页脚注明项目名称并在括号内注明项目编号。正文内容为宋体五号，段落设置为最小值 18 磅。文末须附上中文题目、作者姓名、内容摘要及关键词的英文译文。

　　2. 来稿文责自负，必须遵守学术规范，重复率控制在 20% 以内，所有引文均须注明出处，并务必核对准确。译稿还须附原文和原作者授权书。文章不设置文末参考文献，引文注释一律采用当页脚注形式，字体为楷体小五号，单倍行距，每页重新编号，引文注释格式示例如下：

①《马克思恩格斯选集》第1卷，人民出版社1995年版，第42页。

②陶德麟主编《社会稳定论》，山东人民出版社1999年版，第50页。

③王炳书：《实践理性论》，武汉大学出版社2002年版，第80页。

④〔英〕卡尔·波普尔：《历史决定论的贫困》，杜汝楫译，华夏出版社1987年版，第25页。

3. 除本刊特约稿件外，来稿以8000～12000字为宜。所寄文稿必须是校对准确的打印稿，并请同时提供Word格式的电子文本。

4. 请勿一稿多投，收到稿件后，本刊将在一个月内答复是否采用，超过一个月未回复即可自行处理。

5. 来稿请寄：甘肃省兰州市西北师范大学马克思主义学院《马克思主义理论研究》编辑部（邮政编码730070）

E-mail：mkszyllyj2015@163.com

西北师范大学马克思主义学院

《马克思主义理论研究》编辑部